Dieter Gräf

Im Namen der Republik

Dieter Gräf

Im Namen der Republik

Rechtsalltag in der DDR

Herbig

Die Namen der Personen, Orte der Handlungen und die Zeitangaben sind, soweit dies notwendig war, verändert worden. Zufällige Übereinstimmungen mit Ereignissen, Namen und Zeitpunkte der Handlungen, über die in diesem Buch berichtet wird, sind nicht beabsichtigt.

Umschlaggestaltung: Karl Schaumann, München
Satz: Satzherstellung Hanna Knezourek, Passau
Gesetzt aus 10/11½ Excelsior auf Ferranti/Lasercomp
Druck und Bindung: Ebner Ulm
Printed in Germany
ISBN: 3-7766-1491-9

Aktenzeichen: 8 Ks **Ausfertigung**

221-

Eingang: 4. SEP. RA Gräf

Im Namen des Volkes!

In der Strafsache

gegen den
geboren am in
wohnhaft Weimar,
Bürger der DDR, ledig, vorbestraft
seit 2o.7. in UHA

wegen Verletzung von Kontrollmaßnahmen

hat die Strafkammer des Kreis- gerichts (Stadt)

in der Hauptverhandlung vom an der teilgenommen haben:

Richterin
als Vorsitzender

Ind-Kfm.

Tiefbau-Mstr.
als Schöffen

-
als Staatsanwalt

-
als Verteidiger

-
als gesellschaftlicher Ankläger/gesellschaftl. Verteidiger

Just.-Angest.
als Protokollführer

für Recht erkannt:

Der Angeklagte wird wegen Verletzung von Kontrollmaßnahmen- Vergehen gem. § 238 Abs. 1 StGB- zu einer Freiheitsstrafe von

7- sieben- Monaten

verurteilt.
Er hat die Auslagen des Verfahrens zu tragen.

Best.-Nr. 220 50 – Urteilsurschrift – I. Instanz (§ 245 StPO)
Vordruck-Leitverlag Osterwieck
Ag 305-72-DDR IV-27-13

Ich beantrage: 1. Hauptverfahren vor dem Kreisgericht W zu eröffnen,

2. Termin zur Hauptverhandlung anzuberaumen,

3. den Vollzug der Reststrafe aus dem Urteil des Kreisgerichtes vom 5 anzuordnen.

I./ A.

Staatsanwalt

Beschluß

Das Hauptverfahren wird im Sinne der Anklage vor der Strafkammer des Kreisgerichts Kreisgericht .... eröffnet.
Der Haftbefehl wird aus Gründen der Anordnung aufrechterhalten.

.............................., den ....

gez..

Vorsitzender	Schöffe	Schöffe

Ausgefertigt:

Weimar, den ....

Das Kreisgericht (Stadt)

Sekretär -

Kreisgericht Weimar (Stadt)

Inhalt

„Doch Niemand bedenkt auch, wie furchtbar der Mensch, der da im Käfig hockt, vielleicht schon während des aufreibenden Vorverfahrens gelitten hat, wie das Bewußtsein, hier als ein Wesen zweiter Klasse zu gelten, seine Vertheidigung lähmt; daß er erregbarer und erregter ist als seine Richter, die in ihm den zweiundzwanzigsten Fall ihres Wochenpensums sehen; daß er, fast schon verzweifelnd, um Freiheit und Lebensluft ringt; und daß Menschenwürde zur Schonung des Unbewehrten verpflichtet."

Maximilian Harden

Zu diesem Buch

In der DDR praktizieren circa 600 Rechtsanwälte.
Ihre Zahl reicht nach Auffassung der SED und ihres Staates aus, um für 16,7 Millionen Menschen Rechtsrat zu erteilen und sie in „allen" Rechtsangelegenheiten zu vertreten. Der Rechtsanwalt wird massiv von der SED vereinnahmt. Im Laufe der „forschen sozialistischen Entwicklung" ist er zum demokratischen Deckmäntelchen für eine rigorose und SED-treue Rechtspolitik umfunktioniert worden. Viele Staatsanwälte und Richter, aber auch andere Justizfunktionäre würden sich die Hände reiben und Zustimmungsresolutionen schreiben, wenn die 600 Rechtsanwälte nicht nur völlig gleichgeschaltet, sondern überhaupt verschwinden würden – und das aufgrund von Staatsentscheidungen.

Die Tätigkeit des Rechtsanwalts wird in allen Ländern der Erde aufmerksam beobachtet. Je freier er seinen Beruf ausüben kann, desto größer ist das Ansehen des Staates, in dem er arbeitet und lebt. Wie stolz war ich, als ich 1970 als Rechtsanwalt in der DDR zugelassen wurde. Nun konnte ich doch meine Vorstellungen und Ziele verwirklichen, Helfer und Beistand für bedrängte Menschen zu sein, nun war ich berechtigt, als Anwalt vor allen Gerichten aufzutreten und Prozeßvertretungen oder Strafverteidigungen zu übernehmen.
Ein älterer Kollege sagte damals zu mir: „Sie haben einen schönen, aber auch schweren Beruf gewählt. Versuchen Sie vor allen Dingen, unabhängig zu bleiben." Dieser

Versuch wäre zum Scheitern verurteilt gewesen, wenn ich auch weiterhin in der DDR Rechtsanwalt geblieben wäre.
Die Tätigkeit eines jungen Rechtsanwalts ist nur in einem Kollegium möglich, das es in jedem DDR-Bezirk gibt und in dem bis zu 50 Rechtsanwälte tätig werden. Sicherlich gibt es auch einige Rechtsanwälte mit politischem Sonderstatus, doch von denen soll hier nicht die Rede sein. Die Kollegien wurden im Lauf der Jahre immer mehr auf die Linie der SED eingeschworen.
Kritik eines Rechtsanwalts an einer „Unrechtsprechung" der Gerichte wird mit drakonischen Disziplinarmaßnahmen oder Ausschluß aus der Anwaltschaft geahndet. Wer in der DDR wegen politischer Gründe seine Zulassung verliert und aus dem Kollegium ausgeschlossen wird, hat jede berufliche Chance verloren. Er muß sich also vorsehen; politisch Wort ist garstig Wort.

Die Methoden des SED-Staates, Rechtsanwälte politisch und fachlich zu indoktrinieren, sind ausgeklügelt und gut durchdacht. Eine Resignation der DDR-Anwälte gegenüber ihren eigentlichen Aufgaben zeigt sich immer stärker – trotz staatlicher Beteuerung der „freien und unabhängigen sozialistischen Anwaltschaft". Mit einem Schulterklopfen durch SED-Funktionäre begann es und mit Schulterschluß der SED-Genossen als Rechtsanwälte wird die Entwicklung eines Berufsstandes enden.

So fragen Menschen seit Mitte der siebziger Jahre in der DDR immer häufiger, ob es überhaupt Sinn habe, einen Rechtsanwalt mit einer Prozeßvertretung oder Strafverteidigung zu beauftragen; und ob Anwälte über das schweigen, was ihnen in Gesprächen anvertraut wird, denn wenn Rechtsanwälte mit Staatssicherheitskreisen eng zusammenarbeiten, dann wird die anwaltliche Schweigepflicht zu einer Farce.

Wie eng der Spielraum im beruflichen Aufgabenfeld des Rechtsanwalts geworden ist, sollen im einzelnen die Berichte von Strafverteidigungen, in einem Falle auch von einer Ehesache, dokumentieren.
In einem totalitären Staat, in dem parteiliches Recht aus der Sicht der SED gesprochen werden muß, es umfangreiche „Schubladenrechtsprechung“, das heißt unveröffentlichte Urteile mit zwingender Anwendung, gibt und das Recht wie ein Gummiband je nach politischer Zielsetzung gedehnt oder gestreckt werden darf, gibt es für einen Rechtsanwalt nicht mehr viel zu tun.
Bestraft und verurteilt werden kann besser ohne Rechtsanwalt.

Thomas Mann hat zu einer anderen Zeit folgendes bemerkt:
„Es ist eine furchtbare und demütigende Vorstellung in einem Lande zu leben, wo über Erscheinungen der Unordnung gewaltsam mit Hilfe der Justiz Stillschweigen verbreitet werden soll, und ich meine, man sollte die Mundtotmachung der öffentlichen Kritik der faschistischen Diktatur vorbehalten, unter der dann, was in einem freien Volk offen ausgesprochen wird, heimlich und feige von Mund zu Mund geht.“
(Aus: Walter Fellmann, Leipziger Pitaval, Militärverlag der DDR, 2. Auflage 1982, Ostberlin)

Aktueller Bezug dieser Bemerkung auf die Verhältnisse in der DDR ist beängstigend.
Als ich einmal im Kreis mir vertrauter Freunde sagte, in der DDR reiche das Bereitlegen eines unbeschriebenen weißen Blattes Papier aus, um schon wegen staatsfeindlicher Hetze mit Freiheitsstrafe bestraft zu werden, wurde ungläubig gelächelt. Heute lächelt drüben kaum noch einer, wenn diese Bemerkung fällt. Natürlich darf sie nicht geäußert werden, denn das ist bereits staatsfeindlich.

Ich werde im folgenden nur meine eigenen Erlebnisse, Wahrnehmungen und Eindrücke schildern und erkläre ausdrücklich, daß ich Informationen dritter Personen nur dann verwandt habe, wenn diese unbedingt erforderlich waren. Die mir noch in der DDR gegebenen Informationen sind nicht unter dem Aspekt einer strafbaren Nachrichtenübermittlung oder gar Spionage und staatsfeindlichen Hetze gegeben worden.
Die Namen der handelnden Personen habe ich aus verständlichen Gründen geändert bzw. eliminiert. (Siehe auch S. 4)

In der „Strafsache Keller“

Die Nachmittagssprechstunde beginnt.
Ich begrüße Frau Keller, die mich in einer persönlichen Angelegenheit sprechen möchte. Frau Keller ist eine gepflegte Frau; sie trägt ein elegantes Kleid aus dem teuren „Exquisit-Laden“. Frau Keller sitzt mir am Schreibtisch gegenüber und ist sehr aufgeregt. Ihre Hände zupfen am Kleid herum, und die Augen wandern unruhig durch den Raum. Sie blickt mich erst an, als ich sie frage, wie ich ihr helfen könne.
Plötzlich greift sie in ihre Handtasche, zieht einen Brief hervor und beginnt zu weinen.
„Mein Mann wurde vorgestern von der Arbeit abgeholt. Es sollen welche von der Staatssicherheit gewesen sein, die ihn mitgenommen haben“, beginnt sie schluchzend. „Ich möchte Sie bitten, ihm zu helfen. Er wurde eingesperrt und sitzt jetzt in der Stasi-Untersuchungshaft.“
Die Frau weint stärker. Ich versuche, sie zu beruhigen und bitte sie, mir doch nähere Informationen zu geben. „Ach, ich weiß nicht mehr, was ich noch sagen soll. Ich habe nur große Angst um meinen Mann, er hat doch nichts Schlechtes getan; aber die Stasi-Leute, bitte entschuldigen Sie, wenn ich das so zu Ihnen sage – finden ja immer etwas. Meine Mutter hat zu mir gesagt, die haben Mittel und Methoden, um alles, aber auch alles herauszukriegen und zu erfahren.“
Jetzt blickt sie mich starr an und sagt ganz unvermittelt: „Darf ich denn bei Ihnen überhaupt so von der Staats-

sicherheit sprechen? – Aber meine Mutter hat mir gesagt, daß ich zu Ihnen Vertrauen haben darf. Sie sind wohl nicht in der SED und sollen schon anderen bei solchen Sachen geholfen haben."
„Wie heißt denn Ihre Mutter?"
„Wagner heißt sie. Sie haben sie vor Jahren in einer Landwirtschaftssache beraten."
Ich überlege, mir fällt ein, daß ich Frau Wagner tatsächlich vor drei Jahren beraten habe. Ihr sollten Schwierigkeiten bereitet werden, weil sie nicht Mitglied einer landwirtschaftlichen Produktionsgenossenschaft sein wollte. Sie wollte aus der LPG austreten und hatte damals viel Ärger mit dem Parteisekretär der SED.
„Bei mir können Sie offen sprechen, noch unterliegt alles, was ich von Ihnen höre und mit Ihnen bespreche, meiner anwaltlichen Schweigepflicht", kläre ich sie auf.
Eine Pause entsteht, wir schweigen.
Frau Keller findet langsam ihre Fassung wieder. Obwohl noch andere Mandanten zur Sprechstunde bestellt sind, sich das Wartezimmer füllt, dränge ich nicht.
„Die im Betrieb meines Mannes haben mir auch nicht gesagt, was los ist. Ich habe gestern den Betriebsdirektor gesprochen. Mein Mann ist als Diplomingenieur Abteilungsleiter in dem Betrieb. Wir wohnen in einem Dorf, ganz in der Nähe von Weimar.
Heute früh habe ich Post von der Staatsanwaltschaft bekommen."
Nun übergibt sie mir den Brief und ich lese, daß Frau Kellers Mann aufgrund eines gegen ihn eingeleiteten Ermittlungsverfahrens inhaftiert worden ist. Weiter wird mitgeteilt, daß sie sich mit der Bezirksstaatsanwaltschaft in Verbindung setzen könne, wenn sie dies möchte.
Herrn Kellers Postanschrift lautet: 5010 Erfurt, Postfach 1004. Frau Keller blickt mich erwartungsvoll an.

„Können Sie diesem Brief etwas entnehmen, vor allen Dingen warum sie ihn eingesperrt haben?“
Frau Keller kann ihre innere Spannung nicht verbergen, sie zittert am ganzen Körper.
Ich bitte sie, sich zu beruhigen, und erkläre ihr den Inhalt des Schreibens: „Offenbar führt die Staatssicherheit die Ermittlungen. Wenn die Bezirksstaatsanwaltschaft, I. Abteilung, Ihnen schreibt, dann kann gegen Ihren Mann wegen politischer Delikte, also Straftaten ermittelt werden.“
Sie unterbricht mich: „Ist das sehr schlimm? Mein Mann hat sich auch politisch nichts zuschulden kommen lassen. Er ist nicht SED-Genosse, aber Mitglied in der National Demokratischen Partei Deutschland. Sie kennen das ja. Allen politischen Kram haben sie auf ihn abgeladen. ‚Walter‘, haben sie zu meinem Mann gesagt, ‚du bist kein Genosse, du machst das schon, da bekommen wir nichts ab, wenn etwas schief geht.‘ Walter hat sich alles aufladen lassen. Er ist zu gutmütig. Seine Abteilung hatte er im Griff, jeder hat gut verdient. Als ich gestern dort war, sind mir alle aus dem Weg gegangen. Bitte entschuldigen Sie, daß ich Sie unterbrochen habe. Werden Sie meinen Mann verteidigen? Es kann kosten, was es will, meine Mutter und mein Bruder wollen mir helfen. Sie unterstützen mich. Ich bin nur Hausfrau, aber gespart haben wir etwas. Also Geld ist da.“
„Grundsätzlich bin ich bereit, die Verteidigung Ihres Mannes zu übernehmen“, erkläre ich Frau Keller, „nur, ob ich Ihren Mann auch verteidigen kann oder ob Ihr Mann sich von mir verteidigen lassen möchte, das ist eine ganz andere Sache.“
„Wieso? Das verstehe ich nicht.“
„Ich will es Ihnen gern erklären, aber ich bitte Sie, das, was ich Ihnen jetzt sagen werde, vertraulich zu behandeln. Würde ich Ihre Mutter nicht kennen, wagte ich nicht, Ihnen so offen zu antworten.

Mandanten, die mich aus der Untersuchungshaftanstalt der Staatssicherheit um ihre Verteidigung gebeten und deshalb an mich geschrieben haben, sind von ihren Vernehmern so bearbeitet worden, daß sie mir wieder abgeschrieben haben, also eine Verteidigung durch mich ablehnten. Später konnte ich von ihnen erfahren, daß sie mich nicht beauftragen durften, ich sei ein Strafverteidiger, der für ihre Verfahren politisch nicht reif sei. Also ausgebootet haben die mich, Frau Keller!"

Sie schaut mich ungläubig an, und ich fahre fort, ihr Informationen über meine Situation als Rechtsanwalt zu geben.

„Ich bin gern bereit, Ihren Mann wegen der Verteidigung anzuschreiben. Es kann aber passieren, daß mein Brief ihm gar nicht ausgehändigt, die Post ihm vorenthalten wird, oder daß ihm solche Hinweise, wie ich sie Ihnen bereits dargestellt habe, gegeben werden; dann kann ich leider nichts für Ihren Mann tun."

Sie staunt mich an und bemerkt: „Aber es gibt doch hier die freie Anwaltswahl. Das habe ich sogar irgendwo gelesen."

„Ja, die gibt es. – Doch ich habe Ihnen gerade die Praxis dargestellt, und ehrlich gesagt habe ich manchmal das Gefühl, ich helfe meinen Mandanten gar nicht, wenn ich mich als Verteidiger melde. Die Staatssicherheit hat natürlich Rechtsanwälte, die ihr genehm sind. Die werden sogar den Inhaftierten empfohlen, doch ich gehöre nicht zu diesen Anwälten."

„Das ist doch aber nur gut für Sie", Frau Keller schüttelt den Kopf, „so weit sind wir doch schon wieder."

Sie hält sich plötzlich die Hand vor den Mund, als wollte sie sich selbst zum Schweigen zwingen. Dann sagt sie entschlossen: „Trotzdem möchte ich Sie bitten, sich mit Walter, also meinem Mann, in Verbindung zu setzen. Ich möchte, daß Sie ihn verteidigen. Er soll spüren, da ist einer, auf den er sich verlassen kann und der auch zu ihm hält."

„Darf ich Sie um etwas bitten? Sollte Ihr Mann nicht auf meinen Brief antworten oder einen anderen Rechtsanwalt mit seiner Verteidigung beauftragen, dann respektieren Sie bitte seinen Wunsch und bestehen Sie nicht auf eine Verteidigung durch mich. Sollten ihm politische Straftaten vorgeworfen werden, dann kann ich jetzt schon mit großer Sicherheit sagen, daß ich nicht verteidigen darf!“

Wir besprechen den weiteren Weg, den wir gemeinsam zur Hilfe ihres Mannes gehen wollen. Sie soll zum Bezirksstaatsanwalt nach Erfurt fahren, um dort zu erfragen, wann sie ihren Mann sprechen kann. Vielleicht erfährt sie dann auch etwas über die strafrechtlichen Vorwürfe. Ich selbst werde versuchen, in den nächsten Tagen, vor Ablauf der Haftbeschwerdefrist von einer Woche, ihren Mann in der Untersuchungshaftanstalt aufzusuchen, um „erste Hilfe“ leisten zu können.

Frau Keller steht auf, rückt ihren Stuhl zur Seite und verabschiedet sich von mir.

„Haben Sie vielen Dank dafür, daß Sie meinem Mann und uns helfen wollen. Auch dafür, daß Sie so offen mit mir gesprochen haben.“

Ich begleite sie zur Tür meines Sprechzimmers und bitte sie nochmals, meine Worte zu überdenken.

„Bitte rufen Sie mich an, wenn Sie etwas Neues von Ihrem Mann erfahren haben – und bitte nicht alles am Telefon sagen.“

Sie hat verstanden: „Wo denken Sie hin, ich weiß doch Bescheid, die hören nicht nur Telefone ab.“

Ich bin allein.

War es richtig, die mir noch unbekannte Frau so offen zu informieren? Wird sie mich nicht wegen dieses Gesprächs belasten? Sie könnte ihrem Mann mit einem kleinen Verrat helfen. Es ist so ernüchternd, diesen Gedanken zu Ende zu denken. Vieles hat sich in meinem Beruf geändert, erschreckend geändert.

Ich habe erlebt, wie Stasileute von „unseren“ Rechtsanwälten sprachen, und von einem Anwalt sogar erfahren, wie dieser „seinen Mandanten zur Strecke gebracht hat“. Seitdem geht er mir aus dem Weg.
Wäre es nicht einfacher gewesen, die Übernahme dieser Verteidigung abzulehnen, von Überlastungen mit anderen Terminen und Mandanten zu sprechen? Wieviel Ärger und Aufregung mit der Staatssicherheit hätte ich mir ersparen können? – Doch so werde ich auf alle Fälle um eine Erfahrung reicher sein.

Im Bezirksgericht.
Eine Berufungssache wurde schnell verhandelt, so daß ich noch Zeit finde, Herrn Keller in der Untersuchungshaftanstalt aufzusuchen.
Doch so einfach geht das nicht.
Beim Pförtner des Gerichts bitte ich um Vermittlung eines Telefongesprächs mit dem Leiter der Untersuchungshaftanstalt des MfS. Der kleine Mann, ganz Dienstperson, läßt die Drehscheibe am Telefon rotieren. Das Freizeichen ertönt. Jetzt reicht er mir den Telefonhörer.
Ich warte.
„Hallo, hier Hauptmann Köcher, wer spricht dort?“
„Guten Tag, hier Gräf, Rechtsanwalt Gräf. Ich möchte gern Herrn Keller besuchen. Er ist bereits seit einigen Tagen bei Ihnen, in der UHA.“
„Moment bitte!“
Ich warte, strenge mich an, drücke mein Ohr an die Hörmuschel des Telefons, vielleicht kann ich doch etwas aus dem Hintergrund hören? Doch plötzlich ist die Leitung unterbrochen.
„Teilnehmer, hören Sie“, die Stimme klingt energisch und einen Diskant schriller als am Anfang. „Sagen Sie, kennen Sie unsere Gepflogenheiten nicht? Wieso wollen Sie den Untersuchungshaftgefangenen Keller sprechen? Sie sind doch nicht sein Verteidiger!“

Ich versuche ihn aufzuklären: „Seine Frau hat mich gebeten, die Verteidigung für Herrn Keller zu übernehmen. Ich hatte gerade hier im Haus zu tun, da dachte ich, ich könnte mich mit Herrn Keller in Verbindung setzen, ihn aufsuchen und mir Strafprozeßvollmacht unterschreiben lassen."

Der Hauptmann am Ende der Leitung schnauft in den Apparat:

„Also, das habe ich hier noch nicht erlebt. Wir kennen Sie ja schon, doch so etwas gibt es bei uns nicht. Wieso kommen Sie überhaupt darauf, daß Sie einen Untersuchungshaftgefangenen, der bei uns einsitzt, so ohne weiteres sprechen könnten? Also da werde ich..."

Er schweigt kurz und sagt dann weiter:

„Herr Keller ist für Sie nicht zu sprechen. Sie sind nicht sein Verteidiger, und dies wiederhole ich noch einmal."

Im Telefon knackt es.

„Hallo, hallo."

Ich rufe in die Leitung. Stille. Der Hauptmann hat das Telefonat abgebrochen.

„Bitte", spreche ich den Pförtner an, „wir sind offenbar unterbrochen worden, könnten Sie nochmals die Untersuchungshaftanstalt anrufen? Es ist wichtig."

„Mal sehen, was sich machen läßt." Er wählt erneut die Haftanstalt an und wartet auf das Freizeichen. „Was die heute wieder zu telefonieren haben, schon wieder besetzt. Sie müssen noch ein bissel warten."

„Ja?" Er meldet sich, „hier Bezirksgericht Erfurt. Der Teilnehmer von vorhin möchte Sie noch einmal sprechen."

Ich will den Hörer übernehmen. Der Pförtner sitzt plötzlich wie versteinert vor dem Telefon. „Jawohl, werde ich ausrichten, jawohl", höre ich seine Worte. Der Hörer wird aufgelegt und er blickt mich zornig an. Nach einer kurzen Musterung, ich stehe unmittelbar vor ihm, teilt er mir – jetzt ganz Amtsperson – mit, daß der Genosse Hauptmann nicht mit mir sprechen wolle. Außerdem sei

es nicht seine Aufgabe, mir Telefonverbindungen zu vermitteln.
„Aber ich muß mich über Sie bei der UHA/MfS anmelden, wenn ich einen Mandanten sprechen möchte; sonst komme ich doch gar nicht rein", verteidige ich mich.
„Bitte verlassen Sie jetzt die Pforte", energisch rückt sich der Pförtner hinter seinem Tisch in Position.
Ich gehe.
Das war also ein Mißerfolg. Ich war darauf vorbereitet, denn natürlich weiß ich, daß Inhaftierte in dieser Untersuchungshaftanstalt nicht so mir nichts, dir nichts besucht werden können, schon gar nicht von ihrem Verteidiger.

Die schwierige Prozedur, eine Sprecherlaubnis für Herrn Keller zu erhalten, beginnt. Dazu muß ich mich an den Bezirksstaatsanwalt wenden. Noch bin ich in Erfurt. Von einer Telefonzelle rufe ich die Bezirksstaatsanwaltschaft an und werde mit Staatsanwalt Pilot verbunden.
„Hier Abteilung Ia, Pilot."
„Guten Tag, hier Gräf, Rechtsanwalt Gräf. Ich habe eine Bitte. Könnten Sie mich wohl über den Stand des Ermittlungsverfahrens in der Sache Keller informieren? Frau Keller hat mich gebeten..."
Er läßt mich nicht weitersprechen.
„Also wissen Sie, wie Sie sich gegenüber Hauptmann Köcher verhalten haben, das ist ja eine Auffassung, die kann ich nicht billigen. Sie wissen genau, daß Sie erst Strafprozeßvollmacht haben müssen, um eine Sprechgenehmigung beantragen zu können. Erst dann können wir mit dem Ermittlungsorgan entscheiden, ob Sie den Untersuchungshaftgefangenen sprechen dürfen oder nicht. So wie Sie hier auftreten, geht das nicht. Ich werde Ihren Vorstand über Ihr Auftreten informieren!"
„Hören Sie bitte, ich möchte Herrn Keller auf Wunsch seiner Frau mitteilen, daß ich ihn verteidigen soll und

mir daher von ihm die Strafprozeßvollmacht unterschreiben lassen will. Dann hätte ich mich schon an Sie gewandt“, antworte ich nun doch etwas aufgeregt.
„Sie verteidigen doch nicht zum erstenmal einen Inhaftierten, der in der UHA/MfS einsitzt. Sie kennen das Verfahren, also halten Sie sich daran“, belehrt mich der Staatsanwalt erneut. „Es läuft ja noch die Haftbeschwerdefrist, und ich denke, es wäre sehr wichtig für Herrn Keller, mit mir zu sprechen.“ – Vielleicht kann ich doch noch etwas erreichen. Immerhin ist die Haftbeschwerde ein wichtiges Recht für einen Inhaftierten; so steht es auch in der Strafprozeßordnung. Doch weit gefehlt. Mein Hinweis war nicht klug.
„Glauben Sie etwa, wir prüfen die Haftvoraussetzungen nicht genau?“ schnauzt mich Staatsanwalt Pilot durchs Telefon an. „Herr Keller wird keine Haftbeschwerde gegen den erlassenen Haftbefehl einlegen, das hat er mir persönlich gesagt. Ich betrachte unser Gespräch als beendet, Herr Rechtsanwalt!“
Das war nun schon die zweite Abfuhr für mich. Ja, das Recht auf Verteidigung wird einem Rechtsanwalt nicht leicht zugestanden, schon gar nicht, wenn ein Verdächtiger beim Staatssicherheitsdienst eingesperrt ist.
Ergebnislos fahre ich nach Weimar zurück.
Es ist unbefriedigend, spüren zu müssen, welche Machtbefugnisse ein Leiter der Stasi-Untersuchungshaftanstalt und ein Staatsanwalt besitzen.
Noch am Abend ruft mich Frau Keller an. Sie hat vom Staatsanwalt erfahren, daß sie ihren Mann erst in ein oder zwei Wochen besuchen darf.
„Gesundheitlich geht es ihm gut. Ich mache mir trotzdem Sorgen. Gestern, nachdem ich von einem Besuch bei meiner Mutter nach Hause kam, haben sie bei mir, in unserer Wohnung, alles durchsucht. Sie haben verschiedene Briefe und Bücher, aber auch Bilder von unseren Verwandten aus dem Westen mitgenommen. Ich habe

gefragt, warum sie das machen. Sie haben mir nur gesagt, daß es nach dem Stand der Ermittlungen für meinen Mann nicht gut aussieht."
„Ich konnte Ihren Mann heute nicht sprechen. Es ging nicht", unterbreche ich ihren Redefluß am Telefon, „übrigens will Ihr Mann keine Haftbeschwerde einlegen, das hat mir Staatsanwalt Pilot gesagt."
„Ja, das habe ich ganz vergessen", erwidert sie, „Herr Pilot hat auch mit mir gesprochen. Das ist der für meinen Mann zuständige Staatsanwalt. Er hat gesagt, daß mein Mann vor dem Bezirksgericht angeklagt wird, und daß er da einen Verteidiger bekommt. Ich solle mich nicht bemühen, Sie mit der Verteidigung meines Mannes zu beauftragen, so meinte er. Doch ich möchte Sie trotzdem bitten, meinem Mann zu helfen."
Ich bedanke mich für ihren Anruf und verspreche ihr, es zu versuchen. Meine Vermutung bestätigt sich: staatlicherseits wünscht man mich nicht als Verteidiger.
Jetzt schreibe ich an Staatsanwalt Pilot. Ich bitte ihn, die beigefügten Strafprozeßvollmachten an Herrn Keller weiterzuleiten, damit dieser sie unterschrieben an mich zurücksenden kann.
Zwei Wochen vergehen, und ich habe noch immer keine Nachricht von Herrn Keller. Nach einem erneuten Schreiben an Staatsanwalt Pilot erhalte ich endlich die Vollmachten durch Herrn Keller zugesandt. Er richtet Grüße an seine Familie aus und teilt mit, daß er auch mit mir nicht über seine Straftaten korrespondieren dürfe. Sein Brief endet mit den Worten: „Ich erwarte dringend Ihren Besuch und grüße Sie, Ihr Walter Keller."
Endlich, nach drei Wochen, kann ich etwas unternehmen.
Nun habe ich Strafprozeßvollmacht. Wieder schreibe ich an den Staatsanwalt, schicke die Vollmacht und melde mich offiziell als Verteidiger. Gleichzeitig frage ich an, ob im Schrift- und Sprechverkehr mit meinem Mandan-

ten Beschränkungen festgelegt worden sind. Diese Anfrage wird ja von der Staatsanwaltschaft gefordert.
Keine Antwort. Ich warte. Nach einer weiteren Woche rufe ich Staatsanwalt Pilot an. Er teilt mir mit, daß ein Schreiben unterwegs sei und bricht das Ferngespräch ab. Nicht sehr freundlich, dieser Herr.
Hat die Post geschlafen? Tage vergehen, kein Brief des Staatsanwalts kommt an. Nach wiederum einer Woche habe ich dann endlich die Sprechgenehmigung erhalten, aber sie hat einen Pferdefuß. Ich werde von Staatsanwalt Pilot belehrt, daß ich nicht von „Beschränkungen“ des Rechts auf Verteidigung zu schreiben habe, sondern anfragen müsse, ob „Bedingungen“ für den Verkehr mit dem Untersuchungshaftgefangenen festgelegt seien. Aber was ist es anderes als eine Behinderung oder eine Beschränkung meiner Arbeit, wenn er mir meinen Mandanten nur im Beisein des Vernehmers zu sprechen gestattet und ich nur über persönliche Angelegenheiten mit Herrn Keller reden darf. Schade, mein kleiner Protest in der Wortwahl „Beschränkung“ statt „Bedingung“ wurde abgewürgt.
Jedenfalls darf ich nun Herrn Keller endlich aufsuchen. Staatsanwalt Pilot, oder besser die Staatssicherheit, hält es für gefährlich, wenn ich jetzt schon mit meinem Mandanten über die ihm vorgeworfenen Straftaten spreche. Das „könnte den Zweck der Untersuchungen gefährden“. Die lange Prozedur der Anmeldung dieses Gesprächs beginnt. Wieder rufe ich Hauptmann Köcher an und bitte ihn höflich, mir am nächsten Tag meinen Mandanten vorführen zu lassen.
„Nein, so geht das nicht. Mit Ihnen haben wir aber auch immer Schwierigkeiten“, unterbricht der Hauptmann mich. „Nicht Sie, sondern wir bestimmen, wann Sie den Untersuchungshaftgefangenen Keller sprechen können“, belehrt er mich, „ersteinmal müssen wir Keller auf das Gespräch mit Ihnen vorbereiten, dann ...“

Jetzt unterbreche ich den Hauptmann: „Ich halte es für notwendig, daß ich baldmöglichst meinen Mandanten sprechen kann. Er wünscht dringend meinen Besuch. Es hat ja schon lange genug gedauert, bevor ich überhaupt Post von ihm erhalten habe!“

„Was wollen Sie damit sagen, Herr, wir lassen uns nichts unterstellen. Kommen Sie morgen pünktlich um 10.30 Uhr, dann können Sie Keller sprechen!“ Schon hat er das Gespräch beendet.

Also habe ich mit der Erwähnung der Verzögerung seinen Nerv getroffen. Ob mir das allerdings hilft, ist eine andere Sache. Ich weiß doch, daß die Stasi die Post vom Verteidiger und vom Mandanten bewußt zurückhält oder verzögert. Manchmal haben Verteidiger von ihren Mandanten erst Post erhalten, als diese bereits rechtskräftig verurteilt waren. Die Macht der Staatssicherheit ist ungebrochen. Dennoch ein Lichtstrahl am Verteidigerhorizont: ich darf Herrn Keller sprechen. Bescheiden bin ich geworden.

Frau Keller ruft mich an, ich informiere sie möglichst kurz, wie es bei einem Telefonat nötig ist. Dritte könnten mithören, das ist kein Geheimnis.

„Bei Ihrem Besuch grüßen Sie meinen Mann ganz herzlich von mir, ich will weiter alles unternehmen, um ihn bald zu sehen. Ich mache mir Sorgen um seine Gesundheit. Fragen Sie ihn doch, ob er frische Wäsche benötigt, ich schicke ihm alles sofort. Helfen Sie ihm.“

Genau 10.15 Uhr stehe ich an der Pforte des Bezirksgerichts und bitte Hauptmann Köcher meine Ankunft mitzuteilen. Der Pförtner murmelt vor sich hin. Ich kann ihn nicht verstehen. Dann telefoniert er mit der Untersuchungshaftanstalt der Staatssicherheit und schiebt sein Pförtnerfensterchen zu, offenbar soll ich seine Worte nicht hören. Schließlich öffnet er das Fenster wieder und sagt zu mir, „gehen Sie hinter, Sie werden erwartet“.

Vor der dunklen Holztür, am Ende des Ganges im Erdgeschoß, warte ich. Es ist düster. Durch die Milchglasscheibe über der Tür dringt kaum Licht in den Gang ein, und auch die Lampe vor dem nächsten Verhandlungssaal leuchtet diese Ecke nicht aus. Ich warte eine Viertelstunde; nichts geschieht.

„Warten erhöht die Autorität“, denke ich. Es ist ja erst 10.30 Uhr. Die Minuten vergehen, langsam werde ich unruhig. Glücklicherweise habe ich mich für diesen Vormittag zeitlich eingerichtet. Plötzlich, es ist 10.45 Uhr, leuchtet die Milchglasscheibe in stärkerem Licht. Ich höre Schritte; es sind offenbar mehrere Personen, die eine Treppe heraufsteigen. Ein Schlüssel dreht sich im Türschloß. Husten, die Tür wird geöffnet. Ein Uniformierter tritt mir entgegen.

„Sind Sie Herr Gräf? Weisen Sie sich aus und zeigen Sie mir ihre Sprechgenehmigung!“

Ob er wohl erwartet, daß ich ihm „zu Befehl“ antworte?

„Ich möchte Herrn Keller sprechen, hier ist mein Anwaltsausweis und die Sprecherlaubnis“, sage ich, ohne „Hab-Acht“-Stellung einzunehmen.

„In Ordnung, ich bringe Sie jetzt in das Besucherzimmer. Danach führe ich Ihnen den Untersuchungshaftgefangenen Keller zu.“

Der Uniformierte, ein Leutnant der Staatssicherheit, geht vor mir in das Zimmer. Hinter mir schließt sich die Tür. Noch allein, schaue ich mich um. Das etwa 16 m^2 große Zimmer ist dürftig möbliert. Ein Schreibtisch und Stuhl stehen vor dem vergitterten Fenster, das sich nicht öffnen läßt. Frische Luft fehlt im Raum, doch nicht einmal der Fensterwirbel läßt sich drehen.

In der Mitte steht ein kleiner Tisch mit zwei gepolsterten Stuhlsesseln, in der Ecke ein weiterer Stuhl. Die Bezüge sind abgeschabt. Der Heizkörper ist unmittelbar neben dem Tisch mit den Stuhlsesseln in die Wand eingelassen. Hier könnte gut die „Wanze“ zum Mithören angebracht sein, denke ich.

Auf dem Schreibtisch ist ein Klingelknopf befestigt, mit

dem ich es signalisieren muß, wenn ich meine Besprechung beendet habe und der Mandant abgeholt werden kann.
Wieder höre ich Schritte. Die Tür öffnet sich. Ein Mann, gekleidet in einen dunkelgrauen Anzug, betritt das Besucherzimmer und setzt sich grußlos auf den Stuhl in der Zimmerecke.
Ihm folgt ein weiterer Mann, der auf mich zugeht und vor mir stehenbleibt.
„Untersuchungshaftgefangener Keller meldet sich zur Stelle!“
„Guten Tag, Herr Keller, ich bin Ihr Verteidiger, Gräf heiße ich. Bitte, wir sind hier nicht beim Militär, nehmen Sie doch dort Platz“, ich zeige auf einen der Stuhlsessel.
„Ja, entschuldigen Sie bitte, aber ich bin es nicht mehr anders gewohnt.“ Seine Augen blicken ängstlich zu dem Mann in der Ecke. Ich folge diesem Blick.
„Darf ich fragen, wer Sie sind?“ wende ich mich an den Unbekannten. Der lächelt zynisch: „Das wissen Sie doch, Sie kennen unsere Spielregeln. Ich bin der zuständige Vernehmer des Untersuchungshäftlings Keller.“
Herr Keller hört seinen Namen und springt erschrocken von dem abgeschlissenen Sessel auf. Ich versuche, Herrn Keller zu beruhigen und kläre ihn auf: „Herr Keller, leider darf ich mit Ihnen noch nicht über Ihre Sache sprechen. Mir wurde nur gestattet, über Ihre persönlichen Angelegenheiten zu reden. Zur Sache können wir uns erst später unterhalten. Ich weiß natürlich, daß Sie das nicht ganz einsehen werden. Viele Mandanten, die ich bereits verteidigt habe, mußte ich so aufklären. Wenn die Staatsanwaltschaft keine Bedingungen auferlegt, kann ich Sie ohne Ihren Vernehmer sprechen.“
„Das versteht der Untersuchungshaftgefangene Keller schon, das habe ich ihm bereits erklärt“, wendet der Vernehmer aus der Ecke ein.
„Ich würde natürlich viel lieber mit Ihnen über Ihre

Sache sprechen, aber das geht noch nicht“, setze ich das Gespräch fort.
Da merke ich, wie nervös Herr Keller ist. Seine Hände zittern, er blickt an mir vorbei. Ich möchte ihn aufmuntern: „Wie Sie ja wissen, haben sich Ihre Frau und Ihre Verwandten sehr um sie bemüht. Alle lassen Sie recht herzlich grüßen, doch besonders liebe Grüße soll ich Ihnen von ihrer Frau ausrichten. Sie hält ganz fest zu Ihnen. Das hat Sie mir ausdrücklich gesagt.“
Herr Keller schluchzt auf. „Ich habe ja alle so sehr enttäuscht. Ich verdiene die Liebe und das Vertrauen meiner Frau gar nicht. Sie weiß doch noch nicht, was mir vorgeworfen wird. Dabei habe ich nur das Beste für meinen Betrieb gewollt. Ich ...“
„Untersuchungshaftgefangener Keller, was habe ich Ihnen vor diesem Gespräch gesagt? Kein Wort zur Sache! Ich werde das Gespräch sofort abbrechen, wenn Sie sich nicht an unsere Empfehlungen halten. Merken Sie sich das. Ich wiederhole mich nicht!“
Die Stimme des Vernehmers klingt schrill in den Raum. Wie kann ich Herrn Keller nur wirklich helfen? Wenn das so weitergeht, bin ich mit meinen Möglichkeiten schon am Ende.
Walter Keller, ein Abteilungsleiter mit gutem Ruf bei seinen Arbeitskollegen und bestimmt auch ausgestattet mit einer Portion Selbstsicherheit, sitzt vor mir wie ein Häufchen Unglück. Aber auch ich fühle mich in meiner Verteidiger-Ohnmacht elend. Warum stehe ich nicht auf und sage zu meinem Mandanten: „Herr Keller, es hat doch keinen Zweck, sich überhaupt einen Verteidiger zu nehmen“?
Zu einem anderen Mandanten hat der Vernehmer der Staatssicherheit gesagt: „Was Sie bekommen werden, bestimmen wir vom Ministerium für Staatssicherheit. Alles andere können Sie vergessen. Mit uns, nur mit uns haben Sie sich gut zu stellen.“

Wenn ich das auf diesen Fall übertrage, dann...
Herrn Kellers Frage reißt mich aus meinen Gedanken.
„Sagen Sie bitte, Herr Rechtsanwalt, könnten Sie mich beraten, wie ein Testament errichtet wird? Ich bin hier darauf hingewiesen worden, danach zu fragen."
„Wieso? Fühlen Sie sich gesundheitlich nicht wohl?"
Er antwortet mir nicht, aber für ihn wendet der Vernehmer ein: „Wie kommen Sie darauf, daß sich Keller nicht wohl fühlt. Was soll diese Frage? Sie wissen, daß der Untersuchungshaftgefangene untersucht wird, bevor er in Haft genommen wird. Keller ist hafttauglich. Ich nehme nicht an, daß Sie uns unterstellen wollen, daß Keller krank ist."
Offenbar braucht er die Bestätigung meines Mandanten.
„Keller, sind Sie krank? Antworten Sie!"
„Nein, nein, ich bin gesund; ich meine, ich habe regelmäßig meine Pausen während der Vernehmung und bekomme auch mein Essen regelmäßig", sagt er wie auswendig gelernt.
Möglich ist, daß er diese Worte im Rahmen der Vorbereitung tatsächlich lernen mußte. Alles ist möglich.
„Bitte grüßen Sie meine Frau von mir und sagen Sie ihr, es geht mir den Umständen entsprechend gut", spricht Herr Keller mechanisch weiter und blickt dabei auf den Fußboden, „sie möchte mir frische Wäsche schicken; ich habe einen Paketschein erhalten; die alte Wäsche habe ich schon abgeschickt."
Die Frage nach dem Testament ist auch von den Vernehmern vorbereitet worden, psychischer Terror wird so etwas genannt. Obwohl mir mein Schreck darüber noch in den Gliedern sitzt, greife ich seine Gedanken auf. Ich möchte ihm irgendwie Hoffnung machen.
„Wie es auch sei und was auch kommen wird, ich jedenfalls möchte Ihnen helfen. Ich glaube wohl, daß Sie sich nach der Errichtung eines Testaments erkundigen wollen. Jeder kann ja seine Angelegenheiten für sich regeln,

doch Sie haben auch die Möglichkeit, mit Ihrer Frau ein gemeinschaftliches Testament zu errichten. Darüber sollten Sie sich jedoch erst mit Ihrer Frau aussprechen. Sie müßte dann hierher kommen. Ich würde mich dafür einsetzen, daß dies bald geschehen kann. Soll ich das für Sie tun?“
Er blickt mich an. Ich sehe, wie seine Augen aufleuchten. Seine Frau sprechen, das wäre eine Chance, auf andere Gedanken zu kommen.
„Ja, beraten Sie bitte auch meine Frau in dieser Angelegenheit und versuchen Sie alles, damit ich sie bald sprechen kann.“
Ich schicke seinen Worten eine Bauernweisheit hinterher: „Wissen Sie, es wird alles nicht so heiß gegessen, wie es gekocht wird. – Und es gibt eine alte Anwaltsregel, die mir ein alter erfahrener Kollege gesagt hat; die Zeit läuft immer für den Mandanten. Wenn ich zurückblicke, ist etwas Wahres daran. Möchten Sie über die Errichtung eines Testaments noch heute von mir aufgeklärt werden?“
Er hat etwas Mut bekommen.
„Nein, ich möchte erst mit meiner Frau über alles sprechen.“
Der Vernehmer räuspert sich in seiner Ecke. Unwillig blickt er erst auf die Uhr und dann zu mir. Ich bemerke bewußt nicht seine Ungeduld, denn ich habe heute Zeit. Ich berichte meinem Mandanten über seine nahen Familienangehörigen. Er wirkt jetzt innerlich gefestigt. Er weint nicht mehr und freut sich über meine Erzählung, wie gut sich die Verwandten um seine Frau kümmern.
„Ich halte zu ihr telefonischen und brieflichen Kontakt. Wir informieren uns, wenn wir etwas Neues erfahren“, beruhige ich ihn weiter. Dann versuche ich über den Vernehmer eine Sachinformation zu erhalten.
„Wie lange werden denn noch die Vernehmungen dauern?“
Er antwortet nicht. Ich wiederhole die Frage. Der Staats-

sicherheitsmann schweigt, doch Herr Keller antwortet mir.
„Sie sind in Kürze abgeschlossen. Ich bin ja geständig und habe alles zugegeben“, dabei nickt er eifrig mit dem Kopf.
„So, jetzt ist es genug. Zur Sache sprechen bedeutet auch, nach dem Stand der Ermittlungen zu fragen. Ich breche das Gespräch hier ab!“
Der Vernehmer ist voller Empörung aufgestanden.
„Aber, wieso denn, ich habe doch das Recht, meinen Mandanten über seine Rechte im Ermittlungsverfahren und über seine Verteidigungsrechte aufzuklären. Dazu muß ich auch wissen, wie weit die Vernehmungen sind“, widerspreche ich ihm.
„Das Recht, zur Sache zu fragen, haben Sie eben nicht!“ – erwidert er ungehalten.
„Doch, habe ich“, wende ich ein.
„Herr Rechtsanwalt, der Untersuchungshaftgefangene Keller ist von uns umfassend auf seine Rechte, auch auf die zu seiner Verteidigung hingewiesen worden. Es liegt uns eine schriftliche Erklärung von ihm vor, daß er umfassend belehrt worden ist. Und da kommen Sie jetzt und wollen ihn auch belehren. Das geht zu weit. Damit dienen Sie nicht Ihrem Klienten!“
Er steht noch immer vor seinem Stuhl. Auch ich stehe jetzt auf, ich bin sehr erregt.
„Und wenn schon! Meine Pflicht als Verteidiger ist es, Herrn Keller aus meiner Sicht über seine Rechte und Möglichkeiten aufzuklären; zum Beispiel braucht Herr Keller im Ermittlungsverfahren, auch in einer möglichen Hauptverhandlung, nichts zu sagen, was ihn belastet. – Aber das haben Sie ihm ja bestimmt auch schon gesagt!“
Mein Mandant spricht mich an: „Nein, ich habe noch nicht gehört, daß ich auch schweigen kann. Das wurde mir bestimmt nicht gesagt. Ich soll nur alles vortragen, was wichtig für mich ist. Natürlich habe ich Paragraphen gehört, sie stehen in der Strafprozeßordnung. Aber das ging alles so

schnell. Es stimmt doch, daß jeder seinen Beitrag zur Wahrheitsfindung leisten muß, oder?“

„Es soll jeder, auch ich, seinen Beitrag zur Erforschung der objektiven Wahrheit leisten“, das klingt sehr belehrend, doch wie soll ich es anders sagen, „Staatsanwaltschaft oder Gericht sind aber verpflichtet, den zweifelsfreien Schuldnachweis gegen Sie, Herr Keller, zu führen. Jeder Beschuldigte hat das Recht zur aktiven Mitwirkung am Strafverfahren, aber er kann auch auf dieses Recht verzichten“, ende ich erregt. Habe ich mich schon wieder zu weit vorgewagt, indem ich meinem inhaftierten Mandanten die Verteidigungsrechte aufgezeigt habe?

Der Vernehmer geht im Raum auf und ab.

„Die Besprechung muß jetzt beendet werden, denn der Untersuchungshaftgefangene Keller muß seine Mittagsmahlzeit – pünktlich – einnehmen. Dazu muß er in seine Zelle zurückgeführt werden“, er sieht mich an und fährt fort: „Ich selbst habe noch andere Verpflichtungen, die ich wahrnehmen muß. Ich habe keine Zeit mehr, hierzubleiben.“

„Ich würde gern noch mit Herrn Keller über dessen persönliche Dinge sprechen“, versuche ich den Vernehmer umzustimmen.

„Nicht wahr, Untersuchungshaftgefangener Keller, Sie wollen jetzt wieder auf die Zelle gebracht werden“, scharf und hart wie ein Befehl klingen die Worte des Vernehmers.

„Ich würde gern noch ...“, setzt Herr Keller zum Sprechen an.

„Was würden Sie gern?“ unterbricht ihn der Vernehmer, „Sie wissen Bescheid, ich habe Ihnen doch gesagt, wie Sie sich hier zu verhalten haben, nämlich kooperativ. Sie verstehen, was ich meine!“

Stille herrscht im Besucherraum der Staatssicherheit. Walter Keller zuckt mit den Schultern und sagt leise zu mir: „Haben Sie vielen Dank für Ihren Besuch. Bitte grüßen Sie meine Frau und meine anderen Angehörigen herz-

lichst von mir, und fragen Sie meine Frau, was sie von der Testamentssache hält. Ich würde sie so gern sprechen. Vielleicht klappt es ja bald mit einem Sprecher."
„Gern richte ich Ihre Grüße und Fragen aus. Also dann bis zum nächsten Mal. Bitte schreiben Sie mir, wenn Sie Fragen haben und teilen Sie mir mit, wann die Ermittlungen abgeschlossen sind. Staatsanwalt Pilot kann nur Bedingungen auferlegen, bis die Ermittlungen abgeschlossen sind und die Sache beim Gericht angeklagt ist."
Ich verabschiede mich. Dabei reiche ich meinem Mandanten die Hand und spüre den Druck seiner Hände. Ist das ein Zeichen von Hoffnung? Er nickt mir leicht zu und flüstert: „Ich habe alles verstanden."
Der Vernehmer kommt auf uns zu und brüllt: „Was haben Sie jetzt zu Gräf gesagt? Reden Sie!"
Ich antworte schnell: „Er hat mich gebeten, seine Frau ganz herzlich zu grüßen. Das ist – kein Wort zur Sache."
„Wir sprechen noch darüber, Untersuchungshaftgefangener Keller, jetzt gehen Sie mit mir, der Sprecher ist beendet!"
Der Vernehmer wendet sich an mich: „Und Sie warten, bis Sie aus dem Zimmer abgeholt werden. Ich sage Bescheid!"
„Auf Wiedersehen, Herr Keller", kann ich meinem Mandanten noch nachrufen. Schon schließt sich hinter ihm die Tür. Ich bin allein. Keine Minute dauert es und ein Uniformierter öffnet die Tür erneut.
„Kommen Sie, ich soll Sie rausbringen", sagt er unwirsch.
Wir gehen die wenigen Schritte bis zur schweren Holztür. Er schließt sie auf und öffnet mir. Ich betrete den dunklen, schlecht beleuchteten Gang im Bezirksgericht. Die Tür fällt schwer hinter mir ins Schloß. Schritte entfernen sich, dann Stille.

Auf der Heimfahrt nach Weimar überlege ich, ob ich mich

richtig verhalten habe. „Seien Sie nicht zu forsch, wenn Sie einen Mandanten verteidigen, der bei der Stasi sitzt“, hat mir ein Kollege geraten, „diese Herren reagieren sehr nachtragend.“
Ich fühle mich wie ausgebrannt und dabei ist doch gar nichts geschehen. Peinlich ist es, nichts für den Mandanten tun zu können, von der eigenen Ohnmacht zu wissen. Soll ich aufgeben? Noch glaube ich, daß ich helfen kann. Sicher ist dies ein naiver Glaube, aber hat Herr Keller nicht doch ein bißchen Mut zurückgewonnen?

In meinem Sprechzimmer sitzt mir Frau Keller gegenüber, und wir sprechen von meinem Besuch bei ihrem Mann. Über die Frage nach dem Testament ist Frau Keller doch sehr erschrocken.
„Machen sie ihn dort so fertig, daß er sogar an ein Testament denkt? Was meinen Sie?“
„Sicherlich ist es nicht die feine Art, eine solche Empfehlung zu geben. Ich hatte das Gefühl, man hat ihn unter Druck gesetzt. Schlimm ist es dort schon, aber ich habe versucht, das Gespräch aufzulockern, ihn auf andere Gedanken zu bringen. Ich empfehle Ihnen, wegen des Testaments eine Sprechgenehmigung bei Staatsanwalt Pilot zu beantragen. Sprechen Sie bei ihm vor. So erhalten Sie vielleicht Gelegenheit, Ihren Mann bald zu sehen und mit ihm zu sprechen.“
Weiter informiere ich sie darüber, daß die Ermittlungen fortgeschritten sind und ihr Mann wohl auch gestanden habe.
„Was hat er denn gestanden? Ich war wieder in seinem Betrieb, da hat mir ein guter Bekannter meines Mannes etwas von Staatsverbrechen gesagt, aber mehr wollte oder durfte er wohl nicht sagen. Daß die Stasi mich noch nicht gefragt hat; ich weiß doch über alles, was mein Mann getan hat, Bescheid“, wundert sie sich.
„Vielleicht kommt das noch. Es hat jetzt, wo ich noch

nichts über die strafrechtlichen Vorwürfe gegen Ihren Mann weiß, keinen Sinn, Sie als Zeugin über bestimmte Dinge zu benennen oder einen Beweisantrag zu stellen", beruhige ich sie.
Die herzlichen Grüße ihres Mannes haben sie sehr gefreut und immer wieder möchte sie hören, wie er aussieht, was er gesagt hat und ob er Vertrauen zu mir gefunden hat.
„Darüber hat er mir nichts gesagt", antworte ich, „aber denken Sie an meine früheren Worte. Man kann ihn dazu bringen, daß er mich nicht mehr als Verteidiger haben möchte."
„Ich werde dafür sorgen, daß er Sie behält!"
Sie verabschiedet sich und verspricht mir, sollte sie eine Sprechgenehmigung erhalten, mich sofort zu informieren.

Aufgeregt ruft mich Frau Keller einige Tage später an: „Ich darf morgen meinen Mann sprechen. Ich war bei Staatsanwalt Pilot. In meinem Beisein hat er mit dem Vernehmer telefoniert; ich hörte, wie er sagte ‚wie Sie meinen'. Dann schrieb er mir eine Sondersprechgenehmigung aus, so steht das auf dem Zettel. Darf ich gleich nach dem Sprecher zu Ihnen kommen?"

Ich habe Termine und Vereinbarungen, aber ich sage zu. Wieder sitzt mir Frau Keller an meinem Schreibtisch gegenüber. Sie wirkt ängstlich und verstört; sie verhält sich anders als sonst. Sehr wortkarg ist sie geworden, nachdem sie ihren Mann gesprochen hat. In allen anderen Gesprächen hatte sie immer gleich Fragen oder wollte eine schnelle gedrängte Information von mir. Heute schweigt sie und schaut mich nicht an.
„Nun, wie war das Gespräch mit Ihrem Mann?" beginne ich unser Gespräch.
„Herr Rechtsanwalt", sie stockt, wird aufgeregt und die Hände kneten ein Taschentuch, „ich möchte Sie nicht

enttäuschen, aber ich möchte offen – so offen wie Sie zumir waren – mit Ihnen sprechen. Meinen Mann habe ich besucht. Er sagt, ich kann nichts an seiner Sache ändern und ... und ..."

Sie schweigt.

„Und?" schaue ich sie fragend an.

„Und Sie könnten es auch nicht, hat er mir gesagt."

Sie weint vor sich hin, wischt sich die Tränen ab.

„Denken Sie noch an meinen Hinweis: ganz gleich, was Ihr Mann zu Ihnen sagt, respektieren Sie seinen Wunsch?" Ich weiß ja bereits, was sie mir erklären möchte.

Frau Keller hat sich beruhigt und spricht weiter: „Also meine Auffassung kennen Sie, die meiner Mutter auch; aber mein Mann hat mich gebeten, Ihnen mitzuteilen, daß er nicht weiter von Ihnen verteidigt werden möchte. Ich habe zuerst widersprochen, doch er hat mir gesagt, daß er bei der Verhandlung vor dem Bezirksgericht einen besseren Rechtsanwalt beigeordnet bekommen werde. Dieser Anwalt sei den Vernehmern gut bekannt. Das ist sein Wunsch, und ich solle ihn verstehen. Als ich ihn gefragt habe, ob er mit Ihnen, Herr Rechtsanwalt, nicht zufrieden sei, hat er gar nicht geantwortet, nur noch einmal seinen Wunsch wiederholt! Sie sollen die Verteidigung niederlegen. Er wird Ihnen nicht nochmals schreiben. Der Vernehmer saß in unserer Nähe. Er konnte alles mitanhören, was ich mit meinem Mann sprach; er hat gesagt, ich soll es Ihnen ausrichten. Der Staatsanwalt Pilot weiß auch schon, daß sich mein Mann anders entschieden hat. Ach, ich fühle mich so schlecht ... Zu Ihnen haben wir doch Vertrauen, aber als ich mich von meinem Mann verabschiedet habe, hat er geflüstert: ‚ich muß es so machen, ich habe große Angst'."

„Dann wissen Sie doch, warum es sich Ihr Mann nun anders überlegt hat. Er kann nichts dafür. Wissen Sie, wer in dieser Mühle steckt, der kommt selten, so wie er das möchte, wieder heraus. Ich habe noch ganz andere

Dinge aus der Untersuchungshaftanstalt des Ministeriums der Staatssicherheit gehört, doch darüber zu berichten, würde zu weit führen."
Ich bin nicht über ihre Worte enttäuscht. Sie bestätigen nur die Bedenken, die ich hatte, als ich die Verteidigung übernahm.
„Haben Sie keine Angst, so offen mit mir zu sprechen?" fragt Frau Keller.
„Noch nicht", rede ich mir selbst Mut zu.
„Ich jedenfalls danke Ihnen für Ihre Offenheit. Ich habe in der kurzen Zeit, seit mein Mann inhaftiert ist, viel gelernt. Das möchte ich nicht vergessen. Meine Mutter sagt Ihnen einen herzlichen Gruß; und Sie sollen einmal daran denken, was Sie ihr damals gesagt haben, als es so schlecht um ihre Angelegenheit stand: 'es ist nirgends ein Schaden, wo nicht auch ein Nutzen ist'. Bitte schicken Sie mir Ihre Rechnung und nochmals vielen Dank für Ihre Mühe."
Wir verabschieden uns.

Ich schließe meine Handakte ab und schreibe noch an den Staatsanwalt Pilot, daß ich auf ausdrücklichen Wunsch von Herrn Keller, den er mir durch seine Frau mitteilen ließ, die Verteidigung niederlege.

Monate später – ein Zufall – sehe ich auf dem Terminzettel des Bezirksgerichts. Es wird die Strafsache Keller unter Ausschluß der Öffentlichkeit verhandelt.
Herrn Keller wurde ein guter SED-Genosse als Rechtsanwalt beigeordnet, denn in Strafsachen vor dem Bezirksgericht muß jeder Angeklagte von einem Rechtsanwalt verteidigt werden. Der Rechtsanwalt von Herrn Keller ist politisch reif, um in „Staatssicherheitssachen" zu verteidigen oder „mit anzuklagen".

Herr Keller wurde zu einer langjährigen Freiheitsstrafe verurteilt.

Ein „normales“ Strafverfahren

Aus der Untersuchungshaftanstalt erreicht mich ein Brief mit folgendem Inhalt:
„Sehr geehrter Herr Rechtsanwalt!
Meine Ermittlungen sind kurz vor dem Abschluß. Ich habe eine Rowdyhandlung und öffentliche Herabwürdigung begangen.
Voraussichtlich soll die Sache vor dem Kreisgericht verhandelt werden; und ich möchte Sie bitten, mich hier bald aufzusuchen, damit ich mit Ihnen über meinen Fall sprechen kann.
Meine eingelegte Haftbeschwerde hat das Bezirksgericht abgewiesen. Ich komme selbst für die Verteidigungskosten auf.
In der Hoffnung, bald von Ihnen zu hören.
Mit bestem Gruß
Peter Anders
2 Strafprozeßvollmachten anbei“

Der Kreisstaatsanwalt, bei dem ich mich als Verteidiger für Peter Anders melde, teilt mir mit, daß er inzwischen Anklage beim Kreisgericht erhoben habe, an das ich mich ja wenden könne.
Das Ermittlungsverfahren ist also bereits abgeschlossen.
Ich rufe beim Kreisgericht an und bitte um Auskunft, wann in der Strafsache Anders mit dem Hauptverhandlungstermin zu rechnen sei.
Die Richterin Knecht ist selbst am Telefon.
„Termin zur Hauptverhandlung ist bereits anberaumt.

Anklage und Eröffnungsbeschluß sind an die Haftanstalt zugestellt. Auch wenn Sie sich als Verteidiger melden, verlege ich den Termin nicht. Außerdem haben Sie ja noch ein paar Tage Zeit."
Sie nennt mir den Hauptverhandlungstag. Gerade dieser ist bei mir schon mit anderen Terminen ausgefüllt. Doch zunächst muß ich Peter Anders in der Untersuchungshaftanstalt aufsuchen, um zu erfahren, was hier angeklagt worden ist. Er sitzt in der „normalen" Untersuchungshaftanstalt, also nicht bei der Stasi ein.
Ein junger Mann, etwa zwanzig Jahre alt, wird mir vorgeführt. Wir sprechen über seinen Fall; dabei macht er auf mich einen aufgeweckten Eindruck.
Er berichtet mir: „An einem Sonnabend, vor sechs Wochen, war ich mit meinen Kumpels zum Tanz. Wir haben flott getanzt und auch Cola mit Schnaps getrunken. Etwa gegen 23.00 Uhr haben meine Freunde und ich, also insgesamt waren wir zu dritt, unseren Knietanz getanzt."
Ich schaue ihn verdutzt an.
„Dabei gehen wir während des Tanzens kurze Zeit auf die Knie und klatschen in die Hände. Nur so aus Übermut.
Das hat offenbar die FDJ-Ordnungsgruppe, die Saalschutztruppe, geärgert. Einer, mit einer Ordnungshüterbinde am Arm, ist zu uns gekommen und hat uns aufgefordert, diesen Quatsch zu lassen. Der Tanz war gerade zu Ende, und ich stand neben meiner Partnerin, als ich plötzlich von hinten am Oberarm gepackt und von der Tanzfläche weggezerrt worden bin.
Ich jedenfalls ließ mir das nicht gefallen, habe nach hinten getreten und mit den Armen um meinen Oberkörper geschlenkert, um mich zu befreien. Plötzlich war ich frei, bekam aber einen starken Schlag auf den Kopf, da habe ich zurückgeschlagen. Weiter konnte ich mich nicht wehren, denn gleich vier Mann gingen auf mich los und drückten mich zu Boden. Mein Kumpel, der mit hier einsitzt, schrie , ,warte, ich helfe dir, laßt ihn los, ihr dum-

men Hunde'. Doch obwohl er gleich auf die Vier losging, konnte er mich nicht befreien. Andere Kerle haben sich auch eingemischt und sich geschlagen.
Nach der Polizei haben sic auch gerufen. Ich verhielt mich jetzt ruhig. Trotzdem ließen sie mich nicht los. Dann hörte ich ein Martinshorn und sah Uniformen in dem Raum, wo ich auf dem Boden lag. Einer der Polizisten hat mit dem Schlagstock auf mich eingeschlagen. Plötzlich wurde ich losgelassen. Die Schmerzen und meine Wut wurden immer größer. Ich wollte ja nichts tun, nur sollten die mich loslassen, da ich mich ja zu Unrecht so behandelt fühlte.
Ich ging auf den nächsten Polizisten zu und schrie ihn an: ‚Das könnt Ihr, uns zusammenschlagen.' – Mehr habe ich nicht gesagt, aber in der Anklage steht, ich hätte sie, die Vopos – also die Volkspolizisten – als Ochsen und rote Hunde beschimpft. Aber das habe ich nicht gesagt. Die haben mich gleich festgenommen. Mein Kumpel ist auch wegen Rowdytum und Widerstand gegen staatliche Maßnahmen festgenommen worden. Er hat wohl nach einem Polizisten getreten, aber ich habe das nicht gesehen.
Das Theater mit den FDJlern habe ich in meinen Vernehmungen zugegeben. Da ich mich angegriffen fühlte, habe ich mich ja nur gewehrt. Auch das mit dem Zusammenschlagen habe ich bestätigt, die Schimpfworte habe ich bestritten, obwohl die Vernehmer immer wieder gesagt haben, daß ich davon nicht runterkäme."
Er schaut mich erwartungsvoll an.
„Die Anklage durfte ich nur durchlesen, sie wurde mir wieder weggenommen. Die haben irgendetwas über Gründe der Sicherheit des Staates gesagt, als ich die Anklage wieder abgeben mußte", erklärt er mir.
Durch seinen Hinweis kann ich davon ausgehen, daß die gerichtliche Hauptverhandlung unter Ausschluß der Öffentlichkeit stattfinden wird.
Um mir ein vollständiges Bild von Peter Anders zu machen

frage ich ihn nach seiner persönlichen Entwicklung. Es ist im DDR-Strafverfahren bedeutsam, wie ein Angeklagter zu Staat und Gesellschaft steht, ob er Sonderschichten und Aufbaustunden leistet, wo er gesellschaftlich organisiert ist, wie er seine Freizeit gestaltet und welchen „ideologischen Klassenstandpunkt" er bezieht.
Die persönlichen Verhältnisse eines Angeklagten und sein Lebenslauf werden vom Gericht minutiös in der Hauptverhandlung erörtert.
Ich denke, es müßte eine Chance bestehen, ihm zu helfen. Ich erkläre mich bereit, seine Verteidigung zu übernehmen.
In meinem Büro beginnen die Telefonate und Bitten um Terminverlegungen, damit ich den Tag für die bereits anberaumte Hauptverhandlung zur Verfügung habe.
Es wird ein langer Verhandlungstag werden, wenn das Gericht über die Handlungen von zwei Angeklagten urteilen muß.
Wieder bin ich zur Akteneinsicht unterwegs. Über die schlechten Landstraßen zu fahren, ist schon beschwerlich. Dann sitze ich an einem gesondert aufgestellten Tisch, mitten im Geschäftsstellenzimmer des Kreisgerichts und lese in der Strafakte. Je länger ich – ausgehend von der Anklage und dem wesentlichen Ergebnis des Ermittlungsverfahrens – mich in die Akte vertiefe, desto mehr Probleme sehe ich auf meinen Mandanten zukommen. Die Zeugen, die FDJ-Ordnungshüter, belasten Peter Anders schwer. Die Aussagen der Volkspolizisten stimmen damit fast wörtlich überein. Auch sie fühlen sich „massiv herabgewürdigt". Die Darstellungen meines Mandanten und der Zeugen über den Vorfall gehen weit auseinander.
Das Arbeitskollektiv von Peter Anders hat sich nun bereits von ihm „distanziert" und einen gesellschaftlichen Ankläger benannt.
Ein ehemaliger Kollege wird gegen den Angeklagten

auftreten. Auch das sieht die Strafprozeßordnung der DDR vor. Die Voraussetzungen für eine Strafverteidigung unter den Bedingungen des realen sozialistischen Strafprozesses sind nicht gut. Die Anklage wirft Peter Anders vor, er habe sich mit dem Mitangeklagten „zusammengerottet“ und aus „Mißachtung der öffentlichen Ordnung und der Regeln des sozialistischen Gemeinschaftslebens“ gegenüber vier Mitgliedern der FDJ-Ordnungsgruppe Gewalttätigkeiten begangen; außerdem habe er in der Öffentlichkeit durch seine Schimpfworte: „Ihr Ochsen, ihr roten Hunde, das könnt ihr, uns zusammenschlagen“ die Volkspolizisten als staatliche Organe bei der Ausübung ihrer staatlichen Tätigkeit herabgewürdigt.

Uns bleibt wenig Zeit zur Vorbereitung der Hauptverhandlung. Erneut besuche ich Herrn Anders in der Untersuchungshaftanstalt. Wir sprechen die einzelnen Anklagepunkte durch.

Ich beantworte seine vielen Fragen, auch die, wie er sich persönlich in der Hauptverhandlung verhalten soll.

Meinem Hinweis, daß die vernommenen Polizisten alle gehört haben wollen, wie er sie beschimpft habe, widerspricht er.

„Das ist einfach nicht wahr, ich habe die nicht beschimpft, bis auf meinen einen Schreier.“

Es ist ein langes Gespräch geworden. Peter Anders will sich jetzt in der Hauptverhandlung beherrschen und sein aufbrausendes Wesen unter Kontrolle halten.

Die Hauptverhandlung findet wie so viele unter Ausschluß der Öffentlichkeit statt.

Vor DDR-Gerichten werden unglaublich viele Hauptverhandlungen in Strafverfahren unter Ausschluß der Öffentlichkeit durchgeführt. Schon ein kritisches Wort zu Politik oder SED reicht aus, um hinter verschlossenen

Türen zu verhandeln. Dazu kommt noch der Hinweis, man möge all das, was man in dieser Strafsache gehört hat, vertraulich behandeln. Wer redet, wird selbst bestraft. Die Gerichte schützen ihren Staat.

Peter Anders und der Mitangeklagte werden, in Handschellen, in den Verhandlungssaal geführt. Es ist ein langer Raum mit vielen Sitzreihen für nichtanwesende Zuschauer. Das obligatorische Staatswappen hängt an der Rückwand des Saals, oberhalb des Richtertischs. Eine hohe Holzbarriere soll Macht und Herrschaft des Gerichts und des Staatsanwalts untermauern.

Die beiden Angeklagten nehmen vor ihren Plätzen, einer harten Holzbank, Aufstellung. Sie müssen sich weit voneinander getrennt setzen, damit sie nicht miteinander sprechen können.
Ihre Bewacher, die „Angehörigen der UHA“, lösen die Handfesseln und setzen sich in die Nähe der Angeklagten. Vor der Anklagebank steht ein Tisch; an diesem dürfen der Verteidiger des Mitangeklagten, Rechtsanwalt Kammer, und ich Platz nehmen.
Nur Augenkontakt besteht zum Angeklagten, Wortkontakt kann nicht gepflegt werden. Die räumliche Entfernung zum Mandanten ist zu groß.

Der Kollektivvertreter aus Peter Anders' Brigade setzt sich uns gleich gegenüber. An seinem Jackettrevers leuchtet das SED-Abzeichen. Neben ihm nimmt der gesellschaftliche Ankläger Platz. Er wird im Laufe der Verhandlung ein kleiner zweiter Staatsanwalt werden.

Die Tür zum Gang des Beratungszimmers öffnet sich; wir stehen alle auf. – Der Staatsanwalt betritt den Saal. Hinterdrein schreiten die Richterin Knecht, die Schöffin Nicke und der Schöffe Mann in den Saal. Die Protokollan-

tin sitzt in der Nähe des Gerichts, gegenüber dem Staatsanwalt, der die Breitseite des langen Tisches besetzt.
Die Verhandlung kann beginnen.
Die Richterin stellt sich und die Schöffen, den „Genossen“ Staatsanwalt Diener und auch die Protokollantin vor.
„Ja, die Angeklagten werden verteidigt; sie sind erschienen, ihre Verteidiger ebenfalls.“
Danach fragt sie beide Angeklagte nach ihren persönlichen Verhältnissen. Dabei stellt diese Richterin immer wieder die gleiche Frage:
„Eh, gibt es noch, eh, weitere Fragen ans Personal?“
Dies bleibt unbeantwortet, wir haben jetzt noch keine Fragen zur Person unserer Mandanten.
Den richterlichen Versprecher – statt Personalien – „Personal“ – sind wir gewöhnt, außerdem könnte ein Lächeln schon gefährlich werden.
„Natürlich“, stellt Richterin Knecht noch fest, „ist die Einhaltung der Ladungsfrist gewahrt.“
Sie zählt mit ihren dicken Fingern fünf Tage zwischen Zustellung der Anklage und dem heutigen Termin der Hauptverhandlung ab. Sie wendet sich Staatsanwalt Diener zu.
„Bitte Genosse Staatsanwalt, verlesen Sie die Anklage.“
Der Staatsanwalt erhebt sich und erklärt:
„Es soll hier und heute aus Gründen der Sicherheit unseres sozialistischen Staates unter Ausschluß der Öffentlichkeit verhandelt werden. Ich beantrage daher, die Öffentlichkeit auszuschließen!“
Außer den unmittelbar Prozeßbeteiligten ist niemand im Verhandlungssaal. Die Zeugen sind zu einem späteren Zeitpunkt geladen. Wir und die „gesellschaftlichen Kräfte“ sind unterhalb der hohen Gerichtsbarriere die einzigen „Fremden“, neben den Angeklagten.
„Ja“, die Richterin hebt feierlich ihre Stimme und zugleich ihren breiten Oberkörper, „die staatliche Sicher-

heit verlangt es, daß wir gegen die beiden Angeklagten unter Ausschluß der Öffentlichkeit verhandeln."
Es ist ein Wunder, daß sie jetzt nicht vor Ergriffenheit von ihrem Staat strammsteht. Also so wird ein Beschluß des Gerichts gefaßt.
Jetzt steht der Staatsanwalt auf und verliest die Anklage. Die Richterin Knecht erklärt im Anschluß, daß im Sinne der Anklage das Verfahren vor dem Kreisgericht eröffnet ist.
Schnell holt sie noch nach, daß der „Herr gesellschaftliche Ankläger" vom Gericht zugelassen wurde und sich somit an der Verhandlung beteiligen darf.
Ebenso erwähnt sie die Anwesenheit des Kollektivvertreters. Dann, nicht von der Strafprozeßordnung der DDR gestützt, sondern offenbar aus ihrer eigenen Erinnerung an irgendeinen amerikanischen Kriminalfilm, stellt Richterin Knecht ihre Kardinalfrage an die Angeklagten. Dabei befragt sie Peter Anders erst an zweiter Stelle; da er ja auch als zweiter angeklagt worden ist: denn die Widerstandsleistungen seines Mittäters gegen staatliche Maßnahmen wiegen schwerer als „Beschimpfungen".
Richterin Knecht wird sich, auch das ist Erfahrung der Verteidigung, in der gesamten Hauptverhandlung der Antwort auf ihre erste Frage entsprechend verhalten.
„Angeklagter, fühlen Sie sich im Sinne der Anklage schuldig?"
Noch kann er sich entscheiden, „ja" oder „nein" zu sagen, um die Richterin milde oder streng zu stimmen.
Peter Anders entscheidet sich für ein knappes „nicht schuldig". Die Gesichtszüge der Richterin und zugleich auch die des Staatsanwalts entgleisen. Es muß lange nicht vorgekommen sein, daß ein Angeklagter schon zu Beginn der Hauptverhandlung wie Peter reagierte. Richterin Knecht hat bereits in anderen Strafverfahren auf ein „nein" oder „nicht schuldig" empört reagiert.
„Na, das werden wir ja noch sehen!"

Kein Grund für die Verteidigung, einen Befangenheitsantrag vor diesem Gericht der DDR zu stellen. Besorgnis der Befangenheit ist nicht gegeben, und Richterin Knecht weiß, daß sie von den Beschwerdegerichten unterstützt wird; als gute, ja ausgezeichnete Genossin der SED.
Sie befolgt brav, was ihre Genossen – nicht nur in der Justiz, sondern auch die der SED-Kreisleitung – sagen.
Meine Anfrage, was denn mit ihrer Erklärung ausgedrückt werden solle, überhört sie geflissentlich.
Ich wiederhole meine Frage und bitte um wörtliche Aufnahme ihrer Erklärung in das Protokoll der Hauptverhandlung.
„Das kommt gar nicht in Frage!“ Der Staatsanwalt leistet Schützenhilfe: „Die Beweisaufnahme allein wird Grundlage dafür sein, ob der Angeklagte Anders schuldig ist oder nicht.“
„Jawohl“, wie ein Echo klingt es von der Richterin Knecht. Gut eingeübt sind die zwei. Mein Kollege, ihn betrifft dieses Geplänkel nicht, liest unbeteiligt in seiner Akte.
Die Richterin blickt zur Protokollantin. Sie sind sich einig; es wird nur das protokolliert, was dem Gericht und dem Staatsanwalt genehm ist.
Ich wiederhole meine Bitte nicht. Sich mit dem Staatsanwalt auseinanderzusetzen, ist nicht nur mühsam, sondern würde meinen Mandanten schon jetzt in ein denkbar schlechtes Licht stellen.
Die Richterin weiß nun, daß der Angeklagte Peter Anders und sein Verteidiger es heute drauf ankommen lassen wollen. Das kann ja etwas werden!
Sie ringt sich, schlecht beherrscht, einen kurzen Hinweis auf „Verteidigungsrechte“ ab.
„Angeklagter Anders, Sie haben ja einen Verteidiger, da wissen Sie wohl über alles Bescheid.“
Nun weiß er, ohne den Zusammenhang zu kennen, daß er das Recht hat, zu schweigen oder „aktiv an der Wahr-

heitsfindung“ mitzuwirken. Es stimmt, ich habe ihn umfassend über seine mageren Rechte aufgeklärt. Wir wollen ja gemeinsam diese Hauptverhandlung bestehen.
Die Vernehmung zur Person beginnt. Jetzt ist Peter dran. Er sagt seinen Lebenslauf mit positiven Aspekten auf, spricht über einige Sonderschichten, vergißt auch nicht, seinen Sammeleinsatz für die Aktion „Brot für die Welt“ zu erwähnen.
„Was ist denn das, Brot sammeln?“ wendet Richterin Knecht ein.
Peter erklärt es.
„Das spielt hier keine Rolle, das ist keine gesellschaftliche Arbeit“, kommentiert der Staatsanwalt.
Richterin Knecht nickt zustimmend.
Ich stehe auf, teile meine Auffassung von der Bedeutung dieser wichtigen Sammelaktion mit und verweise auf die Verwendung der Spendenmittel zur Unterstützung der afrikanischen Menschen.
„Aber nicht unsere afrikanischen Kampfesverbündeten unterstützt die Kirche mit solchen Aktionen, nur ihre Vertrauten“ – jetzt wird Staatsanwalt Diener böse. Sein Kopf nimmt zornesrote Farbe an. Über die Ideologie zu wachen, das ist seine Aufgabe.
Hier folgt der erste und letzte Einwand des Schöffen: „Ja, wenn der Angeklagte Küchenabfälle für die landwirtschaftliche Produktionsgenossenschaft gesammelt hätte, aber Brot für die Welt – nein so etwas!“ Schmollend zeigt er seine Entrüstung.
Ich versuche dem Schöffen zu erklären:
„Herr Schöffe, der Angeklagte sammelt doch Geld und kein Brot. Diese Sammlung ist übrigens von den staatlichen Organen genehmigt, wird jährlich durchgeführt.“
Vergeblicher Versuch, eine vorgefaßte Meinung zu ändern.
„Ich leite hier die Verhandlung, merken Sie sich das, Herr Verteidiger!“ herrscht mich Richterin Knecht an.

Nun, das merke ich mir.
Nach der Frage über die Vermögensverhältnisse der Angeklagten möchte das Gericht den ideologischen Standpunkt der beiden ermitteln.
„Sehen Sie BRD-Fernsehen? Lesen Sie unsere sozialistische Tagespresse? Wie stehen Sie zu unserem sozialistischen Staat? Stellen Sie im Arbeitskollektiv Ihre Meinung zu unserem sozialistischen Aufbau dar? Sind Sie schon einmal wegen Auseinandersetzungen mit Staatsorganen auffällig geworden? Haben Sie Kontakte zu westlichen ausländischen Bürgern, aus der BRD?“
Peter Anders beantwortet diese Fragen so, daß seine Antworten ihn nicht belasten. Wir haben die Verhandlung gut vorbereitet. Zusätzliche Straftatbestände durch unüberlegte oder spontane Aussagen sollten ausgeräumt bleiben.
„Nein, außer im Freien Deutschen Gewerkschaftsbund bin ich in keiner Massenorganisation“ antwortet Peter weiter.
„Keine sinnvolle Freizeitgestaltung“, behauptet der Staatsanwalt.
„Doch“, wende ich ein, „Herr Anders treibt Sport, allerdings nicht in einer organisierten Betriebssportgemeinschaft.“
Richterin Knecht spricht mich nun unmittelbar an: „Warum sagen Sie immer Herr Anders zum Angeklagten? Das ist der Angeklagte Anders, Herr Verteidiger!“
„Das ist mir auch aufgefallen, Frau Vorsitzende. Die Bezeichnung des Angeklagten in der Hauptverhandlung ist Angeklagter und nicht Herr“, der Staatsanwalt hält einen Unterstützungsexkurs und blickt mich dabei zynisch an, vielleicht auch ein bißchen böse.
Ich erwidere trotz der Unterbrechung durch die Richterin: „Ich spreche meinen Mandanten so an, wie es auch der Herr Stellvertretende Minister der Justiz der DDR getan hat, als er noch Richter war.“

Betretenes Schweigen hinter der Richtertischbarriere. Also mit einem Minister will man sich doch nicht anlegen. Er ist eine hochgestellte Persönlichkeit im staatlichen und politischen Leben.
Ein weiterer Hinweis zur Ansprache meines Mandanten erfolgt in dieser Verhandlung nicht.
„Wenn das so weitergeht, werden wir heute nachmittag nicht fertig sein“, resümiert Richterin Knecht, „kommen wir jetzt zur Sache. Treiben Sie also Sport, Angeklagter?“
Peter fügt nach seiner Bestätigung schnell noch hinzu, offenbar ermutigt durch meinen Wortwechsel mit der Richterin und dem Staatsanwalt, daß er auch einem alten Ehepaar im Haushalt helfe. Besser klingt natürlich „sozialistische Nachbarschaftshilfe“ – doch darauf ist er nicht gekommen.
Der Mitangeklagte beginnt jetzt mit seiner Darstellung, und ich merke ihm an, daß er ganz geständig sein will und sich selbst in seiner Haltung als Peters Kumpel aufgegeben hat.
„Ja, ich habe das, was mir der Herr Staatsanwalt und die Frau Richterin vorwerfen, getan. Ich bereue es bitter und bedaure, daß ich dem Mitangeklagten Anders helfen wollte“, so gut hat er seine Rede gelernt, daß er jetzt sogar seinen Kumpel im Stich läßt. Rechtsanwalt Kammer ist mit sich und seinem Mandanten zufrieden.

Dieser Verteidiger hatte bereits in einem früheren Strafverfahren seine große Auseinandersetzung mit einem Staatsanwalt. Gemeinsam verteidigten wir zwei Mandanten, die für einen schweren Unfall verantwortlich sein sollten. Es wurde damals vor erweiterter Öffentlichkeit in einem Kulturhaussaal verhandelt. Viele „Werktätige“ mußten als Öffentlichkeit zur „Erhöhung des erzieherischen Zwecks“ der Gerichtsverhandlung erscheinen. Dort griff der Staatsanwalt Rechtsanwalt Kammer an, weil er als SED-Genosse kein Parteiabzeichen an seinem

Anzugrevers trug. Dies war eine höchstpolitische und peinliche Kritik eines Staatsanwalts. Auf mich wirkte sie lächerlich; dennoch hat sie offenbar eine Langzeitwirkung auf Rechtsanwalt Kammer hinterlassen. Auch so kann man still und bescheiden werden. Jeder zu seiner Zeit.

Nun sagt Peter Anders zur Sache aus. Er stellt aus seiner Sicht das Geschehen dar.
„Wenn ich nicht so aufgeregt gewesen wäre, weil ich grundlos..."
„Grundlos!" donnert ihn Staatsanwalt Diener an. Er läßt Peter nicht mehr ausreden. Ich stehe auf und unterstütze meinen Mandanten. „Herr Anders sollte doch erst einmal die Möglichkeit erhalten, sich zusammenhängend zur Sache zu erklären."
„Ihre Belehrung können Sie sich sparen, Herr Verteidiger", ranzt mich Staatsanwalt Diener an.
Etwas leiser erwidere ich: „Dies sollte keine Belehrung, sondern nur ein Hinweis auf die strafprozessuale Vorschrift sein. – Ich jedenfalls weiß nicht, was Herr Anders sagen wollte, als er das Wort grundlos aussprach", füge ich hinzu, nicht um das letzte Wort zu haben, sondern um meinen Mandanten zu ermuntern, seine Darstellung fortzusetzen.
„Ja, also ich fühlte mich grundlos von hinten angegriffen, da habe ich mich gewehrt; ich konnte ja nicht sehen, wer mich von hinten packte und aus dem Tanzsaal zerrte. Außerdem, was sollte denn meine Tanzpartnerin denken?"
Peter gibt sich große Mühe, seine innere Erregung zu bekämpfen.
„Noch als ich am Boden lag und versuchte, mich zu befreien, hatte ich überhaupt nicht die Absicht, die anderen zu schlagen oder mit Gewalt, oder, wie das heißt, als Rowdy zu handeln."

Den plötzlichen Schlag auf seinen Kopf hat er vergessen. Doch noch bin ich nicht dran, meine Fragen zu stellen. Richterin Knecht ist noch bei ihren Fragen.
„Sie haben aber einiges, was Sie schon einmal bei der Kriminalpolizei gesagt haben, hier nicht dargestellt. So, daß Sie zurückgeschlagen haben, daß Sie mit dem Mitangeklagten gemeinsam geprügelt und die Polizisten massiv beschimpft haben", setzt die Richterin vorwurfsvoll ihre Frage an.
Peter wiederholt seine Darstellung vom Vorfall und bestreitet, sich geprügelt zu haben. Außer dem Zurückschlagen nach dem fremden „Kopfangriff" habe er sich ruhig verhalten.
„Hätte mich der Polizist nicht grundlos mit seinem Gummiknüppel geschlagen, hätte ich auch nie das mit dem Zusammenschlagen geschrien. Das war nur der Schmerz und mein Schreck. Ich habe doch nichts gegen die Polizei, und meinen Kumpel habe ich auch nicht um Hilfe gerufen. Ich kann doch nichts dafür, daß er sich einmischt."
„Ja, ja, nur die anderen sind an allem schuld", betont der Staatsanwalt.
„Haben Sie zu den Genossen Volkspolizisten ‚ihr Ochsen und ihr roten Hunde' geschrien?" fragt Richterin Knecht und blättert eifrig in ihrer Akte.
„Nein, das habe ich nicht getan", antwortet Peter.
Der Mitangeklagte meldet sich und sagt: „Ich habe diese Worte nicht gehört, als die Polizisten Peter abgeführt haben, nur das mit dem Zusammenschlagen habe ich gehört."
„Sie sind jetzt nicht dran!" pfeift ihn Richterin Knecht zurück. Sie hat keine Fragen mehr, die Schöffen auch nicht.
Der gesellschaftliche Ankläger hebt, brav wie ein Schüler, seine rechte Hand.
Richterin Knecht wird auf ihn aufmerksam und spricht ihn an: „Was wollen Sie?"

„Der Angeklagte sagt öfters das Wort ‚Brummochse' auf seiner Arbeit, wenn er mit einem Kollegen zankt", weiß der gesellschaftliche Ankläger zu berichten.
„Das ist ja sehr interessant", meldet sich der Staatsanwalt.
„Dieser Hinweis ist für uns alle ohne Bedeutung, der Herr gesellschaftliche Ankläger ist ja kein Zeuge", versuche ich einzuwenden.
„Wir können ja den Kollektivvertreter befragen, Herr Verteidiger", Richterin Knecht sitzt auf ihrem hohen Roß.
Der Staatsanwalt fragt Peter nur ganz kurz über den Knietanz aus.
Peter erklärt: „Der Knietanz ist halt bei uns so üblich. Wenn flotte Musik gespielt wird, klatschen meine Kumpels und ich in die Hände, knien nieder und drehen uns auf den Knien, klatschen nochmal und stehen wieder auf. Andere haben es uns auch schon nachgemacht, das ist auf den Dörfern so ein üblicher Spaß."
„Ich kenne diesen Tanz nicht", setzt der Staatsanwalt seine Befragung fort. „Aber sind Sie, Angeklagter, nicht von den Ordnungsgruppenmitgliedern aufgefordert worden, sich vom Boden zu erheben und ordentlich zu tanzen? Das, was Sie da machen, ist doch ein Zeichen der Unkultur und unserer sozialistischen Kultur wesensfremd!" Frage und Vorwurf in einem.
Peter bejaht die Frage nach der Aufforderung durch die FDJler, doch Unkultur, das könne er nicht sagen. Den Leuten auf dem Dorf mache halt der Knietanz Spaß.
„Haben Sie noch weitere Fragen, Genosse Staatsanwalt?"
Richterin Knecht kokettiert mit ihm.
„Nein, im Moment nicht."
„Sind die Zeugen schon anwesend?" Staatsanwalt Diener stellt diese Frage bewußt, denn nach seiner Überzeugung werden die von ihm benannten Zeugen Peter Anders schon belasten.

Die Richterin blickt den gesellschaftlichen Ankläger an: „Jetzt dürfen Sie Fragen an den Angeklagten Anders stellen."

Ich stehe auf und weise darauf hin, daß ich zuvor einige Fragen an meinen Mandanten habe.

„Wieso denn, jetzt hat der Herr gesellschaftliche Ankläger das Fragerecht", weist mich Richterin Knecht zurecht.

„Ich darf darauf aufmerksam machen, daß gemäß § 229 StPO der gesellschaftliche Ankläger nach mir Fragen stellen kann", erkläre ich, wenn auch ein wenig zornig.

Der gesellschaftliche Ankläger mischt sich jetzt auch mit ein und erklärt, daß er keine Fragen habe.

Meine Fragen beantwortet Peter – für die Verteidigung – gut. Der Schlag auf den Kopf sei überraschend und sehr schmerzhaft gewesen, er habe aber durch ihn nicht die Besinnung verloren. Wenn er ungerecht behandelt werde, sei er damit nicht einverstanden; auch wenn anderen Unrecht geschehe, sei er erregt; er sei kein Schläger und auch sonst noch nicht bestraft worden. Der Knietanz sei sowieso beendet gewesen.

„Die FDJler hätten mich nicht rauszerren und auf den Boden drücken müssen. Es wäre alles nicht so schlimm geworden, wenn sich nicht die anderen eingemischt hätten", ergänzt er noch. Außerdem sei er, trotz der zwei oder drei Schnäpse, voll da, also nicht betrunken gewesen, trägt er noch nach.

Richterin Knecht ordnet eine Pause an.

Staatsanwalt und Richterin verlassen gemeinsam den Verhandlungssaal in Richtung Beratungszimmer. Die Schöffen trotten hinterher. Peter wird von den Leuten der Untersuchungshaftanstalt in seine Verwahrzelle gebracht. Dort darf er, wenn er hat, sein Brot essen und auch rauchen.

Die Zelle ist nicht größer als eine enge Toilette. Austreten darf er auch, aber dann muß der Gang zur Toilette frei sein, kein Mensch darf sich in der Nähe aufhalten. Mit sicherem Geleit wird er weggebracht, ich sehe ihn nicht mehr.

Nach der Pause beginnt Richterin Knecht die Zeugenvernehmung. Sie beugt sich umständlich über das vor ihr stehende Tischmikrophon und schreit: „Die Zeugen, alle in den Verhandlungssaal, bitte eintreten."

Ich glaube, sie konnten die Aufforderung auch ohne Lautsprecher hören. Richterin Knecht ist merklich nervös. Was sie wohl in der Pause mit dem Genossen Staatsanwalt abgesprochen hat?

Vier Zeugen betreten jetzt den Saal. Drei von ihnen sind in Zivil, doch ich erkenne sie auch ohne Uniform als Polizisten.

Sie halten Zettel in der Hand, ihre Gesichter, voll und gerötet, drücken durch Blicke auf die Angeklagten und deren Verteidiger ihre Mißachtung aus.

Dem Staatsanwalt nicken sie freundlich zu, man kennt sich ja. Hat es ja auch schon gegeben, daß solche Zeugen vor ihrer Vernehmung beim Staatsanwalt ihre Aussage nochmals durchgelesen haben und das Aussagen „geprobt" haben.

Die Sicherheitsorgane arbeiten Hand in Hand.

Heute sollen sie die Staatsmacht stützen. So wie sie vor der Richterin Knecht stehen, die sie über ihre Rechte und Pflichten belehrt, ahne ich – aber auch diese Erfahrung ist nicht neu – nichts Gutes für Peter und seinen Kumpel.

„Haben Sie die Zeugenbelehrung verstanden?"

„Jawohl", dabei nehmen sie Haltung an. Die Hosen spannen sich über dem Hintern.

Der vierte Zeuge, ein blasser Mann, am Jackett das SED-Parteiabzeichen, steht etwas unbeachtet im Hintergrund. Die Richterin fragt ihn gesondert, ob er die Zeugenbelehrung verstanden habe. Er spricht ein leises und schüchternes „Ja" aus.

„Bis auf den Genossen Einsatzwagenführer verlassen Sie

bitte den Saal, ich werde Sie nacheinander aufrufen.“ Dieser Aufforderung wird sofort Folge geleistet.
Die Richterin belehrt den Volkspolizisten, da ja unter Ausschluß der Öffentlichkeit verhandelt wird, auf seine besondere Pflicht zur Verschwiegenheit, nichts über seine Vernehmung nach draußen dringen zu lassen.
„Das ist ja selbstverständlich“, antwortet der Polizist, der sich offenbar in seiner Zivilkleidung unwohl fühlt. Er fingert an seinem Jackett herum.
„Haben Sie Ihre Aussagegenehmigung vom Volkspolizeikreisamtsleiter mit?“
Der Zeuge übergibt das Papier, das er schon die ganze Zeit in der rechten Hand hält.
So, nun kann es losgehen.
„Also Herr Zeuge“, sonst sagt sie Genosse, „was können Sie uns über das Verhalten der Angeklagten sagen?“ Die Richterin lehnt sich auf ihrem Sessel zurück.
Der Zeuge, immer noch in strammer Haltung, erzählt, was er offenbar auswendig gelernt hat.
Das ist auch der Eindruck meines Kollegen.
„Am fraglichen Tag erhielt ich den Befehl von meinem Dienstvorgesetzten, in die Gaststätte zu fahren, wo sich die Angeklagten aufgehalten haben. Eine rowdyhafte Auseinandersetzung mehrerer Bürger mußte durch uns beendet werden. Die verdächtigen Personen sollten wir danach, zwecks Aufklärung eines Sachverhaltes, dem Volkspolizeikreisamt zuführen.
Wir, das heißt ich und meine Genossen, fuhren dorthin. Uns empfing schon ein Bürger, der Ordnungsgruppendienst hatte. Er sagte zu uns, daß zwei Bürger im Vorraum des Saals eine tätliche Auseinandersetzung begonnen hätten und sich jetzt mehrere Bürger schlagen würden. Wir gingen zu zweit in den Vorraum und sahen, wie sich etwa acht Personen tätlich auseinandersetzten. Einer meiner Genossen und ich forderten die Bürger auf, auseinander zu gehen, einige folgten unserer Auf-

forderung. Der Angeklagte“, er zeigt auf Peter Anders, „schlug wie wild um sich. Die Freunde von der FDJ-Ordnungsgruppe konnten ihn nicht beruhigen.“
„Also, das stimmt ja gar nicht, ich habe nicht wild um mich geschlagen, sondern ich lag am Boden und konnte mich gar nicht mehr wehren. Die haben mich fest auf den Boden gedrückt“, empört sich Peter.
„Angeklagter, wenn Sie noch einmal den Zeugen unterbrechen, dann gebe ich Ihnen eine Ordnungsstrafe oder vernehme den Zeugen in Ihrer Abwesenheit!“ schreit die Richterin Peter an.
„Na, ist doch wahr, Menschenskinder!“ Peter setzt sich wieder.
„Herr Verteidiger, sorgen Sie dafür, daß der Angeklagte nicht die Zeugenvernehmung stört“, auch ich werde gleich mit angeranzt.
Ich stehe auf und verweise darauf, daß ja Herr Anders eine ganz andere Schilderung des Geschehens abgegeben habe.
Ich hätte natürlich besser schweigen sollen, denn nun mischt sich auch wieder Staatsanwalt Diener ein.
„Da bin ich anderer Meinung als Sie, doch das können Sie ja in Ihrem Plädoyer ausführen. Jetzt sind wir aber noch nicht so weit.“ Er wendet sich an den Zeugen, „fahren Sie bitte mit Ihrer Aussage fort“. Die Richterin nickt zustimmend.
Jetzt hat der Staatsanwalt die Verhandlungsführung übernommen, denke ich.
Schweigend setze ich mich; zwecklos, einen Streit zu beginnen. In der Zwischenzeit kann sich der Zeuge seine Aussage noch besser ins Gedächtnis zurückrufen; er weiß nun, daß der Genosse Staatsanwalt ihn unterstützt.
Der Zeuge beginnt wieder: „Ich habe genau gesehen, wie der Angeklagte ganz massiv auf andere Bürger eingeschlagen hat. Ich habe ihn nochmals aufgefordert, sich

ruhig zu verhalten und sich von den anderen Bürgern zu entfernen. Das tat er aber nicht, da habe ich meinen Schlagstock in Einsatz gebracht und den Widerstand des Angeklagten gebrochen. Er ließ von den anderen Bürgern ab, die nur seine Tätlichkeiten abwehrten. Plötzlich schrie er mich und die anderen Genossen an, ‚ihr Kommunisten, ihr Ochsen, ihr Verbrecher, das macht ihr immer, uns zusammenschlagen'. Wir haben ihn durch Anwendung eines einfachen Armhebels festgenommen und zum Einsatzfahrzeug geführt. Auf dem Weg dorthin und im Auto verhielt sich der Angeklagte ruhig. Er hat uns nicht mehr beschimpft und auch keinen Widerstand geleistet. Der andere Mitangeklagte schlug auf dritte Bürger ein. Als wir ihn mit einfacher körperlicher Gewalt festnahmen, trat er nach uns. Mich trat er vor mein rechtes Schienbein. Ich hatte starke Schmerzen und mußte mich ärztlich, ambulant, behandeln lassen. Ich hatte mehrere Tage Schmerzen im rechten Bein. Außerdem trat er auch den anderen Genossen auf die Füße. Das hat er absichtlich getan. Er wollte sich befreien und uns von sich stoßen. Beschimpft hat er uns nicht. Nachdem wir auch ihn in dem zweiten Einsatzwagen, der inzwischen angekommen war, untergebracht hatten, verhielt er sich ruhig."

Die Richterin Knecht und ihre Schöffen sind zufrieden. Sie wollen nichts mehr erfragen.

Der Staatsanwalt erhebt sich und sagt zu dem Zeugen: „Genosse, nun behauptet der Angeklagte Anders, er habe still auf dem Boden gelegen, habe nicht geschlagen; sondern die vier Mitglieder der Ordnungsgruppe sollen ihn am Boden festgehalten haben, und er habe unberechtigt einen Schlag mit dem Schlagstock erhalten. Was sagen Sie dazu?"

„Ich bleibe bei meiner Aussage; so wie ich den Vorfall dargestellt habe, so hat er sich auch abgespielt", antwortet der Zeuge.

„Danke, Herr Zeuge!“ Staatsanwalt Diener setzt sich, steht wieder auf und fragt: „Bei der Kriminalpolizei haben Sie, da möchte ich Sie nur einmal daran erinnern, ausgesagt, daß der Angeklagte sie und ihre Genossen nur als Ochsen und rote Hunde beschimpft habe. Heute haben Sie ausgesagt, daß er auch ‚ihr Kommunisten, ihr Verbrecher‘ geschrien hat. Vielleicht ist es möglich, daß Sie da etwas verwechseln?“

Der Zeuge hat begriffen.

„So wie ich es vor den Genossen der Kriminalpolizei ausgesagt habe, ist es gewesen. Jedenfalls hat uns der Angeklagte sehr beschimpft mit den Worten, ihr Ochsen und roten Hunde. Ja, das stimmt.“

Beruhigt setzt sich auch der Staatsanwalt hinter der hohen Barriere und lehnt sich zufrieden in seinem Sessel zurück.

Ohne abzuwarten, ob mir die Richterin das Fragerecht erteilt, stehe ich auf und stelle gleich meine Fragen, um die Aussagen des Zeugen zu erschüttern oder zu entkräften. Dabei frage ich nach der Notwendigkeit des Einsatzes des Schlagstocks, da mein Mandant sich ja ruhig verhalten habe; bei vier Gegnern, die ihn schon niederdrückten, habe er sich gar nicht mehr wehren können. Weiter gehe ich auf die unterschiedlichen Aussagen zu den Schimpfworten, die der Zeuge gehört haben will, ein. Den Hinweis des Mitangeklagten, daß er Peter Anders gar nicht schimpfen hörte, kann ich dabei gut verwenden.

Aber dieser Zeuge weiß genau, was von ihm erwartet wird. Er wiederholt sich und erhält dabei Hilfe vom Staatsanwalt: „Das hat ja der Herr Zeuge schon alles klar und eindeutig beantwortet.“

Ich bitte den Staatsanwalt, mich bei der Befragung des Zeugen nicht zu unterbrechen.

„Ich unterbreche Sie nicht, ich weise nur darauf hin, daß der Zeuge aus meiner Sicht klar und eindeutig seine

Wahrnehmungen bekundet hat“, kontert Staatsanwalt Diener.
„Das mag sein; aber für mich sind Zweifel vorhanden. Ich verweise auf die übereinstimmenden Aussagen meines Mandanten und des Mitangeklagten, die...“ Ich werde nun von der Richterin Knecht unterbrochen.
„Also, der Zeuge hat doch die Beschimpfungen bestätigt. Das haben wir doch alle genau gehört. Da verstehe ich nicht, wo es da noch Widersprüche gibt.“
„Außerdem“, fährt sie in ihrer Belehrung fort, „haben wir noch andere Zeugen, die wir hören werden. Auf alle Fälle hat der Angeklagte gesagt, ‚das könnt ihr, uns zusammenschlagen‘, oder will er das auch bestreiten?“
Peter steht auf und erklärt: „Das will ich nicht, aber die Worte, ‚ihr Ochsen und ihr roten Hunde‘ habe ich nicht gesagt, auch nicht ‚ihr Kommunisten oder ihr Verbrecher‘!“ Erregt setzt er sich, steht aber gleich wieder auf: „Ach so, das wollte ich noch sagen...“
„Setzen Sie sich hin!“ Richterin Knecht ist ungehalten. Ich weise sie darauf hin, daß Herr Anders ein Erklärungsrecht nach einer Zeugenvernehmung hat. Darauf lenkt sie plötzlich ein: „Na, was wollen Sie denn noch?“
„Ich lag am Boden und konnte mich nicht mehr wehren. Ich habe nicht geschlagen, ich war ruhig.“
Doch der Zeuge bleibt bei seiner Aussage und wird entlassen. Richterin Knecht ruft den nächsten Zeugen herein.
Der kennt den Vorfall am „fraglichen Tag“ noch besser als sein Vorgesetzter, da gibt es keinerlei Abweichung zu der Aussage im Ermittlungsverfahren. Er spult seine Erinnerung ab.
„Gut gelernt“, flüstert mir Kollege Kammer zu.
Der Zeuge kann in seiner Aussage nicht erschüttert werden. Peter Anders wiederholt seine Version.
Der dritte Polizist in Zivil konnte schon im Ermittlungsverfahren nicht viel Belastendes gegen Peter Anders

aussagen. Er habe mehr mit den „anderen Bürgern“ als mit den „Angeklagten“ zu tun gehabt.
Er war derjenige, den Peters Kumpel auf die Füße getreten hatte. Erfreulicherweise hatte er auch keine Beschimpfungen der Polizisten gehört. Nicht einmal Staatsanwalt Diener versucht die Erinnerung an eine Beschimpfung aufzufrischen.
Der vierte Zeuge, der blaßgesichtige FDJler, rechtfertigt die Verhaltensweise seiner Ordnungshüter:
„Die tanzenden Jugendfreunde waren über die beiden und ihr Gehopse auf dem Boden empört. Deshalb habe ich die Angeklagten aufgefordert, das zu unterlassen.Als sie nicht damit aufhörten, rief ich die Ordnungsgruppe. Wir haben“, er zeigt auf Peter Anders, „diesen Jugendfreund aufgefordert, den Saal zu verlassen. Als er unserer Aufforderung nicht folgte, haben wir ihn mit leichter Gewalt aus dem Saal gebracht. Er hat sich sehr gewehrt, aber geschlagen haben wir ihn nicht. Draußen im Vorraum hat er uns geschlagen und sich massiv gewehrt. Es kam zu einem Handgemenge. Wir haben ihn aber nicht auf den Boden gedrückt. Bis die Genossen von der Volkspolizei kamen, haben wir ihn dann festgehalten. Der Angeklagte stand im Vorraum, dann kam der andere und griff uns an. Er schrie irgendetwas, das habe ich aber nicht verstanden. Erst die Polizisten haben den Angeklagten zur Ruhe gebracht und abgeführt. Da habe ich mich dann um die anderen Jugendlichen gekümmert, die im Vorraum mit herumrempelten. Sie waren alle unruhig.“
Der Zeuge wischt sich mit dem Handrücken über seine Stirn. Er schwitzt und ist aufgeregt.
„Haben Sie gehört, was der Angeklagte Anders zu den Genossen der Volkspolizei sagte oder geschrien hat?“ fragt ihn Richterin Knecht. Dabei blättert sie die vor ihr liegende Akte durch.
Nein, sie kann darin nicht finden, daß dieser Zeuge die

„staatsverleumderischen Worte“ meines Mandanten gehört hat. Der Zeuge, so weiß ich aus der Akteneinsicht, hat in seiner polizeilichen Vernehmung nichts darüber ausgesagt.
„Da habe ich nicht darauf geachtet, ich hatte mit den anderen zu tun.“ Er zuckt hilflos mit den Schultern, ich merke ihm an, daß er gern der Richterin geholfen hätte.
„Herr Staatsanwalt, haben Sie Fragen an den Zeugen?“
„Aber natürlich! Waren die anderen jungen Bürger sehr empört über die Tanzart der Angeklagten?“
Der Staatsanwalt hat gleich die entsprechende Wertung in seiner Frage untergebracht.
„Jawohl, sehr empört waren sie alle“, echot der Zeuge.
„Haben Sie noch über diesen Vorfall gesprochen, nachdem wieder – dank der Volkspolizisten – Ruhe eingetreten war?“ fährt der Staatsanwalt fort. Ich merke, er möchte auf eine erhebliche Unruhe unter der Bevölkerung hinaus, um das „Rowdytum“ der Angeklagten später angreifen zu können.
„Ich sagte schon, daß große Unruhe herrschte. Die anderen jungen Leute haben sich, nachdem die Volkspolizei weg war, langsam beruhigt. Wir als Ordnungsgruppe der FDJ haben diesen Vorfall in einer Auswertung besprochen und beschlossen, noch aufmerksamer unsere Tanzveranstaltungen zu beobachten, damit solche Entartungen nicht mehr vorkommen.“
„Danke, das reicht mir“, posaunt Staatsanwalt Diener in den Saal.
Der Zeuge will schon gehen, entsprechende Zustimmung durch den Staatsanwalt hat er ja erhalten, doch die Verteidiger möchten ihn auch als Zeugen befragen. Ungläubig blickt er mich an. Ob er den Knietanz kenne, will ich wissen. Er überlegt einen Moment. Die Richterin will ihm helfen: „Ist das denn von Bedeutung?“
Ich erkläre, daß es schon wichtig sei – aus der Sicht der Verteidigung. Richterin Knecht, die sich, ohne mit den

Schöffen gesprochen zu haben – diese sind ja ohnehin mit allem einverstanden – als Gericht bezeichnet, hält meine Frage für nicht sachdienlich.
Ich wiederhole sie und bitte: „Sollte das Gericht auch weiterhin bei der Auffassung bleiben, daß diese Frage unbedeutend sei, dann bitte ich um eine Entscheidung des Gerichts, ob es diese Frage zuläßt."
Richterin Knecht empört sich, „das wäre ja noch schöner. Was ich gesagt habe, vertrete ich auch weiterhin!"
„Dann bitte ich", nun doch energisch, „um die wörtliche Protokollierung meiner Frage und der Entscheidung des Gerichts."
„Der Herr Verteidiger maßt sich hier an, die Verhandlungsführung zu übernehmen. Ich bin auch Ihrer Meinung, Frau Vorsitzende, die Frage ist unbedeutend. Der Zeuge hat bereits ausgeführt, daß die Teilnehmer dieser Tanzveranstaltung empört waren. Mit gutem Grund, so meine ich, wenn sich junge Menschen so auf dem Tanzboden herumsielen". Staatsanwalt Diener klopft dabei mit seiner rechten Faust auf den Tisch. Er ist richtig böse geworden.
Die Richterin sieht, wie ich dem Staatsanwalt antworten möchte, und will einlenken: „Warum wollen Sie, Herr Verteidiger, denn das von dem Zeugen wissen?"
Dabei weiß sie, daß ich nicht verpflichtet bin, den Grund meiner Frage zu erklären, denn dann wüßte auch bereits der Zeuge, worauf es mir ankommt. Gerade das möchte ich vermeiden.
„Weil es für die Verteidigung meines Mandanten bedeutsam ist. Aus dem Recht auf Verteidigung leitet sich ab, daß ein Strafverteidiger den Zeugen unmittelbar fragen kann. Er muß seine Frage nicht erklären. Ich darf zitieren ..."
Sie unterbricht mich unwirsch: „Na, dann soll der Zeuge die soo wichtige Frage halt beantworten", stiftet sie Ruhe für die Fortsetzung der Beweisaufnahme.

„Also Herr Zeuge, Sie haben ja die Frage gehört. Kennen Sie den Knietanz?“
„Ja, dieser Tanz ist mir bekannt, aber von anderen Tanzveranstaltungen.“
Nun setze ich hier an und frage weiter: „Gibt es bei anderen Tanzveranstaltungen mehrere Tänzer, die diesen Tanz tanzen, oder sind das nur wenige?“
„Das ist unterschiedlich; in bestimmten Dörfern tanzen ihn viele, aber nur zur vorgerückten Stunde; je nachdem, woher die Tänzer stammen.“
Der Mitangeklagte erhebt sich und sagt, obwohl ihm sein Verteidiger ein Zeichen gibt, zu schweigen: „In Vippachedelhausen habe ich den Zeugen ja selbst schon auf den Knien tanzen sehen, das war vor drei Monaten!“
„Angeklagter, setzen Sie sich. Sie sind jetzt nicht befugt, etwas zu sagen; merken Sie sich das; erst wenn Sie gefragt werden, haben Sie die Möglichkeit zu reden. Wir kommen ja heute gar nicht vorwärts“, faucht die Richterin Knecht ihn an.
„Stimmt das, was eben gesagt wurde, haben Sie selbst schon diesen Knietanz getanzt?“ übernehme ich diesen für uns so glücklichen Hinweis. Wieso waren dann er und andere empört über dieses ländliche Kolorit?
„In unserem Jugendklubhaus habe ich noch nicht so getanzt“, weicht der Zeuge aus.
„Ich bitte Sie, meine Frage genau zu beantworten“, fordere ich ihn auf.
„Na ja, es ist schon mal vorgekommen, daß ich auch auf den Knien getanzt habe, aber das haben andere auch“, versucht sich der Zeuge zu entschuldigen.
„Sind Sie, wenn Sie so getanzt haben, von irgendeiner anderen Person aufgefordert worden, diesen Tanz abzubrechen oder den Saal zu verlassen? Waren bei diesen Tanzveranstaltungen auch FDJ-Ordnungsgruppen anwesend?“
Richterin Knecht sieht keine Möglichkeit mehr, die Be-

antwortung dieser Frage abzublocken. Der Zeuge antwortet sehr schnell auf meine Frage.
„Da viele Personen so getanzt und auch dabei in die Hände geklatscht haben, war das eine normale Sache. FDJ-Ordnungsgruppen waren im Saal, die haben aber nichts unternommen. Ich kenne einige von denen, die haben ja selbst mitgetanzt."
Aha – gut für Peter Anders, dies zu hören.
„Warum haben Sie dann meinen Mandanten aufgefordert, diesen Knietanz zu beenden beziehungsweise ihn von hinten gepackt und aus dem Saal gebracht?"
„Er hat so laut geklatscht, das störte uns. Außerdem stammt er nicht aus unserem Dorf."
„Wie, das habe ich jetzt nicht ganz verstanden; was wollen Sie damit ausdrücken – ‚außerdem stammt er nicht aus unserem Dorf'?" frage ich ihn, um den mir wichtigen Aspekt hervorzuheben.
„Das geht nun wirklich zu weit, Herr Verteidiger", unterbricht Staatsanwalt Diener.
„Ich bitte sie, mich nicht schon wieder zu unterbrechen, Herr Staatsanwalt", erwidere ich ihm.
Der Zeuge ist verunsichert. „Bei unseren Jugendfreunden hätten wir ja gar nichts dagegen gehabt, wenn sie so getanzt hätten, aber der Angeklagte hat so laut geklatscht, damit hat er uns als Veranstalter provozieren wollen."
Trotz mehrerer Fragen und Vorbehalte ging er nicht davon ab, daß die getroffenen Maßnahmen gegen Peter berechtigt gewesen seien. Man habe ihn auch nicht auf den Fußboden gedrückt, nicht geschlagen, es seien auch nicht vier Mann der Ordnungsgruppe gewesen, die Anders festgehalten haben. An mehr könne er sich nicht erinnern.
Ich stelle keine weiteren Fragen an diesen Zeugen.
Peter erklärt nochmals, daß er sich zu Unrecht angegriffen gefühlt und gegen die Ordnungsgruppenleute nur gewehrt habe.

„Ihr Verhalten zu bewerten, überlassen Sie gefälligst uns, Angeklagter!“ tönt es vom Richtertisch. „Wir haben die Zeugen gehört und können jetzt den Kollektivvertreter hören.“ Die Richterin rutscht unruhig auf ihrem Sessel hin und her.

Ein Blick zur Uhr bestätigt mir, daß die Mittagszeit naht. Dabei überlege ich, ob es ratsam wäre, noch einen weiteren Zeugen zu laden, um feststellen zu können, ob Peter tatsächlich von vier Personen aus dem Saal gezogen und auf den Boden gedrückt worden ist.

Mit Beweisanträgen vor DDR-Gerichten ist das so eine Sache. Viel Erfolg hat man damit nicht. Nur wenige Anträge werden von den Richtern akzeptiert. „Für die Feststellung der Wahrheit unerheblich“, heißt es dann lakonisch. Trotzdem, ich wage es und beantrage, ein weiteres Mitglied der damals diensthabenden Ordnungsgruppe zu der Erklärung meines Mandanten zu hören.

In der polizeilichen Vernehmung des letzten Zeugen wurden die anderen Ordnungsgruppenmitglieder benannt, ihre Namen hatte ich mir vorsorglich schon bei der Akteneinsicht notiert.

„Der Beweisantrag hätte längst vor der Verhandlung gestellt werden können. Also ich für meine Person benötige diesen Zeugen nicht. Für mich ist der Sachverhalt umfassend aufgeklärt, daher beantrage ich, diesen Beweisantrag abzulehnen“, erklärt der Staatsanwalt, ohne Aufforderung der Richterin.

„Danke für Ihren Antrag, Herr Staatsanwalt. Ich kenne die Begründung des Beweisantrags noch nicht; ich bitte um nähere Erläuterung, damit mitprotokolliert werden kann, bitte langsam“, fordert Richterin Knecht mich auf.

Zur Begründung meines Beweisantrags verweise ich auf die Widersprüche zwischen den Aussagen der Zeugen und denen meines Mandanten. Die Zweifel an der Notwendigkeit der Maßnahme der Ordnungsgruppe gegen Peter spreche ich an.

Strafbefreiende und strafmildernde Aspekte müssen vom Gericht beachtet werden; vorsorglich könnte ja die Hauptverhandlung unterbrochen werden.
Die Protokollantin schreibt emsig mit.
Staatsanwalt Diener erklärt, daß er sich nicht zu wiederholen brauche; seine Auffassung habe er bereits mitgeteilt; dieser Antrag sei für die Wahrheitserforschung unerheblich.
Die Richterin erhebt sich und teilt mit, daß jetzt Pause für eine Stunde sei.
„Das Gericht wird seine Entscheidung nach der Mittagspause verkünden“, fährt sie fort. Beim Hinausgehen flüstert sie an der Tür mit dem Staatsanwalt, der ebenfalls aufgestanden ist und ihr die Tür öffnet. Die Schöffen trotten hinterher.
Ich hätte zu gern gehört, was der Staatsanwalt geflüstert hat.

Mittagspause.
Peter fragt mich, ob ich nicht zu forsch in seiner Sache sei. Ich bin erschrocken. Mein Kollege scheint der gleichen Meinung zu sein. Er möchte offenbar meine Nähe meiden, geht schnell aus dem Saal. Peter wird abgeführt.
Ich bin allein im Verhandlungssaal, fühle mich traurig, leer und wie ausgebrannt. Warum engagiere ich mich so? Der Kollege hat diese Aufregungen nicht. Er hatte heute einen ruhigen Tag.

Nach der Mittagspause wird die Verhandlung fortgesetzt. Ich bin gespannt, welche Entscheidung die Richterin verkünden wird. Noch habe ich Emotionen, doch nicht mehr lange.
Richterin Knecht setzt sich in Positur. Ihr schwarzes Kostümjackett wirkt wie aufgeblasen.
Jetzt beginnt sie:
„Der Antrag der Verteidigung, den Zeugen … zu verneh-

men, wird...", sie genießt offenbar die Pause, „abgelehnt. Wir begründen unsere Entscheidung im Urteil, doch jetzt schon sage ich, er ist nicht für die Wahrheitsfindung von Bedeutung. So, also jetzt hören wir den Kollektivvertreter."

Sie belehrt ihn, daß er wie ein Zeuge die Wahrheit sagen müsse und nur die Meinung seines Kollektivs zum Ausdruck bringen dürfe, und fügt hinzu:

„Über alles, was Sie hier gehört haben, müssen Sie später schweigen."

Peter Anders' Kollege beginnt:

„Der Kollege arbeitet seit 1974 bei uns. In den ganzen Jahren hat er seine Arbeit gut gemacht; aber er ist nicht immer bereit, Sonderschichten zu fahren.

Bei Diskussionen zu unserem sozialistischen Aufbau spricht er kaum mit. Wir sollen ihn da in Ruhe lassen, sagt er. Er schimpft auch auf bestimmte Kollegen, wenn sie ihn zurechtweisen, weil er sich nicht an Solidaritätsaktionen beteiligt. Unser Kollektiv distanziert sich von der Verhaltensweise des Angeklagten.

Wir wollen nichts mehr mit ihm zu tun haben.

Ja, mehr habe ich nicht zu sagen."

„Herr Kollektivvertreter, ich danke Ihnen für Ihre umfassenden Ausführungen, die mit der schriftlichen Stellungnahme Ihres Kollektivs übereinstimmen. Diese liegt mir vor, und ich habe sie gelesen. Danke!"

Es fehlte nur noch, daß Richterin Knecht das Kollektiv herzlich grüßt und versichert, der Angeklagte werde nicht wieder in das Kollektiv zurückkommen.

Nach der Aussage des Kollektivvertreters und den Dankesworten der Richterin hat Staatsanwalt Diener Oberwasser. So „arbeitet" er die passive Haltung Peters auf.

„Warum wollen Sie im Kollektiv denn nichts mehr mit dem Angeklagten zu tun haben?"

„Der Angeklagte hat uns durch sein Verhalten, insbesondere durch seine Beschimpfungen der Volkspolizisten

schwer enttäuscht. Bei der Auswertung der Straftaten des Angeklagten haben uns auch die Genossen der Kriminalpolizei gesagt, daß der" – dabei sieht er zu Peter – „seine Strafe bekommen wird."
Der Kollektivvertreter, ebenfalls ein SED-Genosse, steht mit stolzgeschwellter Brust vor dem Richtertisch.
„Was für eine Strafe soll denn der Angeklagte erhalten?" wünscht Staatsanwalt Diener zu wissen.
„Also, das ist ja Sache des Gerichts, aber eine Freiheitsstrafe müßte der Angeklagte schon erhalten, meint das Kollektiv", kommt die promte Antwort des Kollektivvertreters.
„Darf ich Sie noch etwas fragen?" fährt der Staatsanwalt fort. „Wie reagiert der Angeklagte, wenn er erregt ist? Schimpft er dann? Welche Schimpfworte benutzt er?"
Also hat der Staatsanwalt den Hinweis des gesellschaftlichen Anklägers nicht vergessen.
Auch der Kollektivvertreter hat ein gutes Gedächtnis: „Ja, wenn der Angeklagte sich ärgert, weil wir nicht so wollen, wie er will, dann beschimpft er uns schon mal. Sagt Brummochse oder ähnliches."
Der Staatsanwalt verzichtet generös auf weitere Fragen. Weitere Belastungen gegen Peter Anders fallen dem Kollektivvertreter nicht mehr ein. Es ist schlimm, diese Vorverurteilung durch das Arbeitskollektiv anhören zu müssen.
Nun darf ich fragen:
„Sollte Herr Anders nicht vom Kollektiv zu einer Qualifizierungsmaßnahme, die ja eine Auszeichnung bedeutet, delegiert werden? Hat das Kollektiv ihm für diese Weiterbildung eine Beurteilung gegeben, und welchen Inhalt hatte diese?"
„Dazu kann ich wenig sagen", antwortet der Kollektivvertreter und schaut mich dabei an.
„Herr Kollektivvertreter, Sie müssen nicht zum Verteidiger, sondern zum Gericht sprechen!" weist ihn Richterin Knecht in die richtige Richtung – und zurecht.

„Also“, fährt der Kollektivvertreter fort, „er wurde deshalb delegiert, weil kein anderer bereit war, die Qualifizierung zu machen. Damit er genommen wird, haben wir ihm bescheinigt, daß er gut arbeitet und sich weiterbilden will und wir ihn dabei unterstützen wollen. Aber das ist ja schon lange her. Die Beurteilung hat der Meister geschrieben; was darin steht, weiß ich nicht. Aus der Delegierung ist nichts geworden; er ist ja in die Untersuchungshaft gekommen.“

Ich könnte nun eine Erklärung über Einschätzungen von Arbeitsleistungen durch das Arbeitskollektiv abgeben, doch das hätte wenig Sinn.

So frage ich noch nach dem allgemeinen Umgangston der Arbeitskollegen untereinander, besonders bei kritischen Situationen.

„Was meinen Sie denn mit kritischer Situation im Kollektiv? Unser Kollektiv hat einen guten Umgangston, und kritische Situationen gibt es bei uns nicht. Noch kein Kollege hat je einen Polizisten so beschimpft, wie es der Angeklagte getan hat. Wir schämen uns für ihn“, weist er meine Frage entrüstet ab.

Aus – ich habe keine Fragen mehr.

Peter sagt nichts zur Aussage seines ehemaligen Kollegen. Der Kollektivvertreter des Mitangeklagten zieht noch derber vom Leder. Er läßt nicht ein gutes Haar an ihm, und seine Vernehmung ist sehr schnell beendet.

Die Richterin blickt zufrieden in den Saal und fragt: „Gibt es noch Anträge zur Beweisaufnahme? – Nein! Also schließe ich die Beweisaufnahme und erteile dem Herrn gesellschaftlichen Ankläger das Wort.“

Endlich ist dessen große Stunde gekommen.

Er steht auf, knöpft sein Jackett falsch zu und beginnt mit seinen Ausführungen:

„Hohes Gericht, Genosse Staatsanwalt, was ich heute hier erleben mußte – das verwerfliche Verhalten des An-

geklagten Anders – das ist nicht im Sinne unserer sozialistischen Gesellschaft.
Der Angeklagte versucht, sein Verhalten zu beschönigen, obwohl er doch nach meiner Meinung und der des Kollektivs ganz klar die Straftaten begangen hat. Er versucht, anderen die Schuld für sein schlechtes Verhalten zu geben, aber da nützen auch die Bemühungen seines Verteidigers nichts. Alle anderen haben sich nach seiner Auffassung falsch verhalten, nur er nicht. Nun, jedenfalls hat der Angeklagte unsere Arbeiterehre verletzt.
Wir haben erwartet, daß er Reue zeigt, doch er hat noch immer nicht begriffen, worum es geht. Für mich hat der Angeklagte die Straftaten begangen. Ich bin kein Jurist, aber mein Kollektiv hat mir auch gesagt: das hat der getan und dafür soll er bestraft werden!
Wir fordern daher eine harte Bestrafung, denn wer sich gegen unsere sozialistische Gesellschaft stellt, muß das spüren. Wir wollen ihn nicht wieder bei uns haben!"
„Danke, Herr gesellschaftlicher Ankläger. Ich muß sagen, Sie haben die Meinung des Kollektivs deutlich und klar vorgetragen. Vielen Dank."
Richterin Knecht ist wieder gerührt, diesmal von ihren eigenen Dankesworten.
Die „gesellschaftlichen Kräfte" sollen an jedem Strafverfahren beteiligt werden, dafür will sie sorgen.
„Herr Staatsanwalt", fragt sie höflich, „benötigen Sie für die Vorbereitung des Plädoyers eine Pause?"
„Nein, nein, ich kann meinen Schlußvortrag sofort halten", antwortet Staatsanwalt Diener. Jetzt legt er sich mehrere Zettel bereit, die aus seiner Handakte genommen wurden.
Aha, denke ich, er hat mal wieder das Plädoyer schriftlich vorbereitet. In der Mittagspause war das nicht zu schaffen.
„Verehrte Frau Vorsitzende, hohes Gericht, gesellschaftliche Kräfte", beginnt er zu verlesen. Die Verteidiger

anzureden – das ist nicht seine Höflichkeit und nicht notwendig.
„Die sozialistische Gesellschaft zeichnet sich durch Humanität und hohe Kultur aus. Es ist vornehmste Aufgabe eines jeden Bürgers unserer Deutschen Demokratischen Republik, durch seine Arbeit und durch seine Bereitschaft zu Sonderleistungen unseren Staat zu stärken. Wir haben Achtung vor den Menschen, die mit besonderem Fleiß ihre Planziele in der sozialistischen Produktion erfüllen, ja sogar übererfüllen und einen klaren Klassenstandpunkt besitzen. Wir lassen es uns nicht gefallen, daß Menschen wie der Angeklagte Anders sich so verhalten, wie es uns heute von den Zeugen berichtet wurde. Für mich als Staatsanwalt hat die Beweisaufnahme ganz klar ergeben, daß der Angeklagte Anders sich des Rowdytums und der öffentlichen Herabwürdigung, in Tatmehrheit begangen, schuldig gemacht hat.
Die Anklage hat sich in allen Punkten bestätigt."
Er führt noch aus, daß die vernommenen Zeugen, entgegen der Darstellung des Angeklagten, eindeutig dessen rowdyhaftes Verhalten beschrieben haben und daß Peter die Schimpfworte „ihr Ochsen, ihr roten Schweine" und „das könnt ihr, uns zusammenschlagen" gesagt habe.
„Für diese Handlungen ist er zu bestrafen", fährt er fort, ohne von seinem Papier aufzublicken; „ich komme nun zum Mitangeklagten."

Während Staatsanwalt Diener sein Plädoyer abliest, habe ich mir Notizen zu dem meinen gemacht.
Dabei höre ich Staatsanwalt Diener weiter zu.
„Nun komme ich zu der Strafzumessung für den Angeklagten Anders", wendet er sich erneut meinem Mandanten zu.
„Von Reue habe ich bei ihm nichts gemerkt. Da stimme ich mit dem Herrn gesellschaftlichen Ankläger überein; Anders hätte hier durch Geständnisbereitschaft und

durch seine aktive Mitwirkung in der Hauptverhandlung einiges wieder gut machen können; doch nein“, jetzt spricht der Staatsanwalt frei, ohne an dem vorgeschriebenen Text zu kleben, „der Angeklagte versuchte in seiner Verteidigung sein Verhalten zu bagatellisieren, seine Schuld anderen zu übertragen. Aber die Aussagen der Genossen Volkspolizisten und des Zeugen von der FDJ-Ordnungsgruppe, an denen es keine, aber auch absolut keine Zweifel gibt, haben ja diese Bemühungen des Angeklagten zunichte gemacht. Ich stelle fest, daß der Angeklagte, anders als der Mitangeklagte, nicht geständnisbereit war.

Die öffentliche Herabwürdigung der Genossen Volkspolizisten, die unseren Staat im Inneren schützen, die sich für die Sicherheit und Ordnung unseres Landes einsetzen, die für uns Freunde und Helfer sind, können wir nicht durchgehen lassen.

Dieses Verhalten muß hart bestraft werden.

Nicht nur das Arbeitskollektiv des Angeklagten Anders und der Herr gesellschaftliche Ankläger, sondern auch unsere sozialistische Gesellschaft fordern eine Strafe, die so auf den Angeklagten einwirkt, daß er sich bewußt machen kann, in welcher verantwortungslosen Art und Weise er gegen unsere Strafgesetze verstoßen hat.

Das Kollektiv fordert selbst eine harte Bestrafung des Angeklagten. Er ist ideologisch noch in den Kinderschuhen. Auch hier muß er viel nachholen. Solche Menschen wie der Angeklagte Anders lassen sich leicht vom Klassengegner, der von der BRD aus seine Wühltätigkeit gegen unseren Arbeiter- und Bauern-Staat durchführt, vereinnahmen.

Wenn wir da nicht wachsam sind, wie schnell verstärkt der Klassenfeind seinen schlechten Einfluß auf solche labilen Menschen wie den Angeklagten.

Wir können den Klassenfeind keinen Zentimeter Land gewinnen lassen.“ Staatsanwalt Diener gönnt sich eine

kurze Pause und stellt fest, daß ihm das Gericht volle Aufmerksamkeit schenkt.
Richterin Knecht nickt zustimmend mit dem Kopf.
„Während sich unsere Menschen an ihrem wohlverdienten Feierabend und in ihrer Freizeit auch bei Tanzveranstaltungen erholen wollen, besitzt der Angeklagte Anders die Frechheit, die Teilnehmer massiv zu stören, indem er sich auf dem Boden herumwälzt. Das ist westliche Unkultur, die nicht den Vorstellungen der sozialistischen Tanzkultur entspricht. Auch dieser Aspekt ist in die Kriterien der Strafzumessung einzubeziehen. Anstatt sich wie andere Tanzende ordentlich zu benehmen, fällt der Angeklagte durch sein Randalieren auf. Die Aufforderung, sich ordentlich zu benehmen, beachtet er nicht. Er hat das sozialistische Zusammenleben unserer Bürger anläßlich dieser Tanzveranstaltung gestört, Gewalt angewandt, als er aus dem Saal gebracht wurde, und auch draußen noch erheblich randaliert. Die FDJ-Ordnungsgruppenmitglieder haben richtig gehandelt; ob es vier, zwei oder drei waren, ist dabei völlig unbedeutend. Erheblich ist für mich als Staatsanwalt, daß der Angeklagte erst zur Ruhe kam, als ihn die Genossen der Volkspolizei abführten. Der Mitangeklagte hat dem Angeklagten geholfen. Beide haben gemeinsam große Unruhe verursacht; die Teilnehmer dieser Tanzveranstaltung waren empört und sprachen noch lange von diesem Vorfall.
Ja, dritte Personen mußten sogar im Vorraum des Saales beruhigt werden, um weitere Randaliererereien zu vermeiden. Beide Angeklagte, aber besonders der Angeklagte Anders, haben diese Ursachen gesetzt.
Der Angeklagte Anders kann für begangenes Rowdytum mit bis zu fünf Jahren Freiheitsstrafe und für die öffentliche Herabwürdigung unserer staatlichen Organe mit einer Freiheitsstrafe bis zu drei Jahren belegt werden.
Um eine strafrechtlich richtige Beurteilung zu ermöglichen, müssen wir auch die Persönlichkeit des

Angeklagten würdigen. Diese ist nicht positiv. Wir haben alle noch die klare, vom Kollektiv vorgetragene Einschätzung seiner Arbeitsleistungen und seines gesellschaftlichen Standpunktes im Ohr.
Den Ausführungen des Herrn Kollektivvertreters kann ich mich insoweit nur anschließen. Gute Arbeit allein reicht für eine Strafmilderung nicht aus.
Die Persönlichkeit des Angeklagten muß durch den sozialistischen Strafvollzug erzieherisch beeinflußt werden. Er muß durch eine Freiheitsstrafe, also ohne Bewährung, zu richtigen Einsichten gegenüber unserem Staat und unserer Gesellschaft erzogen werden.
Aus all diesen Gründen beantrage ich, obwohl der Angeklagte bisher noch nicht vorbestraft ist und unter Berücksichtigung einer Differenzierung im Strafmaß zum Mitangeklagten, eine Freiheitsstrafe von einem Jahr und zwei Monaten.
Weiter beantrage ich, daß das Hohe Gericht auf staatliche Wiedereingliederungsmaßnahmen gegenüber dem Angeklagten Anders erkennt. Es wird auch nach der Verbüßung der Freiheitsstrafe notwendig sein, dem Angeklagten durch staatliche Maßnahmen seinen Weg in unserer Gesellschaft aufzuzeigen."

In seinem Plädoyer gegen den Mitangeklagten würdigt Staatsanwalt Diener dessen Reue und Geständnisbereitschaft. Trotzdem beantragt er, zu einer Freiheitsstrafe von einem Jahr und vier Monaten zu verurteilen und ihm auch Maßnahmen zur Wiedereingliederung aufzuerlegen.

Der Staatsanwalt ist von der Anklage insoweit abgewichen, daß er Peters strafrechtlich relevantes Verhalten zuerst gewürdigt hat, obwohl dieser in der Anklageschrift erst als zweiter genannt ist. So groß war also der Ärger des Staatsanwalts, daß er von seinen sonstigen Regeln

abgewichen ist. Richterin Knecht lehnt sich befriedigt zurück und dankt dem Staatsanwalt für seine Ausführungen.
Besonders die politischen Nuancen dieses Plädoyers haben sie entzückt. Ich kenne das aus vielen Strafsachen, in denen ich unter ihrem Vorsitz verteidigt habe.
Sie nickt meinem Kollegen zu. Rechtsanwalt Kammer steht auf und hält sein Plädoyer. Von Einsicht seines Mandanten ist da die Rede; Reue, Geständnisbereitschaft können strafmildernd wirken. Die Motive seines Mandanten, einem Freund zu helfen, sollten bitte mit berücksichtigt werden. Er sehe die angeklagten Tatbestände auch als erfüllt an.
Hier atmet die Richterin erleichtert auf.
Der Verteidiger aber bittet nach Würdigung der Persönlichkeit des von ihm Verteidigten um eine weit geringere Freiheitsstrafe, als die im Antrag des Staatsanwalts genannte.

Meine Argumente für die Verteidigung meines Mandanten habe ich mir gedanklich zusammengestellt. Ein Handzettel ist mit Stichworten, Gedankenstützen und Richtungspfeilen bekritzelt. Jetzt fordert Richterin Knecht mich auf, zu plädieren.
In solchen Momenten meiner inneren Sammlung frage ich mich – und das wird immer häufiger –, welchen Sinn es noch hat, sich emotionsgeladen für den Mandanten einzusetzen, wenn der schon selbst sagt, ich sei zu forsch. Doch „Leisetreterei und politisches Wohlverhalten“ sind bei der Verteidigung eines politischen Straftäters Gewissensfragen. Versteckte und auch direkte Angriffe habe ich nicht nur am heutigen Tag erlebt.

So beginne ich mein Plädoyer mit einer mir wichtigen Ermahnung, vielleicht auch Entschuldigung:
„Hohes Gericht, Herr Kollege Kammer! Am Ende dieser

Beweisaufnahme haben Sie, Hohes Gericht, über Schuld oder Nichtschuld meines Mandanten", ich blicke die Richterin an, sie atmet heftig und ärgert sich schon, daß ich es wage, von Nichtschuld überhaupt zu sprechen, „zu befinden, um für ihn und für uns alle ein gerechtes Urteil zu fällen.
Die vornehmste Aufgabe des Gerichts ist es, unvoreingenommen und unabhängig die objektive Wahrheit im Tatgeschehen zu erforschen. Nur so ist es möglich, auf einen schuldigen Täter erzieherischen Einfluß zu nehmen, von einem Nichtschuldigen dagegen Strafe abzuwenden.
Es ist Aufgabe der Verteidigung, alle schuldbefreienden und entlastenden Momente, die für Herrn Anders sprechen, vorzutragen und damit die hier in der Hauptverhandlung gesammelten Beweise kritisch zu würdigen.
Ich habe heute und hier in dieser Hauptverhandlung gemerkt, daß meine Verteidigungskonzeption nicht immer auf das Verständnis der Verfahrensbeteiligten gestoßen ist.
Nun, damit müssen Sie sich, Frau Vorsitzende und die Schöffen, noch auseinandersetzen.
Ich denke da an den abgelehnten Beweisantrag.
Ich darf darauf hinweisen, daß der Verteidiger, um mit Worten des sowjetischen Strafrechtlers Strogowitsch zu sprechen, dazu berufen ist, einen Beschuldigten oder Angeklagten zu verteidigen und nur zu verteidigen. Er ist, so weiter Strogowitsch, verpflichtet, nichts aus dem Auge zu lassen, was zum Freispruch des Angeklagten (hier zieht die Richterin die Mundwinkel verächtlich herab) oder zur Minderung seiner Verantwortlichkeit führen kann." Dieses Zitat von dem sowjetischen Juristen, abgedruckt in der „Neuen Justiz", Heft 7, 1977, Seite 208, hat bisher immer auf das Gericht gewirkt. So kann man einen kleinen Angriff wagen und ist politisch abgesichert.

„Das vorausgeschickt“, fahre ich fort, „werden Sie nun besser verstehen, warum ich meinen Mandanten so verteidige.

Lassen Sie mich bitte an den Ausgangspunkt des Geschehens erinnern. Herr Anders hat auf einer Veranstaltung einen Knietanz, der, wie der Zeuge... in seiner Vernehmung erklärte, durchaus auf anderen Tanzveranstaltungen getanzt wird, aufgeführt.

Ich möchte diesen Knietanz, unter dem Aspekt der Ausgelassenheit junger Menschen, so wie wir über ihn gehört haben, als einen Tanz des Spaßes, nicht der Unkultur betrachten. Wenn ich an meine Jugend zurückdenke – was haben wir da alles getanzt und auch dabei geklatscht. Man sollte hier die Ausgelassenheit junger Menschen nicht überbewerten.

Der Zeuge, der für die FDJ-Ordnungsgruppe tätig wurde, hat erklärt, daß Herr Anders lediglich etwas zu laut geklatscht habe; ‚das‘ – so sagte dieser Zeuge wörtlich, ‚störte uns‘. Wobei er darauf hinwies, daß mein Mandant nicht aus seinem Dorf ist und die Jugendfreunde – ich zitiere – ‚ja gar nichts dagegen gehabt hätten, wenn sie Knietanz gemacht hätten‘. Daraus ergibt sich für mich, daß weder der Knietanz noch das Klatschen meines Mandanten Anlaß sein konnten, ihn von hinten zu packen und aus dem Saal zu schaffen, ihn auf den Kopf zu schlagen und im Vorraum auf den Boden zu drücken. Daß er provozieren wollte, bestreitet Herr Anders, und abgeleitet vom Ablauf des Tanzes kann ich in seinem Verhalten keine Provokation feststellen. So fühlte er sich angegriffen, wehrte sich gegen die vier Mann der Ordnungsgruppe. Keiner von diesen wurde verletzt, nur Herr Anders erhielt einen Schlag auf den Kopf. Wenn er danach erregt reagierte, so müßte das auch verständlich sein. Bei der Erfüllung des Straftatbestandes des Rowdytums kommt es darauf an, ob der Straftäter aus Mißachtung der öffentlichen Ordnung und der Regeln des sozialistischen Zusammenle-

bens Gewalttätigkeit oder Belästigungen begeht. Außerdem muß er sich an einer Zusammenrottung von Personen beteiligt haben, um für sein Handeln bestraft zu werden. Knietanz und Klatschen sind – davon können wir ausgehen – keine grobe Belästigung gegenüber den anderen Tanzenden. Diese Tanzart ist, wie wir erfahren haben, üblich.
Davon abgesehen wird ja wohl nach jeder Tanzrunde geklatscht. Gewalttätig war mein Mandant nicht, wenn er von vier Personen – dabei folge ich den Einlassungen meines Mandanten, die nicht durch die Zeugenaussagen widerlegt worden sind – von hinten gepackt wird und sich befreien will. Wenn er sich wehrte, handelte er nicht gewalttätig. Die Beweisaufnahme hat auch nicht ergeben, daß er sich an einer Zusammenrottung, wie sie im § 215 StGB gefordert wird, beteiligte.
Er wollte sich allein aus der Umklammerung durch die vier Ordnungsgruppenmitglieder befreien und hat gar nicht gemerkt, wie er aussagte, daß sein Kumpel ihm zu Hilfe kam. Eine Zusammenrottung liegt jedoch nur dann vor, wenn sich mehrere Personen zusammenschließen, um gemeinsam grobe Belästigungen oder Gewalttätigkeiten zu begehen. Ein Wille zum Zusammenschluß lag bei Herrn Anders nicht vor. Selbst als sein Kumpel ihm zu Hilfe kam, verhielt er sich nur abwehrend gegenüber dem Zeugen und den anderen Mitgliedern der Ordnungsgruppe. Ich kann daher die Auffassung der Staatsanwaltschaft und die meines Herrn Kollegen, soweit es die angeklagte Straftat des Rowdytums betrifft, nicht teilen. Weder subjektiv noch objektiv liegt im Verhalten des Herrn Anders eine Straftat des Rowdytums vor. Daher ist er freizusprechen."

Mir ist dabei klar, daß nach der Rechtsprechung der DDR bereits zwei Personen das Tatbestandsmerkmal – Zusammenrotten – erfüllen können. In diesem dehnba-

ren Paragraphen kann alles Passende oder Nichtpassende hineingepackt werden.
Die Richterin Knecht und Staatsanwalt Diener blicken sich bedeutsam an. Beide denken wohl dasselbe – ‚dem werden wir's schon noch zeigen', doch davon lasse ich mich nicht beeindrucken und setze mein Plädoyer fort: „Soweit mein Mandant geäußert hat, ‚das könnt ihr, uns zusammenschlagen', nachdem er tatsächlich von einem Volkspolizisten mit dem Schlagstock geschlagen worden ist, so bestreitet er diese Worte auch nicht. Sie konnten auch von anderen gehört werden. Mein Mandant fühlte sich auch hier ungerecht behandelt. Er war sehr erregt, doch darauf habe ich ja bereits hingewiesen. Die Äußerung wurde aus Erregung, Verärgerung, aber auch aus Schmerz getätigt. Er hat nichts gegen die Volkspolizei; so kann es auch keine Rolle spielen, wie er sich bei Diskussionen auf seiner Arbeit verhält. Nicht widerlegt ist sein Hinweis, daß er Ungerechtigkeit, auch gegenüber anderen Kollegen, nicht ruhig hinnimmt. Auf sein Verhalten am Tanzabend bezogen, resultiert diese Äußerung aus einer von ihm empfundenen Ungerechtigkeit. Sie war keine öffentliche Herabwürdigung (früher Staatsverleumdung), sondern sie kann strafrechtlich als eine nicht strafbare, äußerst unsachliche Kritik meines Mandanten bewertet werden. Herr Anders wollte die Polizisten mit dieser Äußerung weder in Mißkredit bringen noch verächtlich machen. Kritik, die die gebotene Sachlichkeit überschreitet und auch abwertet, dazu gibt es ja Rechtsprechung, an der Tätigkeit staatlicher Organe, hier der Volkspolizisten, ist jedoch nicht eine öffentliche Herabwürdigung. Nun soll mein Mandant zu den Polizisten ‚ihr Ochsen' und ‚ihr roten Hunde' gesagt haben. Ist ihm das zweifelsfrei nachzuweisen?
Er selbst hat nicht nur im Ermittlungsverfahren, sondern auch hier in der Hauptverhandlung immer wieder erklärt, diese Worte habe er nicht gesagt. Sein Kumpel,

der Mitangeklagte, hat diese Worte nicht gehört, als die Polizei im Vorraum stand und meinen Mandanten festnahm. Auch der Zeuge von der FDJ-Ordnungsgruppe hat solche Worte nicht gehört. Er befand sich ja in der Nähe und hätte sie hören müssen. Der zuerst gehörte Zeuge der Volkspolizei konnte zunächst die Äußerungen, die meinem Mandanten vorgeworfen werden, nicht bestätigen. Er hatte andere Äußerungen gehört, die jedoch gar nicht angeklagt wurden. Erst nach dem Vorhalt durch den Staatsanwalt bestätigte er die angeklagten Äußerungen. Kann es nicht möglich sein, daß diese Äußerungen überhaupt nicht getätigt wurden, der Zeuge diesen Fall mit einem anderen Sachverhalt verwechselt? In seiner polizeilichen Vernehmung hat er ja diese Worte auch erst auf Vorhalt gesagt. Kann es nicht auch sein, daß eventuell ein anderer Bürger diese Worte sagte? Einer, der mit im Vorraum stand? Ich frage nur deshalb, um festzustellen, daß ein zweifelsfreier Beweis bisher nicht geführt worden ist. Auch hier muß meinem Mandanten eine strafbare Handlung, nämlich die Äußerung ‚ihr Ochsen, ihr roten Hunde' zweifelsfrei nachgewiesen werden. Der dritte Volkspolizist, den das Gericht ebenfalls vernommen hat, hat weder Äußerungen noch Beschimpfungen gehört, und er stand mit in diesem Vorraum. Das ist für mich ein Hinweis, daß Herr Anders diese Worte nicht gesagt hat.
Es gelingt kein zweifelsfreier Schuldnachweis, daher kann Herr Anders auch wegen dieses zweiten angeklagten Delikts nicht strafrechtlich zur Verantwortung gezogen werden."
Vorsorglich verweise ich noch auf folgendes:
„Sollte in dem Satz, ‚das könnt ihr, uns zusammenschlagen', eine strafrechtlich relevante Handlung meines Mandanten gesehen werden, so kann diese nur als eine Beleidigung nach § 137 StGB bewertet werden. Es wäre dann § 139 Abs. 3 StGB anzuwenden; dann könnte je-

doch mit einer kurzen Haftstrafe in Höhe der bereits erlittenen Untersuchungshaft reagiert werden. Insgesamt beantrage ich für meinen Mandanten, diesen freizusprechen und den Haftbefehl aufzuheben.“

Der Staatsanwalt verzichtet auf eine Erwiderung, er muß sich seiner Sache sehr sicher sein.

„Die Angeklagten können zu ihrer Verteidigung sprechen. Sie haben das letzte Worte“, leiert Richterin Knecht herunter. Ich merke ihr die Empörung über mein Plädoyer an. Sie ist hochrot im Gesicht.

Peter Anders steht auf und sagt: „Ich schließe mich den Ausführungen meines Verteidigers an. Ich habe nichts Schlechtes getan. Das war alles, was ich dazu sagen kann.“

Der Mitangeklagte spricht von Reue und bittet um milde Strafe. „Ich werde durch mein Verhalten beweisen, daß ich mich jetzt immer richtig verhalten werde“, sind seine letzten Worte.
„Gibt es noch Erklärungen oder etwas zu beantragen?“ fragt die Richterin; offenbar erleichtert, am Ende des Verhandlungstags angelangt zu sein.
„Dann schließe ich um 16.00 Uhr die heutige Hauptverhandlung. Die Urteilsverkündung wird auf den ... (zwei Tage später) um 14.00 Uhr anberaumt. Damit schließe ich die heutige Sitzung. Die Hauptverhandlung wird bis zur Urteilsverkündung unterbrochen.“

Ein Blick zum Staatsanwalt, sie steht gemeinsam mit ihm auf und beide verlassen den Sitzungssaal.
Die Schöffen laufen mit der Protokollantin hinterher.

Peter Anders soll abgeführt werden.

Er fragt mich: „Meinen Sie, Sie haben Erfolg? Ich hoffe, aber ich glaube es nicht.“

„Nun müssen wir abwarten. Wir sehen uns zur Urteilsverkündung.“

Wir verabschieden uns. Mit angelegten Handschellen geht Peter aus dem Verhandlungssaal.
Mein Kollege hat sich sehr förmlich von mir verabschiedet. Ich packe meine Akten, Zeitschriften und Strafgesetzbuchkommentar zusammen und verlasse das Gerichtsgebäude.
Auf der Heimfahrt kommen wieder Zweifel an meinem Beruf auf. Ich habe es schon öfter gespürt, daß ich „politisch falsch“ argumentiere.
Warten wir das Urteil ab.

Zur Urteilsverkündung erheben sich die Anwesenden. Der Staatsanwalt zuerst, dann die Schöffen und zuletzt Richterin Knecht betreten im Gänsemarsch den Verhandlungssaal.
Die Protokollantin erwartet sie schon auf ihrem Platz. Sie liest die Urteilsausfertigungen durch.

„Die Verhandlung wird fortgesetzt“, beginnt die Richterin ihre Ausführungen, „alle Beteiligten sind erschienen, die Angeklagten sind vorgeführt.“
Nun setzt sie sich und erklärt: „Wir treten nochmals in die Beweisaufnahme ein. Der Angeklagte Anders kann wegen der angeklagten Äußerung, auch wegen einer Beleidigung gemäß §§ 137, 139 Abs. 3 StGB bestraft werden. Hiermit gebe ich als Richterin einen entsprechenden Hinweis auf die veränderte Rechtslage gemäß § 236 StPO. Angeklagter Anders, Sie können sich mit Ihrem Verteidiger abstimmen, ob Sie eine Unterbrechung der Hauptverhandlung wollen?“

Peter hat nichts verstanden von dem, was die Richterin gesagt hat. Nun weiß ich, daß das Gericht ihn nicht freisprechen wird und kläre ihn flüsternd auf, daß das Gericht offenbar eine öffentliche Herabwürdigung nicht annehmen wird, aber wohl eine Beleidigung. Bei § 139 Abs. 3 StGB ist der Strafrahmen nur zwei Jahre Freiheitsstrafe. Ich hatte ja die Anwendung dieser Strafrechtsnorm vorsorglich im Plädoyer erwähnt.
Eine Unterbrechung brauchen wir nicht. Neue Erkenntnisse oder neue Entlastungsmöglichkeiten haben wir nicht. Nachdem ich erklärt habe, daß wir die Hauptverhandlung nicht unterbrechen lassen wollen, schaut die Richterin in die Strafprozeßordnung. Sie liest etwas nach und sagt:
„Die Beweisaufnahme ist abgeschlossen, oder gibt es noch Anträge und Erklärungen?“
Ich verneine das, Staatsanwalt Diener sitzt unbeteiligt da. Er blättert gelangweilt in seiner Akte.

„Das Wort hat der Herr gesellschaftliche Ankläger, Sie können sich auf Ihre Ausführungen aus der Hauptverhandlung vor zwei Tagen beziehen“, erklärt die Richterin.
Dies geschieht.
„Herr Staatsanwalt, bleiben Sie bei Ihrem Antrag?“ fragt sie. Er nickt und sagt: „Ich wiederhole meinen Antrag zur strafrechtlichen Verantwortlichkeit des Angeklagten Anders.“

„Herr Verteidiger, Sie können jetzt plädieren.“ Während sie mit mir spricht, schaut sie in ihre Akte.

„Ich beziehe mich auf meinen Antrag: Freispruch; und ich wiederhole meine Begründung dazu“, trage ich stehend vor.

„So, die Angeklagten haben das letzte Wort." Beide wollen nichts mehr sagen und haben offenbar die Farce der Wiederholungen in diesem Strafprozeß erkannt.

Die Richterin Knecht erhebt sich und erklärt:
„Das Gericht zieht sich zur Beratung zurück."

Diesmal bleibt der Staatsanwalt im Verhandlungssaal. Schon nach wenigen Minuten betreten die Schöffen mit der Richterin den Verhandlungssaal. „Wir kommen nun zur Urteilsverkündung", teilt Richterin Knecht mit. „Dazu wird die Öffentlichkeit wieder zugelassen!"

Makaber, niemand betritt den Raum, als die Protokollantin in das Mikrofon „Urteilsverkündung in Strafsache Anders und andere" ruft.
Richterin Knecht erhebt sich, wir tun es ihr nach. „Im Namen des Volkes, in der Strafsache gegen ... und Peter Anders werden wie folgt verurteilt:

- Der Angeklagte ... wegen Vergehen des Rowdytums und Widerstands gegen staatliche Maßnahmen, Vergehen gemäß §§ 215 Abs. 1 und 220 Abs. 1, 64 StGB zu einer Freiheitsstrafe von einem Jahr, zwei Monaten, es wird auf staatliche Wiedereingliederungsmaßnahmen nach § 48 StGB erkannt.
- Der Angeklagte Peter Anders wegen Vergehen des Rowdytums und der Beleidigung, Vergehen gemäß §§ 215 Abs. 1, 137, 139 Abs. 3, 64 StGB zu einer Freiheitsstrafe von einem Jahr. Es wird gemäß § 48 StGB auf staatliche Wiedereingliederungsmaßnahmen erkannt.
  Die Auslagen des Verfahrens tragen die Angeklagten.

Die Richterin setzt sich.

„Zur Begründung“, will sie fortsetzen. Da räuspert sich der Staatsanwalt und sagt zu ihr: „Die Öffentlichkeit ist aus Gründen der Sicherheit des Staates wieder auszuschließen.“
„Ach ja, ich danke Ihnen für Ihren Hinweis. Natürlich, Protokollantin, nehmen Sie bitte ins Protokoll auf: Beschlossen und verkündet, die Öffentlichkeit wird aus Gründen der staatlichen Sicherheit wieder ausgeschlossen.“

Es ist still im Verhandlungssaal geworden. Spürt hier jeder die zweifelhafte Situation? Es ist lächerlich, wie besorgt der Staat die Begründung seiner Urteile verlesen läßt. Das Licht der Öffentlichkeit wird gescheut.
In der Begründung trägt die Richterin zunächst die Lebensläufe der beiden Angeklagten vor. Ihren ideologischen Standpunkt erörtert sie und beschreibt dann den Sachverhalt so, wie er sich aus der Anklage ergibt.
Ich denke darüber nach, in welcher Hauptverhandlung ich wohl war. Nach der Urteilsbegründung muß ich nicht anwesend gewesen sein. Der Schuldbeweis gegenüber beiden Angeklagten wird mit Worten, die der Staatsanwalt in seinem Plädoyer geäußert hat, begründet. Strafmilderung steht beiden Angeklagten zu, wie im Urteilsspruch ausgewiesen. Gesellschaftliche, politische Argumente von gesellschaftlichem Ankläger und Staatsanwalt sind in das Urteil eingeflossen.
Kein Wort zu den Ausführungen der Verteidiger. Richterin Knecht hat das Verlesen der Urteilsbegründung beendet. Weiter verkündet sie, daß die Haftbefehle aus den Gründen ihrer Anordnung aufrechterhalten werden.

„Sie sind beide verteidigt, Sie haben das Recht, gegen das Urteil Berufung einzulegen, aber alles weitere kann Ihnen Ihr Verteidiger mitteilen“, beendet Richterin Knecht diesen Verhandlungstag.

Mein Mandant und ich sind beide enttäuscht.
Wieder einmal begreife ich, wie sinnlos ein engagiertes und konsequentes Verteidigen ist. Politisch habe ich mir nun wieder einen Minuspunkt eingehandelt. Es wundert mich nicht mehr, wenn die Staatssicherheit sagt – „politisch nicht zuverlässig“.

Peter sagt zu mir, „Sie haben sich zwar große Mühe gegeben, aber es ist nichts dabei herausgekommen. In der Untersuchungshaftanstalt haben mir schon die Bewacher gesagt, bei so einer Sache hat die Berufung gar keinen Zweck.“

Müde antworte ich ihm: „Das Urteil werden Sie nicht ausgehändigt erhalten, es wird Ihnen nur zum Durchlesen gegeben, Sie wissen ja, Sicherheit des Staates.
Sie können auch das Protokoll über die Hauptverhandlung durchlesen. Wenn Sie Berufung einlegen wollen, so kann ich das für Sie tun oder Sie können die Berufung selbst einlegen oder zu Protokoll der Rechtsantragstelle erklären.“
Peter hat die Repräsentanten der sozialistischen Staatsmacht – eine Richterin, die nur vom klaren Standpunkt der Arbeiterklasse ihre Urteile fällt, und einen SED-Genossen als Staatsanwalt erlebt.
„Ich gehe nicht in Berufung! Das bringt doch nichts“, meint er lakonisch. Er fragt gar nicht mehr nach meiner Meinung. Ich hätte ihm nicht zur Berufungseinlegung geraten, obgleich ich für ihn einen Freispruch beantragt hatte. Das Gericht hat meine Auffassung völlig ignoriert.

Diese Akte wird abgeschlossen.

Republikflucht oder ungesetzlicher Grenzübertritt

„Herein“, tönt es energisch aus dem Zimmer des Leiters des Militärgerichts.
Ich hatte zögernd und leise geklopft. Nun öffne ich die gepolsterte Tür und betrete ein spartanisch eingerichtetes Zimmer.
Vor dem Fenster, das Licht fällt ihm auf den Rücken, sitzt Oberstleutnant Mencke hinter dem großen dunklen Schreibtisch, auf dem sich Aktenberge häufen.
„Guten Tag, ich bin Rechtsanwalt Gräf aus Weimar“, stelle ich mich vor.
„Guten Tag, Genosse Gräf“, der Oberstleutnant steht auf und kommt auf mich zu.
Sein Uniformrock sitzt locker, der Kragenknopf ist geöffnet. Er scheint ganz leger zu sein.
„Womit kann ich Ihnen dienen, Genosse Gräf?“
„Darf ich etwas richtigstellen, Herr Oberstleutnant“, erwidere ich vorsichtig, Sie sprechen mich als Genossen an, aber ich bin parteilos.“
„Ach so, ja dann, also ich bitte Sie, mich nicht mit Herr Oberstleutnant anzureden, sondern Genosse Oberstleutnant. In unserer NVA gibt es keine Herren mehr, verstehen Sie!“ Wohlgefällig lacht er auf. „Was wünschen Sie also?“ Seine Augenbrauen haben sich energisch zusammengezogen. Obwohl er eine Brille trägt, fällt mir sein veränderter Gesichtsausdruck auf.
„Ich möchte Akteneinsicht in der Strafsache Reichardt, Dietmar nehmen. Da ist übermorgen Hauptverhandlung“, trage ich meinen Wunsch vor.

„Davon weiß ich ja gar nichts, daß der Soldat Reichardt einen Verteidiger hat. Darf ich erst einmal ihren Anwaltsausweis sehen? Ich habe Sie ja noch nicht kennengelernt."
Er ist Schritte zurückgetreten. Mit einem „Dienst" an mir ist es wohl nichts mehr.
Richtig abgekühlt wirkt jetzt der Genosse Mencke.
Ich krame meinen Anwaltsausweis hervor und halte ihn ihm entgegen.
„Danke. Haben Sie Prozeßvollmacht für Reichardt?"
„Ja, die habe ich bereits in Ihrem Vorzimmer abgeben müssen", antworte ich schnell.
„Warten Sie bitte auf dem Gang, draußen", der Oberstleutnant spricht langsam, gut artikuliert, „ich werde Sie zur Akteneinsicht rufen lassen. Guten Tag."
Er dreht mir den Rücken zu.
Ich verlasse sein Zimmer und warte auf dem langen schmalen Gang der alten Kaserne, die schon vor dem II. Weltkrieg erbaut und nun zum Militärgericht umfunktioniert worden ist.
Über mir hallen Stiefelschritte.
Die „Genossin" Feldwebel auf der Geschäftsstelle ruft mich in ihr schmuckloses Zimmer.
„Nehmen Sie hier an dem kleinen Tisch, dort neben dem Regal, Platz. Hier ist die Akte, und vergessen Sie nicht, einen Vermerk über Ihre Akteneinsicht auf diesem Zettel – hier und hier zu unterschreiben und nachzuweisen."
Offenbar erwartet sie, daß ich mit „jawohl" reagiere. Sie bleibt mit fragendem Blick vor mir stehen. Ich bedanke mich höflich.
„Die Akte, Herr Anwalt, ist vertraulich. Es wird unter Ausschluß der Öffentlichkeit verhandelt", belehrt sie mich, während sie an der Schreibmaschine, gleich neben mir, sitzt.
„Ist denn eine Anklage für mich vorhanden, die ich mitnehmen kann?" stelle ich mich ahnungslos.

In politischen Strafsachen bekomme ich ja nie eine Anklageschrift. Prompt höre ich die Antwort:
„Sie waren wohl noch nicht beim Militärgericht. Nicht einmal dem Angeklagten wird eine Anklage ausgehändigt; er darf sie durchlesen, dann muß er sie wieder abgeben!"
Ich lese mich in die Akte ein. Der Soldat Dietmar Reichardt wird angeklagt, Vorbereitungen zum ungesetzlichen Grenzübertritt (§ 213 Abs. 1 und 4 StGB) getroffen zu haben.
Früher nannte man das schlicht „Republikflucht".
Seine Aussagen vor dem vernehmenden Staatsanwalt, so steht es in der Anklage, sollen diesen Vorwurf bestätigen. Bei einem Freund, Genosse Unteroffizier Frotsch, habe er sich über den genauen Verlauf der Grenze erkundigt. Ebenso habe er im Geraer Interhotel einen Kellner über die Grenzsicherungsanlagen ausgefragt. Alles zusammen lasse auf intensive Vorbereitung zum ungesetzlichen Grenzübertritt im südlichen Raum der DDR nach der imperialistischen BRD schließen.

Ich schreibe mir die wesentlichsten Passagen der Anklageschrift ab und blättere in der Akte.
Die neben mir sitzende Mitarbeiterin des Militärgerichts beobachtet mich neugierig aus den Augenwinkeln.
Ich versuche, mich jetzt so zu setzen, daß sie mir nicht mehr in die Akte schauen kann, doch das ist vergebliche Mühe.
Sie ordnet auffällig Papier an dem Schreibmaschinentischchen neben mir. Offenbar hat sie den Auftrag, meine Notizen zu beobachten. Seite für Seite lese ich. Die Zeit vergeht. So sicher ist das Geständnis meines Mandanten gar nicht, wie von der Anklage behauptet wird.

„Beeilen Sie sich, ich habe in zehn Minuten meine Mittagspause", unterbricht mich die Genossin Feldwebel beim Lesen, „da schließe ich hier ab, und vorher muß ich die Akten wieder zum Genossen Oberstleutnant bringen."

Glücklicherweise brauche ich nur noch die Aussagen aus der Kollektivauswertung zu lesen. Die Einschätzung des Soldaten Reichardt fällt schlecht aus. Ein ideologisch falsch orientierter Soldat soll er sein. Nur Schwierigkeiten habe er bereitet. Den Titel „Ausgezeichnetes Ausbildungskollektiv" habe man wegen seiner Ausgangsüberschreitungen, für die er auch schon Arrest habe verbüßen müssen, nicht erringen können. Die Zeugen, der Unteroffizier und der Kellner, belasten Reichardt schwer.
Doch abwarten, was ich von Dietmar Reichardt selbst zu hören bekomme.

Ich beende meine Akteneinsicht und unterschreibe den vorgedruckten Zettel. Ich werde nochmals über die besondere Vertraulichkeit der Strafakte Reichardt belehrt.

„Bitte seien Sie pünktlich um 8.00 Uhr im Verhandlungssaal. Der Genosse Oberstleutnant ist an eine präzise Zeiteinteilung der Verhandlung gewöhnt. Er liebt keine Verspätungen!" belehrt mich die Vorzimmerdame.

Ich lasse meinen Passierschein für die Wache unterschreiben und verabschiede mich.

In der Untersuchungshaftanstalt spreche ich gleich anschließend mit Dietmar Reichardt.
Er trägt Zivilsachen, eine blaue Leinenhose und gestreiftes Hemd – Anstaltskleidung.

„Das ist ja alles nicht wahr, was die da aufgeschrieben haben. Der Major und der Staatsanwalt haben mich immer wieder gefragt: ‚Sie wollten doch abhauen, die Beweise sind gegen Sie vorhanden, geben Sie es doch endlich zu, dann haben Sie Ruhe vor weiteren Vernehmungen.‘ Ich habe gesagt, jawohl, ich wollte weg, hatte daran gedacht, aber ehrlich, ich wollte gar nicht weg. Nur von der Fahne, ich meine die NVA, habe ich die Nase voll“, erzählt er mir, noch ehe ich meine Fragen stellen kann.
„Jetzt haben sie in der Anklage die tollsten Dinge über mich geschrieben. Ich widerrufe alles, aber auch alles, was die aufgeschrieben haben!“ Aufgeregt rutscht er auf dem Stuhl hin und her. Er blickt mich ängstlich an.
„Schaffen Sie das, mich hier raus zu kriegen? Ich will nämlich nicht in den Knast und dann auch noch die Armeezeit nachdienen“, stöhnt er auf.
„Sie sind Soldat? Nicht mehr Gefreiter?“ möchte ich wissen.
Offenbar sieht er keinen Zusammenhang meiner Frage mit seinen Worten.
„Natürlich haben die mich degradiert. Doch darüber bin ich nicht traurig. Ich widerrufe alles.“ Seine Erregung nimmt zu. Meine Bitte, sich doch zu beruhigen, überhört er. Ich fordere ihn auf, mir erst einmal zuzuhören.
„Ich habe die Strafakte eingesehen, und wir wollen uns gemeinsam auf die Hauptverhandlung vorbereiten.
Wenn Sie Ihre Aussage widerrufen wollen, können Sie das tun. Nur müssen Sie daran denken, daß Sie Ihr Geständnis mehrere Male in Ihren Aussagen wiederholt haben. Auch vor dem Haftrichter haben Sie gesagt, daß Sie nach der Bundesrepublik wollten“, versuche ich ihn in meine Gedankenbahnen einzubeziehen.
„Was sollte ich denn sonst sagen? Immer wieder nur diese eine Frage und das stundenlang: ‚Wollten Sie abhauen, wollten Sie die DDR auf ungesetzlichem Wege verlassen, nun reden Sie endlich, ein Geständnis werden

wir strafmildernd berücksichtigen' – und ich Esel habe gedacht, wenn ich es zugebe, dann lassen die mich raus", entgegnet er mir.

„Wenn Sie das Geständnis widerrufen, müssen Sie auch glaubhaft darlegen, warum Sie im Ermittlungsverfahren eine Aussage und in der Gerichtsverhandlung eine andere Aussage machen; ich darf Ihnen sagen, es wird schwer sein, ein von Ihnen so geäußertes Geständnis zu widerrufen, noch dazu bei dem angeklagten Delikt."

Lakonisch will er wissen: „Halten Sie zu mir oder zu denen?"

„Sie müssen mir erst einmal zuhören. Aber wenn Sie Zweifel an meiner Verteidigung haben, dann ist es wohl besser, wir trennen uns wieder. Leicht wird Ihre Verteidigung jedenfalls nicht", antworte ich ihm.

„Nein, nein, Zweifel habe ich nicht, und das war auch nicht so gemeint. Was soll ich denn bloß machen?"

Ich mache ihm klar, daß er bei dieser Anklage kaum von seinen Aussagen im Ermittlungsverfahren abrücken kann.

„Der Richter kann Ihre Aussagen, selbst wenn Sie diese bestreiten, verlesen und sie somit zum Gegenstand der Beweisaufnahme machen. Wie er dann Ihren Widerruf bewerten wird, das läßt sich jetzt schon aus meinen bisherigen Erfahrungen voraussagen. Die Gerichte halten sehr wenig von Geständniswiderrufen. In einer ganz ähnlichen Sache hat einmal ein Mandant seine Aussagen widerrufen, und weder das Kreisgericht noch das Bezirksgericht haben ihm den Widerruf geglaubt. Er wurde auf Grund seines Geständnisses im Ermittlungsverfahren verurteilt. So einfach ist das!"

„Trotzdem werde ich widerrufen", beharrt er auf seiner Meinung.

„Gut, dann versuchen Sie, mir gleich einmal zu erklären, wieso Sie unterschiedliche Aussagen gemacht haben", frage ich nach.

Er wiederholt sich. Es ist schlimm, wie Geständnisse erzielt werden. Da sind alle Mittel recht. Das Geständnis ist die Königin der Beweise – wie wahr!

Langsam werden im gemeinsamen Gespräch seine Argumente für den Widerruf glaubhaft. Nein, einfach mache ich es mir nicht; ich will ihn auch nicht davon überzeugen, daß es leichter für ihn wird, wenn er bei seinen Aussagen bleibt, denn seiner Verurteilung entgeht er – so oder so – nicht.

Lange haben wir miteinander gesprochen. Wir haben das Gespräch leise geführt. Automatisch hat sich mein Mandant meiner leisen Stimme angepaßt.
Wir verabschieden uns bis zur Hauptverhandlung vor dem Militärgericht.

Überpünktlich werde ich in den Verhandlungssaal begleitet.
Die „Genossin" Feldwebel hat diese Aufgabe übernommen. Sie schreibt auch zugleich das Protokoll der Verhandlung. So stark scheint das Militärgericht nicht mit Arbeitskräften besetzt zu sein. Zwei Uniformierte der Untersuchungshaftanstalt bringen meinen Mandanten in den Saal. Er sieht ganz verändert aus, denn heute trägt er das „Ehrenkleid der NVA", seine Uniform.
Ein Unteroffizier und eine „Zivilperson" stehen vor der noch geöffneten Tür.
Ich begrüße Dietmar Reichardt und frage ihn:
„Bleibt alles so wie besprochen?"
„Natürlich, ich werde meine Geständnisse widerrufen."

Ein Oberstleutnant, den ich nicht kenne, betritt den Verhandlungssaal.
„Guten Morgen, Genosse Staatsanwalt", wird er von der uniformierten Protokollantin begrüßt.

„Morgen", grüßt er knapp zurück.
Ich blicke zu ihm. Seine Uniformjacke sitzt prall über dem aufgeschwemmten Körper. Die Ordensschnalle über der linken Uniformrocktasche glänzt im Sonnenlicht. Offenbar ist er ein treuer Diener seiner NVA und hat dafür Orden und Auszeichnungen erhalten. Sein Gesicht ist gerötet, und die blaugeäderten Wangen glänzen.
Er geht an mir vorbei und begrüßt mich über die Schulter: „Guten Morgen, ich bin Oberstleutnant Hinüber, vertrete die Anklage. – Na, da sind Sie ja hier der einzige Zivilist, Herr Anwalt", fügt er seiner Vorstellung jovial hinzu.
„Nein, ein Zeuge ist auch in Zivil erschienen", erwidere ich höflich und füge ein freundliches „Guten Morgen" bei. Aber der Staatsanwalt hat es eilig, setzt sich ächzend auf seinen gepolsterten Stuhl.
„Stehen Sie bitte auf", fordert energisch die Protokollantin. Alle erheben sich, auch die Zeugen, die neben der Tür auf einer Bank sitzen.
Oberstleutnant Mencke und zwei Militärschöffen, ein Oberleutnant und ein Unterfeldwebel, betreten hintereinander, im exakten Gänsemarsch, den Verhandlungssaal.
Der Staatsanwalt versucht, stramme Haltung anzunehmen.
Der Unteroffizier – der eine Zeuge – und die Bewacher meines Mandanten stehen bereits stramm, nur Dietmar Reichardt und ich stehen locker auf.
Das Gericht setzt sich; auch wir dürfen jetzt Platz nehmen.
Nach Aufruf der Sache, Vorstellung des Gerichts und der Verfahrensbeteiligten, Belehrungen der beiden Zeugen schließt der Vorsitzende, Leiter des Militärgerichts, die Öffentlichkeit aus.

„Angeklagter, stehen Sie auf!“ Mit strengem Blick mustert ihn der Richter. Er läßt sich dabei Zeit.
„Wo, glauben Sie, befinden Sie sich hier?“ schreit er plötzlich in den Saal. „Ich habe Sie schon beobachtet, wie Sie hier aufgestanden sind; so etwas Lahmes! Sie sind Soldat, das bedeutet, daß Sie sich hier vor diesem Militärgericht auch als solcher zu benehmen haben. Also haben Sie in ordentlicher, militärischer Haltung zu stehen. Die Hände gehören nicht irgendwohin, sondern an die Hosennaht. Aber ich brauche Ihnen ja nicht die Dienstvorschriften zu zitieren.
Außerdem“, fährt er leiser in seinen Belehrungen fort, „schließen Sie sofort den Kragenknopf Ihrer Uniformjakke. Ich dulde hier keine militärischen Nachlässigkeiten!“
Dabei blickt er gleich energisch zu mir. Mein Gewissen meldet sich nicht, ich bin ja kein Soldat. Seine Brillengläser funkeln im Licht der Lampen.
Der Staatsanwalt nickt begeistert und zustimmend.
Dietmar Reichardt nestelt mit beiden Händen an seinem oberen Kragenknopf herum. Die Hände zittern, endlich hat er es geschafft, der Kragenknopf ist geschlossen.

„Nun können wir beginnen“, erklärt der Oberstleutnant befriedigt. Das Verhandlungszeremoniell wird abgewikkelt.
Anklageerhebung, sogar eine kurze Verteidigungsbelehrung, Vernehmung zur Person, Vernehmung zur Sache erfolgen. Es wird spannend.
„Angeklagter, äußern Sie sich zum Vorwurf der Anklage“, fordert Oberstleutnant Mencke auf.
Meine Fragen zur Person und zum Lebenslauf meines Mandanten duldet der Richter mit mühsam zurückgehaltenem Ärger. Es ist wichtig, daß Herr Reichardt über seine freiwilligen Arbeitseinsätze in der NVA berichtet, allerdings kontert der Staatsanwalt mit Fragen zur Ausgangsüberschreitung und Arreststrafen meines Mandanten.

Dietmar spricht die für ihn fundamentalen Sätze:
„Ich habe nie die Absicht gehabt, unser Land illegal zu verlassen. Meine Aussagen, die ich im Ermittlungsverfahren gemacht habe, widerrufe ich. Ich bin ja immer wieder gefragt worden, ob ich weg wollte, stundenlang, da war ich so müde, daß ich dann zugegeben habe, was man von mir hören wollte. Aber es stimmt alles nicht, was ich da zugegeben habe. Gedanken habe ich mir wohl gemacht, wie die Grenze wohl aussieht und wie sie errichtet ist. Das weiß doch kein Mensch genau. Daher bitte ich um Verständnis, wenn ich hier mein Geständnis widerrufe."
„Ich habe mir geduldig Ihre Worte angehört", spricht ihn der Richter mit eisiger Stimme an, „doch jetzt ist meine Geduld erschöpft. Wollen Sie etwa wirklich Ihr Geständnis widerrufen? Sie sind da aber schlecht von Ihrem Anwalt belehrt worden, oder wer es auch war. So geht das nicht. Überlegen Sie sich jetzt gut, was Sie sagen wollen!"
Der Staatsanwalt blickt empört von seiner Akte auf. Er fixiert mich.
„Das kennen wir ja, diese Art von Widerrufen. Dabei hat der Angeklagte aus völlig freien Stücken erklärt, er wolle in die BRD. Das fasse ich persönlich als einen Angriff gegen meine Ermittlungen auf. Ich bin empört über das Verhalten des Angeklagten, Genosse Vorsitzender", beendet er seinen Protest.
Sein Kopf hat eine rot-blaue Farbe angenommen, Adern schwellen auf der Stirn an. Sein dicker Körper bebt, und ich höre ihn schnaufen. So wenig kann er seine Erregung beherrschen.
„Ja, ich widerrufe mein Geständnis", wiederholt mein Mandant.
„Und was haben Sie hier gesagt?" Der Richter blättert in der Akte. Er liest vor, daß mein Mandant von der Fahne die Nase voll hatte und deswegen in den Westen wollte.

Schnell blättert er weiter und wiederholt die Worte aus der Vernehmung meines Mandanten.
„Das reicht ja wohl, Angeklagter. Wenn Sie hier meinen, Sie können sich rausreden oder uns belügen, dann ist das Ihre Angelegenheit. Eine gute Verteidigung ist das aber nicht, das sage ich Ihnen lieber gleich“, trumpft der Richter auf.
„Wir haben doch die Zeugen, Genosse Vorsitzender“, ergänzt hilfreich der Staatsanwalt, „die hören wir jetzt. Die haben persönlich gehört, wie der Angeklagte nach drüben, also in die BRD fliehen wollte, das heißt ungesetzlich unsere Republik und damit auch die NVA verlassen wollte.“
„Flucht“ darf ja nicht mehr gesagt werden, so mußte sich der Staatsanwalt schnell selbst berichtigen.
Ich stehe auf und verweise auf die Rechtsprechung des Obersten Gerichts der DDR zur rechtlichen Bewertung eines Geständniswiderrufs und hebe die persönliche Konfliktsituation meines Mandanten hervor.
„Die Situation der Inhaftierung und einer Vernehmung unter Haftbedingungen können durchaus Gefälligkeitsaussagen eines Beschuldigten begründen“, wende ich ein.
„Aber nicht bei *unseren* Ermittlungen, Herr Verteidiger. Oder wollen Sie damit sagen, wir hätten den Angeklagten zur Aussage gezwungen?“ empört sich der Staatsanwalt.
Sein dicker Leib bebt und seine Wangen zittern wieder gefährlich.
„Nein, das habe ich damit nicht behauptet; dennoch muß das Gericht alle Aussagen meines Mandanten sorgfältig prüfen“, erwidere ich.
„Darauf können Sie sich verlassen, das werden wir tun“, fügt der Richter zynisch hinzu.
Er lächelt seine Schöffen ermunternd an, die nicken wie auf Kommando und auch der Staatsanwalt äußert nikkend seine Zustimmung.

Schweigend setze ich mich. Wenig Möglichkeiten bleiben hier für einen Verteidiger. Gericht und Staatsanwalt sind völlig gegen den Angeklagten und damit auch gegen die Verteidigung eingestellt. Immer wieder sammle ich die gleichen Erfahrungen.
„Der Zeuge, Genosse Unteroffizier Frotsch, bitte", ruft der Richter in ein Mikrophon.
Der Unteroffizier meldet sich militärisch, gleich an der Tür des Verhandlungssaals.
„Danke. Belehrt hatte ich Sie ja schon, Genosse Unteroffizier." Der Unteroffizier sagt sehr belastend gegen Dietmar Reichardt aus. „Ich weiß ganz genau, daß er zu mir gesagt hat, er will in den nächsten Tagen, das war also kurz vor seiner Inhaftierung, nach dem Westen abhauen."
Der Zeuge spricht schnell und ohne nachzudenken weiter. „Ich habe das ja auch unserem Kompaniechef gemeldet."
„Für diese Meldung sind Sie auch belobigt worden, stimmt das?" will der Richter wissen.
„Jawohl, Genosse Oberstleutnant", zackig antwortet Frotsch.
Nun fragt der Staatsanwalt: „Wie hat Sie denn der Angeklagte über die Grenzanlagen der Staatsgrenze der DDR ausgefragt? Woher haben Sie denn die Kenntnisse von der Grenze?"
„Wir sind in der gleichen Einheit der NVA. Der Angeklagte wußte, daß ich in der Nähe von Potsdam auf der Unteroffiziersschule war und dort an einer sogenannten Lehrgrenzanlage ausgebildet worden bin."
Der Richter unterbricht schnell und fragt den Staatsanwalt: „Halten Sie es für erforderlich, daß der Zeuge von militärischen Sicherungsanlagen berichtet, die der Geheimhaltung unterliegen? Ich halte das nicht für notwendig!"
„Doch, doch", nickt der Staatsanwalt, „schon dieser Teil der Aussagen des Zeugen widerlegt mit Sicherheit die heutigen Aussagen des Angeklagten zu seinem Widerruf!"

Der Zeuge wird aufgefordert, mit seinen Aussagen fortzufahren. Der Richter schweigt nachdenklich.
„Also, der Angeklagte hat mich genau danach gefragt, wie die einzelnen Grenzanlagen angelegt sind. Wie die Signale ausgelöst werden und wodurch. Weiter hat er mir gesagt, daß er das genau wissen müsse, weil er doch abhauen will. Ich habe ihm aber geantwortet, daß das militärische Geheimnisse sind und ich nicht darüber sprechen kann. Da hat er mir sogar 50 Mark angeboten, wenn ich ihm diese Informationen preisgebe. Das habe ich natürlich abgelehnt. Doch das habe ich ja alles schon dem Genossen Staatsanwalt mitgeteilt", beendet der Zeuge seine Aussage. Dann trägt er ergänzend nach: „Ach so, mir fällt noch ein, daß er mich gefragt hat, wo er die Grenze nach der BRD am leichtesten überwinden könnte."
„War das ernsthaft gemeint? Was hatten Sie für einen Eindruck vom Angeklagten?" wirft der Richter ein.
„Das war ihm bestimmt ernst. Ich habe noch gesagt, mach keinen Quatsch; doch er hat mir geantwortet, ihm sei es verdammt ernst, das könne ich ihm glauben."
Staatsanwalt und Richter verzichten auf weitere Fragen an den Zeugen, ihnen scheint ohnehin alles klar zu sein.
Ich frage den Zeugen nochmals, ob er die Fragen meines Mandanten als Quatsch aufgefaßt habe, aus einer momentanen Laune heraus geäußert?
„Also zuerst habe ich das tatsächlich alles als Unsinn aufgefaßt", beginnt der Zeuge erneut.
„Danke, meine Frage ist damit schon beantwortet", starte ich einen Versuch, meinen Mandanten zu entlasten.
„Nein, nein, Herr Verteidiger, lassen Sie doch den Zeugen weiterreden", der Richter ist sich seiner Sache und seines Zeugen sehr sicher.
„Nein danke, ich habe im Moment keine weiteren Fragen mehr an den Zeugen", erwidere ich ablehnend.
„Dann frage ich ihn dazu!" mischt sich jetzt zum ersten Mal ein Schöffe ein.

Er möchte als Oberleutnant den Richter unterstützen und sein Recht, auch Fragen zu stellen, wahrnehmen.
„Was wollten Sie noch sagen?“ wendet er sich an den Zeugen.
„Ich wollte noch sagen, daß ich die Fragen des Angeklagten bei späterem Nachdenken nicht mehr als Unsinn aufgefaßt habe. Ich habe ihn ja auch deshalb angezeigt.“
Bei diesem Zeugen entlastende Aussagen zu erreichen, erscheint auch mir zwecklos. Ich resigniere.
„Angeklagter, stimmt das, was der Zeuge hier dargestellt hat?“ fragt ihn der Richter.
„Ja und nein! Ich habe ihn doch nur aus Spaß gefragt, habe es tatsächlich nicht vorgehabt, und Geld habe ich ihm nie angeboten.“
Ich spüre, daß sich die mächtige Front von Gericht, Staatsanwaltschaft und Zeugen gegen uns verschworen hat.
Jeder, der aus der DDR fliehen will und sich dazu nach dem Grenzverlauf erkundigt, ist schon ein Feind der DDR und wird auch so behandelt. Da hat eine Verteidigung kaum Spielraum.
Auch der zweite Zeuge, der in Zivil, belastet meinen Mandanten schwer.
„Der Dietmar hat mich im Interhotel in Gera besucht. Wir kennen uns von früher. Da hat er mich nach den Grenzsicherungsanlagen gefragt; er wußte, daß ich Grenzsoldat an der Grenze West war“, sagt er aus und fährt fort: „Eigentlich habe ich mich gewundert, warum er das so genau wissen wollte. Deshalb habe ich ihn gefragt, und er sagte mir, daß er abhauen möchte; ich solle es aber keinem sagen, und das habe ich ihm auch versprochen.“
„Keine Fragen mehr. Haben Sie, Genosse Staatsanwalt, Genosse Oberstleutnant noch Fragen?“ wendet sich der Richter meinem Gegenüber zu.
Oberstleutnant Hinüber erhebt sich ächzend.
„Jawohl, ich möchte ganz sicher sein, bei diesem Zeugen.“

Er blickt den Zeugen scharf an. Dieser hat sein Gesicht dem Staatsanwalt zugewandt.
„Warum haben Sie den Angeklagten gefragt, weshalb er etwas über die Grenze und die Sicherungsanlagen wissen wollte?“
„Na, es fragt ja niemand grundlos nach der Grenze, so meine ich“, antwortet der Zeuge devot und nickt bekräftigend mit dem Kopf, als wolle er seine Worte selbst unterstützen.
„Was wollen Sie damit ausdrücken, Herr Zeuge“, bohrt der Staatsanwalt weiter.
„Was ich schon gesagt habe. Grundsätzlich darf ich nichts über die Grenzanlagen sagen. Seit meiner Entlassung aus den Grenztruppen habe ich das auch beachtet. Als Dietmar mich so konkret gefragt hat, kam mir das gleich komisch vor. Er ließ nicht locker, und immer wieder wiederholte er seine Frage nach den Grenzsicherungsanlagen.“
Ich versuche den Zeugen aus dem Sicht- und Wortkontakt zum Staatsanwalt zu lösen.
„Ich kann leider nicht verstehen, was der Zeuge aussagt; könnte er sich bitte umdrehen, damit wir ihn hier auch gut hören können?“ bitte ich.
„Also wir verstehen ihn gut“, erklärt der Richter, „aber schön; Herr Zeuge, drehen Sie sich bitte um, so daß Sie zum Gericht sprechen!“
„Hatten Sie den Eindruck, daß der Angeklagte ernsthaft die Grenze verletzen wollte?“ möchte der Staatsanwalt wissen.
Der Zeuge sieht betreten zum Angeklagten hin. Der sitzt unglücklich auf seinem Stuhl und schüttelt verneinend den Kopf. Der Zeuge kann seinen Blick nicht abwenden.
„So ganz sicher bin ich da nicht“, wirft er dem Gericht hin. „Wir hatten ja auch ganz schön getrunken, wir beide.“
Schnell greift der Staatsanwalt den Zeugen an: „Hören Sie mal, Herr Zeuge, das ist doch wohl jetzt ein Wider-

spruch zu Ihren vorhergehenden Aussagen! Um mit Ihren Worten zu sprechen, es sollte erst keiner erfahren, daß der Angeklagte abhauen wollte, und jetzt wollen Sie uns hier glauben machen, es sei gar nicht so sicher, was der Angeklagte wirklich wollte. Hatte der Angeklagte vor zu fliehen oder nicht; ja oder nein; das will ich von Ihnen konkret wissen!" Die Stimme des Staatsanwalts bebt vor verhaltenem Zorn.
„Ich kann das alles nicht mehr so genau sagen, ich war ja auch betrunken, als er mich gefragt hat..."
„Ja oder nein, Herr Zeuge!" Der Staatsanwalt plustert sich förmlich vor Zorn auf. Er wird noch platzen, denke ich.
„Herr Zeuge, Sie haben hier nur die Wahrheit zu sagen. Sollten Sie dem Angeklagten mit Ihrer Aussage helfen wollen, dann warne ich Sie. Für eine falsche Aussage werden Sie selbst bestraft", weist ihn jetzt auch der Richter zurecht. „Also, was ist nun?"
„Was nun?" echot der Zeuge erschrocken.
„Werden Sie nicht noch frech, wir können auch anders. Beantworten Sie sofort die Frage des Genossen Staatsanwalt", fordert mit schneidender Stimme der Richter.
„Also, ja, ich glaube doch, daß Dietmar fort wollte", antwortet der Zeuge leise und zögernd.
„Na sehen Sie, warum nicht gleich!" Erleichtert lehnt sich der Richter in dem gepolsterten Stuhl zurück.

Die kleine Hilfeleistung des Zeugen für meinen Mandanten ging daneben; und der Zeuge hat sein Selbstbewußtsein verloren. Auf weitere Fragen antwortet er eingeschüchtert. Dennoch versuche ich mein Glück.
„Was wissen Sie überhaupt noch von dem Gespräch mit meinem Mandanten?"
„Das ist alles schon so lange her; ich weiß eigentlich gar nichts mehr..."
„So?" blockt gleich wieder der Richter ab.

„Also ich meine, was ich hier ausgesagt habe, das weiß ich noch alles und das ist auch richtig."
„Haben Sie Herrn Reichardt mehrere Male oder nur an dem einen Abend getroffen?" möchte ich wissen.
„Nur an dem einen Abend, nach meinem Dienst als Kellner. Wir haben noch etwas getrunken, ich hatte ganz schön getankt, und wir waren beide betrunken."
Unsicher blickt der Zeuge zum Richter, der ungeduldig auf seine Uhr schaut.
Jetzt blickt er erst mich an, dann den Zeugen.
„Herr Verteidiger, der Zeuge hat bereits umfassend ausgesagt, und wir glauben ihm auch. Sie wiederholen doch nur unsere Fragen", werde ich nun auch belehrt.
„Da bin ich anderer Meinung als Sie, Herr Vorsitzender", werfe ich ein. „Es ist schon wichtig für die Verteidigung, wenn der Zeuge während des Gesprächs mit meinem Mandanten betrunken war und seine Aussage in sich widersprüchlich ist."
„Sie ist aber für uns nicht widersprüchlich", antwortet der Richter. „Herr Zeuge, Sie sind entlassen! Oder haben Sie noch immer Fragen, Herr Anwalt?"
„Nein."
Es ist zwecklos, und das Hin und Her hilft Dietmar Reichardt ja doch nicht. Sein Widerruf wird nicht akzeptiert werden, das Gericht wird ihn als Grenzverletzer bestrafen.

Und so endet auch die Verhandlung.
Der Staatsanwalt spricht lange über die Bedeutung der „sozialistischen Friedensgrenze", die alle vom System der Ausbeutung trenne und die von den Genossen Grenzsoldaten sicher bewacht werde. Sie sei eine Friedenssicherung. Wer die Grenze überwinden wolle, müsse schon im Anfangsstadium der Planung, also der Vorbereitung, die ganze Härte des Strafgesetzes spüren.
So müsse auch der unbelehrbare Angeklagte, der sich als ein Gegner unseres Staates entpuppt habe, hart be-

straft werden. Das könne nur durch eine längere Freiheitsstrafe geschehen.

In meinem Plädoyer zweifle ich an, daß Dietmar Reichardt tatsächlich einen ungesetzlichen Grenzübertritt vorbereitet habe und stütze meine Zweifel auf seinen Widerruf und die widersprüchlichen Aussagen des zweiten Zeugen.
Während meines Plädoyers blicke ich vom Richter zum Staatsanwalt. Beide sehen mich haßerfüllt an.
Dietmar Reichardt hat sich nach meiner Auffassung nicht strafbar gemacht.
Der Richter fragt jetzt meinen Mandanten, ob er noch etwas zu seiner Verteidigung sagen wolle? Dietmar Reichardt erklärt:
„Mein Verteidiger hat recht, ich wollte nicht fort, wollte nicht fliehen. Das ist alles, was ich noch hinzufügen möchte."

Nach der Verhandlung will er von mir wissen:
„Haben Sie Hoffnung?"
„Ich weiß es nicht; warten wir die Urteilsverkündung ab", beantworte ich ausweichend seine Frage.
Ich kann ihm nicht sagen, daß das Gericht das Urteil bestimmt schon fertig hat. Wie oft habe ich das erlebt. Pervertierung des Strafrechts.

Die Urteilsverkündung, die bereits nach kurzer Zeit stattfindet, bestätigt meine Vermutung. Dieses Gericht ist sehr flink.

Dietmar Reichardt wird zu einer Freiheitsstrafe von über einem Jahr, ohne Bewährung, verurteilt.

Ich lege im Namen meines Mandanten gegen das Urteil Berufung ein, rüge die Bestrafung des Angeklagten, setze mich nochmals mit den Widersprüchen in den Aussagen des einen Zeugen auseinander. Das Protokoll der Hauptverhandlung ist so geführt, daß diese Angriffspunkte auch überzeugen können.

Vom Militärobergericht höre ich eine Woche nichts, dann werde ich von dort angerufen. Ein Oberst – Senatsvorsitzender des Berufungsstrafsenats – teilt mir mit, daß eine Berufungsverhandlung stattfindet. Dazu werde der Senat in die Kaserne des Militärgerichts kommen. Terminsladung werde ich noch erhalten.
Das ist etwas Neues. Sonst finden alle Berufungsverhandlungen am Sitz des Berufungsgerichts statt. Dazu wäre ich nach Leipzig gefahren. Dort hätte ich in der Kaserne, in der ich meinen Wehrdienst leisten mußte, meinen Mandanten verteidigt. Ein eigenartiges Gefühl.

Die Berufungsverhandlung ist kurz.
Nachdem ich meine Berufung begründet habe, führt der I. Strafsenat des Militärobergerichts ausnahmsweise eine eigene Beweisaufnahme durch. Das Militärgericht habe sich, insoweit wird der Berufung gefolgt, nicht umfassend mit dem Widerruf des Geständnisses des Soldaten Reichardt auseinandergesetzt. Das holt der Senat gründlich nach.
Er verliest alle Protokolle der früheren Vernehmungen meines Mandanten; das hat er natürlich zuvor beschlossen. Die strafprozessuale Form wird eingehalten.
Der Oberst liest mit leiser, angenehmer Stimme aus der Akte vor.
„Gibt es noch Fragen oder Anträge?“ möchte er nach dem Vorlesen wissen.
„Ich habe noch eine Frage an meinen Mandanten“, sage ich und möchte von ihm nochmals hören, ob er die DDR ungesetzlich verlassen wollte und ob er dazu Vorbereitungen getroffen habe.

Der Vorsitzende winkt mit der Hand ab.
Doch Dietmar Reichardt springt auf und antwortet aufgeregt. „Ich möchte noch einmal sagen, daß ich nicht weg wollte. Ich habe auch keine Flucht geplant."
„Sie, Genosse Staatsanwalt, haben das Wort zu Ihren Ausführungen", spricht leise der vorsitzende Richter, der „Genosse Oberst".
„Die Bestrafung des Angeklagten ist berechtigt. Der Senat hat jetzt den in der Verhandlungsführung und im Urteil des Militärgerichts festgestellten Mangel behoben. Die früheren Aussagen des Angeklagten sind zum Gegenstand der Beweisaufnahme gemacht worden; sie sind verlesen worden. Der Widerruf des Angeklagten ist unbegründet. Er ist eine Schutzbehauptung, die ich nicht akzeptieren kann. Der Angeklagte charakterisiert sich durch seine Lügen selbst. Ich finde keine Worte mehr für ein so stures Verhalten; keine Reue zeigt er. Die Berufung muß insgesamt zurückgewiesen werden. Sie ist unbegründet. Die Verteidigung des Angeklagten ist von falschen Voraussetzungen ausgegangen. Sie hat es sich zu einfach gemacht. Der Angeklagte hat zu Beginn seiner Vernehmungen mehrere Male frei und ohne Beeinflussung die Wahrheit gestanden. Wenn er erst in der Hauptverhandlung widerruft, charakterisiert dies seine gesamte Verteidigung!" Selbstzufrieden setzt sich der Staatsanwalt.

Ich verweise auf die ungenügende Sachaufklärung; diese Rüge ist ja, da sie zur Berufungsverhandlung geführt hat, nicht unberechtigt. Die Kritik an mir, an der Verteidigung, schlucke ich, um die Situation nicht zu verschärfen und wiederhole meine Ausführungen. Weiter verweise ich darauf, daß das Verhalten meines Mandanten in keinem Zusammenhang mit einem Plan oder Vorbereitungen zu einem ungesetzlichen Grenzübertritt stehe. Der Senat könne ihn nicht bestrafen.

Doch, er konnte!

Das Militärobergericht wies die Berufung zurück.
In der Urteilsbegründung kritisierte es die bagatellisierende Haltung der Verteidigung. Es wäre ja noch schöner, wenn es meinen kleinen Mut, einem „Staatsfeind“ so beizustehen, auch noch anerkennen würde.

„Let's go west" – Fluchtstenogramme

Beate K., Schülerin, 18 Jahre, gute schulische Leistungen, Freundin eines jungen Mannes, der „seinem Staat", der ihn erzogen hat, den Rücken kehren will.
Gemeinsame Absprache und Entscheidung, im Raum Nordhausen/Ellrich über die Staatsgrenze-West in die Bundesrepublik Deutschland zu fliehen.
Kauf einer Wander-Touristen-Karte, Harz, gemeinsame Reisevorbereitungen, Fahrt in Richtung Nordhausen, vorläufige Festnahme durch die Transportpolizei der DDR, Inhaftierung; nach fünf Stunden Vernehmung Geständnis der Flucht.

Verteidigung:
Keinen Einfluß auf Entscheidung des Gerichts.
Verurteilung zu einer Freiheitsstrafe von über einem Jahr, da schwerer Fall („Flucht zusammen mit anderen"), weil sie zusammen mit ihrem Freund die Flucht in den Westen wagen wollte.

Olaf R., Lehrling, 16 Jahre, erste Fahrt mit der Deutschen Reichsbahn von seinem Dorf nach Erfurt, will eigentlich nur Batterien für sein Kofferradio kaufen.
Auffälliges Verhalten in der „Mitropa"-Gaststätte des Erfurter Hauptbahnhofs – er sieht sich unsicher um, als er am Tisch auf den Kellner wartet.
Die Transportpolizei führt eine Kontrolle durch, er hat keinen Personalausweis dabei; Inhaftierung, Vernehmung, „Geständnis":

„Ich wollte links, neben der Wartburg nach dem Westen" – Geständnis vor dem Haftrichter, Anklageerhebung vor dem Kreisgericht.

Verteidigung:
Erfolgreich, Hinweise auf Alter und Unerfahrenheit des Jugendlichen, gute Arbeit auf der LPG, viele Kinder im Elternhaus, erster großer Ausflug seines Lebens – keine Freiheitsstrafe. Verurteilung zur Bewährung – Strafandrohung 10 Monate, Bewährungszeit 2 Jahre.

Victor L., 35 Jahre, Tiefbauarbeiter, führt auf einem Dorf in der Nähe von Erfurt Schachtarbeiten durch.
Donnerstags – kurz vor 24.00 Uhr – geht er in Erfurt aus, trinkt drei Bier, will noch in den „Mitropa"-Wartesaal gehen.
Liest am Fahrplan die Abfahrt des Interzonenzugs nach Eisenach–Kassel; will zur „Muttel" nach Kassel; plötzliche Entscheidung.
Kauf einer Fahrkarte mit Schnellzugzuschlag nach Eisenach, Abfahrt mit dem ersten D-Zug.
Hinter Eisenach, in Richtung Gerstungen, wird er von Transportpolizisten kontrolliert. Auf die Frage, was er in diesem Zug wolle, so ohne Reisepapiere, erklärt Victor: „Ich möchte meine Muttel in Kassel besuchen!"
Inhaftierung – Anklage, schwerer Fall des ungesetzlichen Grenzübertritts, da Victor L. bereits mehrfach wegen Republikflucht vorbestraft ist.

Verteidigung:
Das Kreisgericht hat Victor L. zu einer Freiheitsstrafe von über zwei Jahren verurteilt, da es sich bei der „Straftat" des Angeklagten um eine wiederholte Tat gehandelt habe.

Berufung wird eingelegt, Hinweise auf Hirnschädigung, Vater des Victor L. als Zeugen benannt.

Victor, ein Bauernsohn, wurde als Kind von einem Pferdefuhrwerk überfahren und erlitt eine schwere Kopfverletzung. Er lag viele Monate im Krankenhaus.
Ich rüge die ungenügende Sachaufklärung und beantrage die Einholung eines neurologisch-psychiatrischen Gutachtens.
Berufung hat Erfolg. Das Urteil des Kreisgerichts wird vom Bezirksgericht aufgehoben und die Strafsache zur erneuten Verhandlung an das Kreisgericht zurückverwiesen. Die angeordnete Begutachtung ergibt, daß Victor L. vermindert zurechnungsfähig ist.
Im Wege der „außergewöhnlichen Strafmilderung" (§ 62 Abs. 1 StGB) wird Victor L. „nur noch" zu einer Freiheitsstrafe von über einem Jahr verurteilt.
Als Verteidiger habe ich eine Nichtfreiheitsstrafe beantragt. Das Gericht folgt aber auch hier wiederum dem Antrag des Staatsanwalts.

Josef R., 16 Jahre, Schüler
„Schwanentag" in Weimar. Jugendliche treffen sich an einem Abend in der Woche im Gasthaus „Zum weißen Schwan" neben dem Goethehaus am Frauenplan; sie wollen sich unterhalten, einfach „quatschen".
Gelächter, gelockerte Stimmung. Plötzlich schlägt einer vor: „Wißt ihr was, wollen wir nicht nach dem Westen abhauen? Wie stellen wir das am besten an?"
Erneutes Gelächter.
„Du Blödmann, die Staatsgrenze ist sicher; da geht ja keine Maus durch!"
Einer singt: „Wenn ich ein Vöglein wär und auch zwei Flügel hätt, flög ich drüber weg."
Neuer Vorschlag: „Wir treffen uns morgen früh, um 6.00 Uhr, trampen nach Görlitz, über Polen in die Sowjetunion, von dort in die Wüste, mieten uns ein Kamel und dann ab, ins kapitalistische Ausland!"

Alles lacht, der Sprecher steht auf, verabschiedet sich: „Machts gut, bis morgen früh. Wer macht mit?"
Zwei andere, darunter Josef R., melden sich lachend. Am anderen Morgen 5.00 Uhr bereits Verhaftungen durch Staatssicherheit.
Josef R. wird – wie die anderen – in die Untersuchungshaftanstalt nach Erfurt, zur Stasi, gebracht.
Vorbereitungshandlung zum ungesetzlichen Grenzübertritt im schweren Fall, da gemeinschaftlich die Tat „geplant und begangen" werden sollte, wird als Inhaftierungsgrund genannt.

Verteidigung:
Hinweis auf Nichternsthaftigkeit der Zielplanung, keine Vorbereitungshandlung, damit nicht strafbar.
Staatsanwaltschaft: beantragt für alle eine Verurteilung zu einer Freiheitsstrafe von über einem Jahr.
Gericht:
folgt dem Antrag des Staatsanwalts und verurteilt alle drei Jugendlichen zu der beantragten Freiheitsstrafe von über einem Jahr.

Thorsten Z., Sohn des Leiters der Untersuchungshaftanstalt, mittelmäßiger Schüler, Lehrling, aufgeschlossen, fühlt sich von den Eltern mißverstanden; Vater ist oft dienstlich unterwegs und hat wenig Zeit für die Familie.
Mitschüler können ihn nicht besonders leiden, hat keine Freunde, kapselt sich ab, fühlt sich unverstanden.
In plötzlicher Entscheidung will Thorsten Z. vor dem Alltag fliehen.
Auf dem Weg zur Grenze-West, von dort noch weit entfernt, erfolgt Festnahme.
Thorsten Z. wird dem „berühmt-berüchtigten" Haftrichter im Gothaer Kreisgericht vorgeführt; der erläßt sofort Haftbefehl; Haftgrund: „Fluchtgefahr".

Thorsten bleibt in der UHA Gotha, wird gut behandelt, ist ja trotzdem der Sohn eines der „Unsrigen".
Hauptverhandlung vor dem Kreisgericht Gotha; der Haftrichter ist auch der Richter der Hauptverhandlung.
Ich verteidige Thorsten, er soll nicht allein sein in der Hauptverhandlung.
Der Richter spult zackig die Verhandlung herunter; ein anderer Angeklagter, den eine Jurastudentin als Jugendbeistand verteidigt, sitzt neben meinem Mandanten. Der Richter hat aus Zeitgründen gleich zwei Strafsachen miteinander verbunden.

Verteidigung:
Tatbestand ist erfüllt, aber Verurteilung auf Bewährung; keine Freiheitsstrafe, da Ersttäter; Persönlichkeitssituation positiv und Wiedereingliederung problemlos.
Staatsanwalt und Gericht:
Verurteilung zu einer Freiheitsstrafe von „nur" 10 Monaten.
Keine Berufung; Mandant wird vorzeitig aus Strafvollzug entlassen, dies im Gegensatz zu den meisten anderen Verurteilten, die fliehen wollten.

Veronika B., volljährig, lebt auf einem Dorf, fühlt sich zu Hause nicht mehr wohl;
Vater trinkt ab und zu, Mutter ärgert sich darüber, Familienleben ist durch den Ehekonflikt belastet.
Veronika ist eine gute Arbeiterin in der LPG, arbeitet aktiv in der FDJ des Dorfes mit. Sie bemüht sich um eine eigene Wohnung, jedoch ohne Erfolg.
Anläßlich eines Besuchs von Verwandten aus der Bundesrepublik Deutschland faßt sie nach längerem Ringen mit sich den Entschluß, illegal die DDR zu verlassen, um sich im Westen eine Wohnung zu suchen und dem Streit der Eltern aus dem Weg zu gehen. Sie informiert nie-

manden von ihrem Plan, über das Nordhäuser Gebiet der Staatsgrenze in den Westen zu fliehen.
Auf dem Weg in das Grenzsperrgebiet läuft sie durch ein Dorf, wird von einem Dorfbewohner gesehen, beobachtet; sie ist eine Ortsfremde, er meldet das dem Abschnittsbevollmächtigten. Veronika wird 50 m hinter dem Dorf verhaftet.

Staatsanwalt beantragt in der Hauptverhandlung eine Freiheitsstrafe von über einem Jahr, da Veronika B. besonders tatintensiv gehandelt habe, denn sie habe lange ihre Entscheidung überlegt.

Verteidigung:
Ich verweise auf die Zweifel und das Ringen der Mandantin, hebe die Zerrüttung der häuslichen Verhältnisse hervor, betone die Bemühungen meiner Mandantin um eine eigene Wohnung, ihren eigenen Lebensbereich. All das spricht bei einer Nichtvorbestraften und Jungerwachsenen für eine Nichtfreiheitsstrafe.
Gericht:
Richterin und zwei Schöffen lassen sich nicht beeindrukken, folgen der Meinung, die ihnen Partei, SED und Staat vorgeben.
Sie verurteilen Veronika B. zu einer Freiheitsstrafe von über einem Jahr – ohne Bewährung.

Gerd N. hat Ärger mit seiner Arbeit.
Immer bekommt er die schlechtesten Arbeiten zugewiesen, dabei braucht er das Geld sehr nötig. Er möchte sich eine eigene Lebensgrundlage schaffen und nicht mehr von den Eltern abhängig sein.
Weil er sich politisch nicht am „Brigadeleben“ beteiligt, blicken ihn die Kollegen scheel an.
Statt ihm zu helfen, lassen sie ihn zum Außenseiter werden. „Ich hau hier in den Sack“, sagt er und fährt umge-

hend mit dem Zug nach Eisenach. Steigt dort aus und orientiert sich, wo der Westen beginnt.
Er will fliehen. Er gelangt unbeobachtet in das Grenzsperrgebiet und beobachtet seinerseits die Grenzposten, Hundeführer und Grenzfahrzeuge.
Da es Sommer ist, lebt er mehrere Wochen in einem großen Getreidefeld. Wasser und Getreide sind seine einzige Nahrung. Er zweifelt, ob er nicht besser wieder umkehren und es doch noch einmal versuchen solle und fragt sich, was wohl seine Eltern denken.
Er bricht seine Überlegungen ab und will seinen „Ausflug" beenden, um wieder nach Hause zu fahren. Auch das gelingt unbeobachtet, bis ihn auf der Rückfahrt von Eisenach nach Gotha eine Transportpolizeikontrolle erwischt. Er sieht verwildert aus. Die Polizisten wollen wissen, woher er kommt. Wahrheitsgemäß gibt er an, „aus Eisenach, und ich will nach Hause".
Sein Aussehen, insbesondere der wildgewachsene Bart und die schmutzige Kleidung, erregen bei den Transportpolizisten Verdacht.
Er wird festgenommen.
Der übliche Weg beginnt für Gerd N.
In Gotha wird der Haftbefehl verkündet, er wird wegen asozialen Verhaltens (vier Wochen Arbeit gebummelt) und wegen versuchten ungesetzlichen Grenzübertritts angeklagt und vom Kreisgericht zu einer Freiheitsstrafe von über einem Jahr verurteilt.

Verteidigung:
Gerd N. legt gegen das Urteil Berufung ein und beauftragt mich mit seiner Verteidigung im Berufungsverfahren. Nach Akteneinsicht und Rücksprache mit ihm wird die Berufung begründet.
Kurzfristige Nichtarbeit bis zu dreißig Tagen ist noch kein Straftatbestand des § 249 StGB (Gefährdung der öffentlichen Ordnung und Sicherheit durch Arbeitsscheu).

Gerd N. habe zwar ursprünglich vorgehabt, die DDR ungesetzlich zu verlassen, doch habe er aus eigener Entscheidung und freiwillig seinen Versuch endgültig aufgegeben. Damit sei von Maßnahmen der strafrechtlichen Verantwortlichkeit abzusehen.

Gerd N. hatte von der Republikflucht Abstand genommen. Die Berufungsbegründung war ein umfangreicher Schriftsatz geworden. Das Bezirksgericht wies die Berufung zurück.

Die Entscheidung durfte ich nur im Bezirksgericht durchlesen, weder meinem Mandant noch mir wurde sie zugesandt.

Der Angeklagte, so heißt es darin, hielt die Staatsgrenze der DDR für unüberwindbar, denn er sah vor sich Hindernisse wie Grenzanlagen, Grenzposten und Sicherungsanlagen. Diese Einsicht sei alleiniger Grund für die Aufgabe seines strafbaren Handelns gewesen. Von freiwilliger Aufgabe des Versuchs, die DDR-Staatsgrenze ungesetzlich zu übertreten, könne daher keine Rede sein. Das Kreisgericht habe eine richtige Entscheidung getroffen. Auch die „Asozialität" von Gerd N. wurde bestätigt; das Urteil des Kreisgerichts wurde rechtskräftig.

Also!

Strafvollzug für Gerd N.

Karsten W. wurde als Kind und als Jugendlicher immer von seinen Mitschülern, später von seinen Mitlehrlingen, gehänselt.

Er stottert.

Wird er aufgeregt, dann ist er kaum noch in der Lage, zusammenhängend mehrere Worte zu sprechen.

Sprechunterricht hat nicht geholfen. Die große Liebe und das Verständnis seiner Mutter hat zwar vieles ausgeglichen, doch Karsten fühlt sich sehr unglücklich und einsam. Seine Lehre hat er als Zerspanungsfacharbeiter

(Dreher) gut beendet. Er besitzt gute handwerkliche Fähigkeiten. Doch sein Stottern bereitet ihm großen Kummer. Auch die Arbeitskollegen hänseln ihn.
Geht er zum Tanz oder in die Disko, sitzt er nur da und tanzt nicht wie alle anderen. Er hat Angst, sein Stottern würde bemerkt werden und er würde nur Hohn und Spott ernten.
Sein ganzer Stolz ist ein Motorrad, das er sich nach mühsamen Arbeiten und Sparen selbst gekauft hat. Er fährt viel mit seinem Krad und lernt so die DDR kennen.
Eines Abends sieht er im Fernsehen der BRD einen Bericht über einen Göttinger Medizinprofessor, der das Stottern heilt. Die bestimmte Behandlungsmethode wird genau beschrieben und vorgestellt. Karsten ist begeistert. So gibt es doch noch Hilfe für mich, denkt er. Seine Euphorie verfliegt sehr schnell, denn Göttingen liegt ja im Westen, und da kommt er, wenn überhaupt, erst als Rentner hin!
Es ist schon Winter, als er sich entschließt, nach Göttingen zu fliehen. Auf seinem Motorrad fährt er über Sömmerda nach Nordhausen, in Richtung Grenzsperrgebiet. Als er auf ein Schild „Halt! Sperrgebiet – Betreten nur mit staatlicher Genehmung gestattet" trifft, stellt er sein Motorrad ab und läuft zu Fuß weiter.
Ein Bach kreuzt seinen Weg. In der Ferne sieht er einen breiten Lichtstreifen.
Das muß die Grenze sein, denkt er. Bestimmt hilft mir der Professor, und ich kann endlich richtig sprechen; und wenn ich zurückkomme, nach Hause, werden alle staunen. Für seinen Sprung über den Bach nimmt er Anlauf und rennt los. Leider ist der Anlauf zu kurz, und Karsten fällt in das eiskalte Wasser. Seine Kleidung saugt sich voll. Mühsam zieht er sich an einer Weide am Rand des Baches hoch. Seine Kleidung gefriert.
Bloß zum Motorrad zurück, ist sein einziger Gedanke, und dann irgendwohin in die Wärme.

Auf dem Weg zum Motorrad verliert er die Orientierung. Er stolpert über eine eingezäunte Wiese.
Nach kurzer Zeit hört er Schritte. Hinter ihm kommen zwei Soldaten. Sie nehmen ihn fest.
Den weiteren Ablauf des Strafverfahrens gegen Karsten W. kann man sich vorstellen.

Verteidigung:
Ich habe ihn verteidigt und in der Untersuchungshaftanstalt besucht. Er blieb nur noch bis zur Urteilsverkündung in Haft. Das Motiv seiner Tat habe ich sehr breit und intensiv in der Hauptverhandlung dargestellt. Sein Stottern war für ihn eine schwere Erkrankung und zugleich Entscheidungsmotiv zur Tat.
Er wollte nur zur ärztlichen Behandlung nach Göttingen, Gedanken zur Grenze und Straftat waren für ihn überhaupt nicht aktuell. So wie er, aufgeregt, in der Hauptverhandlung kaum ein Wort richtig aussprechen konnte, mußte jeder davon überzeugt sein, daß es eine Verzweiflungstat war. Ich beantragte eine Verurteilung auf Bewährung, und das war die mildeste mögliche Strafe.
Diesmal folgte das Gericht meinem Antrag und verurteilte Karsten W. auf Bewährung, drohte ihm im Falle der Nichtbewährung eine Freiheitsstrafe von einem Jahr an.
Zur „höheren erzieherischen Wirkung“ wurde allerdings das Motorrad, da es bei der versuchten Straftat benutzt worden war, eingezogen.
Zwar fast eine doppelte Bestrafung, aber Karsten W. war wieder auf freiem Fuß.
Er war so glücklich, daß er mir ohne zu stottern danken konnte.

Die Aufzählung könnte beliebig fortgesetzt werden. Es würde eine traurige Aufzählung werden.

Hinzuzufügen wäre noch, daß alle diese „Straftaten" unter Ausschluß der Öffentlichkeit verhandelt wurden. Warum? Aus Gründen der „Sicherheit des DDR-Staates".

AUSFERTIGUNG

Aktenzeichen:...

Im Namen des Volkes!

Urteil

In der Strafsache

gegen 1. den Maurer Sven Kühr, geb. am 10. 1. 1960 in Leipzig, wohnhaft in..., Bürger der DDR, led., vorbestr.,
2. den Ausnehmer Klaus Müller, geb. am 24. 3. 1957 in Gera, wohnhaft in..., Bürger der DDR, gesch.,
3. die Kindergartenhelferin Bettina Rabe, geb. am 15. 7. 1956 in Erfurt, wohnhaft in..., Bürgerin der DDR, verh.,

wegen ungesetzlichen Grenzübertritt u. a.

hat die Strafkammer des Kreisgerichts... in der Hauptverhandlung vom 17. und 18. Februar 19.. an der teilgenommen haben:

Kreisgerichtsdirektor... als Vorsitzender... und... als Schöffen
Staatsanwalt... als Staatsanwalt
...als gesellschaftlicher Ankläger
Justizangestellte... als Protokollführer

für Recht erkannt:

Es werden verurteilt:

1. Der Angeklagte Kühr wegen eines in der Gruppe unter den Voraussetzungen des Rückfalles durchgeführten ungesetzlichen Grenzübertrittes nach § 213 Abs. 1 und 2, Ziff. 3 und 4 StGB zu einer

Freiheitsstrafe von 4 – vier – Jahren.

2. Der Angeklagte Müller wegen eines in der Gruppe durchgeführten ungesetzlichen Grenzübertritts nach § 213 Abs. 1 und 2 Ziff. 3 StGB zu einer
Freiheitsstrafe von 2 – zwei – Jahren 6 – sechs – Monaten.
3. Die Angeklagte Rabe wegen Beihilfe zu einem ungesetzlichen Grenzübertritt gem. § 213 Abs. 1 u. 2 Ziff. 3 StGB i. V. mit § 22 Abs. 2 Ziff. 3 StGB und wegen eines Diebstahls zum Nachteil sozialistischen Eigentums nach den §§ 158, 161 StGB zu einer
Freiheitsstrafe von 1 – einem – Jahr 6 – sechs Monaten.
Hinsichtlich des Angeklagten Kühr behält sich die Strafkammer vor, vor seiner Haftentlassung die Notwendigkeit besonderer Wiedereingliederungsmaßnahmen zu prüfen.

Die Angeklagte Rabe wird ferner noch verurteilt, an den Kindergarten des VEB in ..., Betriebsteil ... Schadenersatz in Höhe von 139 M zu leisten.
Die Angeklagten tragen die Auslagen des Verfahrens.

Gründe:

Der 21jährige Angeklagte Kühr entstammt einer kinderreichen Familie. Im Zusammenhang mit einer Inhaftierung seines Vaters kam er sowie auch seine Geschwister 19.. in ein Kinderheim. Bis 19.. durchlief er mehrere Kinderheime. Seinerzeit war er noch sehr kränklich. Das war im wesentlichen mit Ursache dafür, daß er nach 8 Jahren Schulzeit zunächst nur das Ziel der 5. Klasse erreicht hatte und nach seiner Schulentlassung erst eine Zeitlang nicht arbeitete. Später holte er zwei Klassen der Schule nach, er hat sich auch in späterer Zeit körperlich weiter entwickelt. In seiner späteren Berufstätigkeit gab es zeitweise wenig Beständigkeit von ihm. Seine ersten Arbeitsverhältnisse waren nur von relativ kurzer Dauer. Erst als er 19.. Arbeit beim VEB ... aufnahm, hielt er es

etwa einmal 2 Jahre lang durch. Danach verrichtete er von Juli bis Nov. 19.. jedoch wieder nur Gelegenheitsarbeiten. Von November bis Dezember 19.. war er nochmals in einem Baubetrieb, aber auch hier wieder nur rund 1 Monat. Er hatte sich inzwischen fest mit einem Klaus Bergner angefreundet, der in der Folge den ungünstigen Einfluß auf ihn nehmen sollte. Mit ihm gemeinsam beging er eine vorsätzliche Körperverletzung, für die er am... vom Kreisgericht zu 1 Jahr Freiheitsstrafe verurteilt wurde, und Bergner zu 1 Jahr 5 Monaten Freiheitsstrafe.
Nach dieser Verurteilung hatten beide gemeint, es würde sich bis zu ihrer Inhaftierung nicht mehr lohnen zu arbeiten; dann entschlossen sie sich aber sogar, sich durch eine gemeinsame Flucht nach Westdeutschland der Strafenverwirklichung entziehen zu können.
Sie versuchten mit noch einem Dritten, über die CSSR illegal nach Westdeutschland zu gelangen, wurden jedoch in der CSSR unweit der dortigen Grenze zur BRD festgenommen. Der Angeklagte Kühr erhielt für diesen ungesetzlichen Grenzübertritt eine Freiheitsstrafe von 2 Jahren, Bergner von 2 Jahren und 4 Monaten. Am 25.03. 19.. wurde Kühr auf Grund einer bedingten Strafaussetzung vorzeitig entlassen. Es erfolgte eine Arbeitsplatzbindung an den VEB... in Jena, der für ihn auch eine Bürgschaft übernommen hatte. Nach Aufnahme dieser Tätigkeit zeigte er für die Dauer von etwa 1 Jahr eine ausgezeichnete Haltung. Er war gut und zuverlässig in der Arbeit, hatte sich sogar verpflichtet, die 8. Klasse nachzuholen, zudem war er mit einem ordentlichen Mädchen verlobt. Nach dieser Zeit geriet er jedoch wieder unter den ungünstigen Einfluß des Bergner. Seine Verlobte löste das Verhältnis mit ihm. In der weiteren Zeit zeigte er wieder Undiszipliniertheiten, auch in der Form, daß er übermäßig dem Alkohol zusprach. Es wurden immer wieder Aussprachen mit ihm durchgeführt, in denen man ihn vor

allem auch dem Einfluß des Bergners losreißen wollte. Auch zu Hause verschlechterten sich seine Verhältnisse. Sein Stiefvater hatte ihm, nachdem er aus der Haft gekommen war, erst sehr in Form geldlicher Unterstützung unter die Arme gegriffen, der Angeklagte wollte nun aber nicht einmal mehr zum Familienaufwand beitragen. Es entstand bei ihm eine Unlust, die zur Folge hatte, daß er schon etwa im Mai 19.. mit Bergner zusammen wieder auf den Gedanken kam, erneut einen illegalen Grenzdurchbruch zu versuchen, ohne, daß das jedoch sofort eine konkrete Form angenommen hätte. Im Oktober 19.. nahm der Angeklagte dann intime Beziehungen mit der noch verheirateten, aber in Scheidung lebenden Mitangeklagten Rabe auf. Sein Verhältnis daheim hatte sich inzwischen noch mehr verschlechtert. Er ging kaum noch nach Hause. Entweder schlief er bei der Rabe, oder aber er übernächtigte im Freien.

Der noch nicht vorbestrafte 23jährige Angeklagte Müller hat nach seiner Entlassung aus der 8. Klasse der Grundschule eine relativ positive Entwicklung genommen. Er hat zwar vorzeitig seine Lehre als Maurer im VEB aufgegeben, dennoch jedoch immer in einem geregelten Arbeitsrechtsverhältnis gestanden, so daß der VEB... erst sein 2. Arbeitsplatz ist. Für seine anfänglich gute Arbeit erreichte er schließlich auch einen monatlichen Nettolohn von 850,– M. Er führte zunächst auch ein ordentliches Familienleben und war guter Vater zu seinen drei Kindern. Im Laufe der Zeit begann er dann unmäßig zu trinken. Das brachte Arbeitsdisziplinverletzungen von ihm auch mit sich und hatte letztlich auch die Scheidung seiner Ehe zur Folge. Nach seiner Ehescheidung bekam er zunächst kein eigenes Zimmer, es war nur darauf hingewirkt worden, daß ihn seine Mutter wieder aufnahm. Dort zu wohnen, behagte ihm jedoch nicht ganz, darum schlief er zeitweise auch immer wieder noch einmal in der früheren ehelichen Wohnung, wo ihm seine frühere Ehefrau das Kinderzimmer freigemacht hatte. Das gefiel ihm jedoch auch nicht ganz, weil er noch gewisse Eifersuchtsregungen empfand, wenn er daran dachte, daß sich seine Ehefrau schon wieder einem anderen Mann zuwenden könnte. Auf Grund aller dieser Umstände war er unzufrieden geworden. Aus dieser Unzufriedenheit heraus offenbarte er Kühr und Bergner, von denen er das „Gefühl" hatte, sie würden noch einmal „einen ungesetzlichen Grenzübertritt begehen wollen", daß er bereit sei, mit ihnen mitzugehen.

Die 24jährige Angeklagte Rabe muß so eingeschätzt werden, daß sie früher einmal einen recht guten Ansatz für eine positive Persönlichkeitsentwicklung genommen hatte, im Laufe der Zeit jedoch moralisch abgerutscht ist. Sie hat den 10-Klassenabschluß und wollte erst Kindergärtnerin werden. Weil seinerzeit keine Stelle frei war, erlernte sie den Beruf einer Köchin, danach arbeitete sie in einer Druckerei. Anfang des Jahres 19.. nahm sie schließlich Arbeit als Hilfskindergärtnerin im Kindergarten des VEB Betriebsteil ... auf. Dort war sie anfänglich so eifrig und zuverlässig, daß ihr die Gelegenheit geboten wurde, sich im Fernstudium zur Fachkindergärtnerin weiterzuqualifizieren, was sie erst auch wollte. Vorher hatte sie sogar schon einmal den Antrag gestellt, in die SED aufgenommen zu werden, weil man sie innerhalb der FDJ als Kandidatin warb. Sie hat auch Interesse für Theater und klassische Musik. Mit dem Zerfall ihrer Ehe verschlechterte sich dann ihr Verhalten. Sie wurde gegenüber ihren Kollegen unaufrichtig und nahm Beziehungen zu labil veranlagten Personen auf.

Aus der Unlust, die sich bei Kühr, wie bereits geschildert, nach der Lösung seines Verlöbnisses entwickelt hatte, nahm dann im Dezember 19.. zwischen ihm und Bergner, bei dem eine ähnliche Situation nach Angabe von Kühr vorgelegen haben soll, der Gedanke, erneut einen ungesetzlichen Grenzübertritt begehen zu wollen, konkrete Formen an, obwohl zu diesem Zeitpunkt die Bindung zwischen Kühr und Rabe sich so weit entwickelt hatte, daß sie nahezu schon den Charakter eines Verlöbnisses bekam. Am 20. 12. 1980 lernte Bergner in der HO-Gaststätte Einheit in Apolda noch eine gewisse Maria Vahr kennen. Zwischen Bergner und dieser Vahr kam es offenbar schon an diesem Abend zu einer solchen Absprache, daß sich die Vahr beteiligen würde. Am 21. 12. 1980 waren dann der Angeklagte mit Bergner und der Vahr während den späten Nachmittagsstunden bzw. zeitigen Abendstunden in der Gaststätte Noll in Jena zusammen. Hier wurde jetzt konkret beschlossen, noch während des gleichen Abend Jena zum Zwecke der Durchführung ihres Vorhabens zu verlassen. Im gleichen Lokal hatte aber an diesem Abend auch der Angeklagte Müller gesessen. Ihm war vorher gerüchtweise bekannt geworden, daß der Angeklagte Kühr und Bergner schon unterwegs sein sollten. Er sprach nun Kühr etwas verwundert an, wann es denn losgehen solle. Als ihm Kühr darauf erklärte, daß sie sofort abfahren wollten, erklärte sich Müller sofort bereit, mit ihnen mitzufahren, obwohl er sich bis dahin in keiner Weise auf eine Reise eingestellt hatte.

Von Jena fuhren sie zunächst nach Apolda zu der Mitangeklagten Rabe. Ihr erklärten sie, daß sie gerade auf dem Wege sind, um einen ungesetzlichen Grenzdurchbruch durchführen zu wollen. Aus ihrem Verhältnis zu Kühr versuchte die Angeklagte Rabe, zunächst Kühr zu überreden, dazubleiben. Schließlich erklärte sie sich jedoch damit einverstanden, mit dem, was ihre vier Gäste vorhatten. Kühr hatte ihr versprochen, sie nachholen zu wollen. Außerdem hatte er ihr aber gesagt, daß er eigentlich zu wenig Geld eingesteckt hätte, für seine Reise in die CSSR. Es sollte nämlich der gleiche Weg beschritten werden, den der Angeklagte Kühr mit Bergner und einem dritten zusammen, 19.. schon einmal gegangen waren. Die Angeklagte Rabe erklärte sich darauf bereit, ihm einen Betrag von 300 M zu geben, den sie allerdings erst am nächsten Morgen von ihrem Sparguthaben abheben müsse. Am 22. 12. 1980 holte sie dann auch die 300 M ab und stellte sie Kühr zur Verfügung. Während der Nacht vom 21. und 22. 12. 1980 waren die vier Personen, die gemeinsam den Grenzdurchbruch hätten durchführen wollen, alle bei ihr geblieben. Am Morgen des 22. 12. 1980 löste dann die Angeklagte Rabe für die vier Täter noch Fahrkarten nach Dresden, weil von Bergner befürchtet worden war, sie könnten beim eigenen Lösen der Fahrkarten evtl. schon auf dem Bahnhof in Jena festgenommen werden, da ja bereits vorher schon von dem Vorhaben der Angeklagten und der beiden anderen „gemunkelt" worden war. Mit dem Lösen dieser Fahrkarten wollte die Angeklagte Rabe eine derartige evtl. vorzeitige Festnahme der an dem beabsichtigten Grenzdurchbruch beteiligten Täter mitverhindern. 11.53 Uhr fuhren dann die beiden Angeklagten mit Bergner und der Vahr mit einem D-Zug von Jena ab und zwar zunächst bis Dresden. Von Dresden fuhren sie weiter mit einem Personenzug nach Pirna und von Pirna mit einer Taxe nach Bad-Gottleuba, wo sie am 22. 12. 1980 gegen 18.00 Uhr ankamen. Von hier aus überschritten sie unter Umgehung der Grenzkontrolle die Staatsgrenze zwischen der DDR und der CSSR. Auf ihrem Weg durch die CSSR verkauften der Angeklagte Kühr und Bergner verschiedene Gegenstände, damit sie in den Besitz von tschechischen Kronen kamen. Mit dem dafür empfangenen Geld war es ihnen möglich, unter Benutzung öffentlicher Verkehrsmittel, insbesondere der Eisenbahn, über Karlovyvary nach Cheb, dem Ausgangspunkt ihres versuchten Grenzdurchbruches im Jahre 19.. zu gelangen. Von hier aus wollten sie dann zu Fuß weiter, verliefen sich jedoch zunächst. Dadurch kamen sie noch einmal nach Cheb zurück. Da sie zuletzt ihren Weg durch Wald, Wiesen und Sumpfgelände genommen hatten und auch vorher schon nicht ordentlich übernachtet hatten, begaben sich die beiden Angeklagten auf dem Bahnhof in Cheb auf eine Toilette, um sich etwas zu reinigen und zu erfrischen. Hier wurden beide von Angehörigen der Miliz kontrolliert und schließlich festgenommen. Der Umstand, daß sich die beiden Angeklagten vor ihrer Festnahme von Bergner und der Vahr gerade vorübergehend getrennt hatten, war Ursache dafür, daß Bergner und die Vahr nicht gleichzeitig mit festgenommen wurden. Im Rahmen des darauf eingeleiteten polizeilichen Ermittlungsverfahrens war dann auch die Angeklagte Rabe der Beihilfe zu dem Grenzdurchbruch der anderen beschuldigt – am 29.12. 1980 polizeilich vernommen worden. Sie wußte jetzt also, daß gegen sie ein polizeiliches Ermittlungsverfahren bzw. ein Strafverfahren lief. Das war einerseits Veranlassung dafür, daß sie ihr Arbeitsrechtsverhältnis als Kindergartenhelferin durch Aufhebungsvertrag löste. Es hätte von ihr jetzt aber auch eigentlich erwartet werden können, daß sie durch den Vorfall ermahnt war und sich wieder auf ein positiveres Verhalten umstellte. Es war aber das Gegenteil der Fall. Als die Angeklagte an ihrem letzten Arbeitstag, dem 25.01. 1981 einmal das Telefon in ihrer Dienststelle bediente, währenddem die anderen Kollegen, vor allem die Leiterin des Kindergartens in einer Beratung waren, wollte sie aus dem Schreibtisch der Leiterin einen Zettel nehmen, um etwas aufzuschreiben. Dabei sah sie die nicht verschlossene Kasse der Leiterin mit dem Essengeld stehen, in der sich ein Wert von 239 M befand. Dieses Geld nahm die Angeklagte an sich. 100 M von dem entwendeten Geld gab sie später der einen Schwester des Angeklagten Kühr, einem Mädchen, welches auch ein asoziales Leben führt und mit dem sie etwas befreundet ist. Diese 100 M hatten dann sichergestellt und

dem Kindergarten wieder zurückgegeben werden können. Um 139 M ist der Kindergarten aber heute noch geschädigt. Es ist kennzeichnend für die Einstellung der Angeklagten, daß sie dieses Geld bisher nicht zurückgab, obwohl sie selbst behauptet, auf ihrem Sparkonto etwa ein Guthaben von 1500 M zu haben.
Die dargelegten Feststellungen zu der Tat der Angeklagten beruhen im wesentlichen auf ihren übereinstimmenden Geständnissen. An der Richtigkeit ihrer Geständnisse ist auch nicht zu zweifeln, da sich in bezug auf den Grenzdurchbruch das Handeln bei Kühr und Müller auch aus den Festnahmeunterlagen der tschechischen Sicherheitskräfte beweist. Die Richtigkeit der Geständnisse der Angeklagten Rabe bezüglich des Diebstahls hat sich auch durch die Möglichkeit der Beschlagnahme der 100 M bewiesen. Was die Feststellungen zu der Persönlichkeit der Angeklagten anlangt, so ergaben sich diese aus den Aussagen der Zeugen Floh und Müller, ihren eigenen Einlassungen, den Aussagen der Kollektivvertreter A., B. und C. sowie hinsichtlich des Angeklagten Kühr aus der Vorstrafenakte S.../.... und den ihn betreffenden Strafregisterauszug.

Nach den getroffenen Feststellungen liegt bei den Angeklagten Kühr und Müller ein vollendeter ungesetzlicher Grenzübertritt vor, für den beide nach § 213 StGB zu bestrafen waren. Es ist auch bei jedem der beiden Angeklagten ein schwerer Fall nach Abs. 2 des § 213 StGB anzunehmen. Bei beiden Angeklagten zunächst aus Ziffer 3 dieser Bestimmung, weil ihre Tat zusammen mit anderen begangen wurde, bei dem Angeklagten Kühr aber auch noch aus Ziffer 4 dieser Bestimmung, weil er wegen eines ungesetzlichen Grenzübertrittes bereits bereits bestraft ist. Bei der Angeklagten Rabe liegt einerseits eine Beihilfe zu dem in der Gruppe begangenen ungesetzlichen Grenzübertritt gem. § 213 Abs. 2 Ziff. 3 StgB vor. Sie

wußte nicht nur, daß die vier Beteiligten einen ungesetzlichen Grenzübertritt begehen wollten, sondern sie hat diesen noch unterstützt, dadurch, daß sie einmal hinsichtlich des Angeklagten Kühr das geplante Vorhaben durch Geldzuwendungen mit unterstützte, zum anderen das Vorhaben aller Vier dadurch, daß sie die Fahrkarten für die Beteiligten kaufte, um eine vorzeitige Vereitelung des ungesetzlichen Grenzübertrittes zu verhindern. Desweiteren ist sie nach §§ 158, 161 StGB straffällig geworden, d. h. wegen eines Diebstahls zum Nachteil sozialistischen Eigentums, weil sie im Kindergarten 239 M entwendete.
Es ist einhellig, daß das Verhalten aller Angeklagten im schärfsten Maße gesellschaftlich zu mißbilligen ist und bei den Angeklagten Kühr und Müller sogar als gesellschaftsgefährlich, d. h. als Verbrechen gewertet werden muß.

Aus der Tatsache heraus, daß imperialistische Kräfte immer wieder Anstrengungen unternehmen, um in das sozialistische Lager einzudringen, um dieses zu unterminieren, ergibt sich die Notwendigkeit, die Staatsgrenze der DDR im höchsten Maße von unkontrolliertem ungesetzlichen Eindringen und Verlassen zu schützen. Dieses Schutzbedürfnis ist gerade in der gegenwärtigen Zeit besonders hoch, weil sich im Laufe der letzten Zeit durch verschiedene völkerrechtliche Hoheitsakte Anzeichen einer gewissen Entspannung gezeigt haben und gerade diese Entspannungsbemühungen durch derartige ungesetzliche Grenzdelikte durchkreuzt werden können. Zum anderen erhöht sich aber auch die Gefahr, die die Angeklagten mit ihrer Tat gegen den Schutz unserer Staatsgrenze hervorgerufen haben, durch ihr Vorgehen in der Gruppe. Bei Kühr kommt noch dazu, daß er bereits wegen eines gleichen Deliktes schon einmal vorbestraft wurde und seine Handlung durchführte, obwohl er hinsichtlich einer Reststrafe aus seiner letzten Verurteilung sogar noch unter Bewährung stand. Das beweist eine besondere Gewissenlosigkeit bei ihm. Im eingeschränkten Maße trifft das auch auf die beiden anderen Angeklagten zu; denn sie wußten von dieser Vorstrafe und haben sich trotzdem nicht abschrecken lassen. Bei der Angeklagten Rabe wird die Verwerflichkeit ihrer Handlung noch dadurch gekennzeichnet, daß sie ihren Diebstahl zu einem Zeitpunkt beging, als bereits ein Strafverfahren gegen sie anhängig war.

Alle diese Umstände verlangen die Anwendung höherer Freiheitsstrafen bei allen Angeklagten, wie sie auch von der Staatsanwaltschaft beantragt worden waren. Entsprechend deren Antrag wurde bei dem Angeklagten Kühr auf eine solche in Höhe von 4 Jahren, bei Müller auf eine solche von 2 Jahren 6 Monaten und bei der Angeklagten Rabe deren Teilnahmeform bezüglich des ungesetzlichen Grenzübertritts sich nach § 22 Abs. 2 Ziff. 3 StGB bestimmt, auf eine solche von 1 Jahr und 6 Monaten.

Bei dem Angeklagten Kühr mußte sich das Gericht nach § 47 StGB vorbehalten, vor seiner Entlassung die Notwendigkeit besonderer Wiedereingliederungsmaßnahmen zu prüfen, weil er seiner Pflicht zur Bewährung nicht nachkam.

Bei der Angeklagten Rabe hatte ferner noch nach § 198 StPO und § 261 AGB eine Verurteilung zum Schadenersatz erfolgen müssen in der Höhe von 139 M, weil 100 M von dem von ihr verursachten Schaden bereits abgedeckt sind.

Die getroffene Entscheidung deckt sich im wesentlichen soweit es die Angeklagten Kühr und Müller anlangt, mit der Auffassung des gesellschaftlichen Anklägers.

Die Entscheidung wegen den Auslagen ist gestützt auf die §§ 364, 365 StPO.

gez. . . . gez. . . . gez. . . .

Ausgefertigt:
den . . .
(Sekretär) . . .

Iwan und der Wilderer

„Genosse Oberforstmeister, gestern in der Nacht, da haben die Einwohner von Lengefeld Schüsse gehört. Ich bin gleich heute früh in das Revier gegangen, habe es abgelaufen, aber irgendwelche Feststellungen konnte ich nicht treffen“, gibt der Revierförster Müller seine Meldung am Telefon ab.
Oberforstmeister Hempel, vom Staatlichen Forstwirtschaftsbetrieb Bad Berka, Thüringen, dankt dem Anrufer und bittet seine Sekretärin, ihn mit dem Genossen Stulpnagel zu verbinden.
Genosse Stulpnagel ist Vorsitzender des „Sozialistischen Jagdkollektivs“, das das Revier 36/I beaufsichtigt und die Hege und Pflege des Wildes übernommen hat.
Bereits nach kurzer Zeit klingelt das Telefon.
„Genosse Stulpnagel, habt ihr gestern im Revier gejagt?“ will Hempel energisch wissen.
„Nein, aber ich wollte auch mitteilen, daß in der Nähe des Waldstückes – ‚Jagen 34‘ – Schüsse gehört worden sind“, antwortet Stulpnagel.
Dem Oberförster kommt ein Verdacht.
„Sollten etwa die Freunde ...?“ Er unterbricht seinen Gedanken. Stulpnagel braucht nicht alles zu wissen. Wenn sich sein Verdacht erhärtet, welche Komplikationen werden sich dann wohl einstellen?
Hempel wagt gar nicht, diesen Gedanken weiter abzuspulen. Die Russen – er hat sich immer noch nicht an die Dienstbezeichnung: „Sowjetische Genossen“ gewöhnt – können es doch nicht lassen. Immer wieder gibt es Rückschläge.

Sie jagen trotz des eindeutigen und klaren Verbots, denkt er. Sie fühlen sich noch immer als Sieger. Dabei lade ich sie doch bereits zu jeder Jagd ein.
Ich werde besser meinen Jagdgenossen, den Kreisstaatsanwalt anrufen, überlegt Hempel weiter.
Der weiß bestimmt schon etwas über die Schüsse in der vergangenen Nacht.

„Bitte stellen Sie eine Verbindung mit dem Kreisstaatsanwalt her“, fordert er seine Mitarbeiterin auf.
Er wartet unruhig und aufgeregt. Gerade heute müßte er sich dringend auf sein Referat über ‚die Schädlingsbekämpfung in Wald und Flur‘ vorbereiten.

Endlich klingelt das Telefon.
Hempel nimmt hastig den Hörer ab und hört Wortfetzen, die nicht ihm gelten.
„Hier Staatsanwalt Richter“, hört er seinen Jagdgenossen. Gewiß kann ich ihn um Auskunft bitten, denkt Hempel und macht sich selbst Mut.
Hempel fragt, ob er vom nächtlichen Zwischenfall gehört habe? Richter ist stolz und antwortet:
„Wir haben schon den Täter. Es war ein Wilderer aus Nohra. Doch die Sache scheint ihre Tücken zu haben, Genosse Hempel. Du weißt, was ich meine. Die Staatssicherheit ist schon am Werk. Ich kann dir nur sagen, keine Stellungnahme gegenüber dem Bürgermeister und den Leuten im Dorf, auch nicht gegenüber dem Jagdkollektiv, hast du verstanden?“
Hempel hat gleich begriffen, aber er möchte zu gern noch weitere Informationen erhalten.
„Meinst du, daß die Ru..., eh, Freunde, mit von der Partie waren?“
„Ich darf dir offiziell nichts dazu sagen, aber deine Vermutung scheint den Nagel auf den Kopf zu treffen. Ruf mich wieder an, ich bin jetzt in Eile“, verabschiedet sich der Kreisstaatsanwalt Richter.

Während dieser Zeit führen die Staatssicherheits- und Kripoleute bei Ernst Wöllner bereits eine Hausdurchsuchung durch. Alles wird durchgewühlt. Dennoch bleibt die Ausbeute gering. Eine große Falle, ein Felleisen, drei Gliederketten mit Drahtschlingen und einen kleinen Kasten aus Pappe, bedruckt mit kyrillischen Buchstaben, können sie beschlagnahmen.
Frau Wöllner und zwei Zeugen aus der Nachbarschaft sprechen leise miteinander.
„Hoffentlich behalten sie Ernst nicht drin“, sagt Ute Wöllner besorgt zu ihrer Nachbarin, „er ist ja schon seit gestern bei der Kripo. Das hat mir der Abschnittsbevollmächtigte gesagt, als er aus Weimar zurückgekommen ist.“
„Hat Ihr Mann Waffen versteckt?“ unterbricht ein Staatssicherheitsmann barsch das Gespräch.
„Mein Mann hat doch keine Waffen“, kommt prompt die entrüstete Antwort.
„Er kann doch keiner Fliege etwas zuleide tun“, beginnt sie gleich mit der Verteidigung ihres Mannes.
„Das lassen Sie mal unsere Sache sein. Wir haben nämlich ganz andere Kenntnisse über Ihren Mann“, wird sie angeherrscht.
Die Hausdurchsuchung nimmt ihren Verlauf.
Durch den Hausflur betreten alle einen dunklen Gang, gelangen durch eine Stalltür in einen kleinen Raum, und dort klettert einer der Staatssicherheitsleute über eine angelehnte Leiter zum Dachfirst. Er tastet mit den Händen den Zwischenraum zwischen den Dachbalken und den Ziegeln ab.
Offenbar hat er so seine Erfahrung über Waffenverstecke.
„Hier ist nichts“, gibt er das Ergebnis seiner Bemühungen bekannt.
„Gut, dann hauen wir ab“, beschließt einer der Stasi-Leute, offenbar ein Offizier, der hier das Sagen hat.
Alle verlassen den Stall.

„Sie hören noch von uns. Das Beschlagnahmeprotokoll“, der Sprecher legt Frau Wöllner einen Zettel, den er auf der Aktentasche festhält, vor, „hier unterschreiben!“
Mit zittrigen Händen leistet sie die Unterschrift.
„Die Zeugen“, er blickt beide Nachbarinnen energisch an, „hier, Ihre Unterschrift!“
Beide gehorchen.
„Ich fordere Sie auf, nicht über diesen Vorgang zu sprechen. Wer darüber spricht, wird von uns hören, haben Sie das verstanden?“ ermahnt er die Frauen.
Verschreckt nicken alle drei.

Am Nachmittag fährt Ernst Wöllner mit dem Bus aus der Kreisstadt nach Hause. Er ist froh, daß sie ihn nicht gleich ganz eingesperrt haben.

„Wir können Sie immer wieder holen; fahren Sie nicht weg und bleiben Sie an den Abenden zu Hause“, die Worte des Staatsanwalts hat er noch im Ohr. Wöllner ist mit seinen Nerven am Ende; er hat unsagbare Angst. Dabei hat er doch gar nichts Schlimmes getan, glaubt er. Oha, können die dich fertig machen, nicht mal rauchen durfte ich. Wie meine Hände zittern.
Müde betritt er sein Haus. Frau Wöllner, die noch immer gewartet hat, stürzt auf ihn zu und umarmt ihn.
„Mein Ernstel, bist du endlich wieder da?“ sie kann es noch gar nicht fassen.
„Laß mich jetzt in Ruhe, ich brauch erstmal einen großen Schnaps. Mensch, ist mir der Schreck in die Knochen gefahren“, dämpft er ihr Glück, „du, die wollten mich einsperren, mich drinbehalten, wenn ich nicht gleich alles gesagt hätte.“
Er gießt sich mit fahrigen Händen Schnaps in ein großes Glas und kippt ihn hinunter.
„Ich darf mich nicht mehr in der Nähe der Russenkaser-

nen aufhalten. Sie haben mir jeden Kontakt mit Iwan verboten; Verdunklungsgefahr; das soll ich mir merken. Merken sie, daß ich mich nicht daran halte, sperren sie mich sofort ein.
Eine Nacht und ein Tag Vernehmung, du, das reicht mir“, schließt Ernst seinen Bericht.

Seine Frau will aber endlich wissen, was eigentlich los war; warum die Stasi Ernst abgeholt und das ganze Haus auf den Kopf gestellt hat.
„Du weißt ja“, beginnt Ernst seine Erklärung, „ich kenne doch seit einigen Monaten den Iwan. Wie er mit Familiennamen heißt, das weiß ich gar nicht.
Jedenfalls fragte er mich damals, ob ich nicht eine Uhr von ihm kaufen möchte. Natürlich wollte ich. Die Uhr sah gut aus und war einigermaßen billig.
Mein Kumpel bei der Reichsbahn wollte auch so eine Uhr, und da habe ich Iwan an der Kaserne abgepaßt und noch eine Uhr gekauft. So sind wir ins Gespräch gekommen.“
„Kannst du denn russisch?“ staunt seine Frau.
„Ach Quatsch, Iwan spricht doch ganz gut deutsch. Wir haben uns gut verstanden“, erwidert Wöllner.
„Du kannst dich noch an das Fleisch erinnern, das ich vor vier Wochen mitgebracht habe? Das war von Iwan. Rehfleisch war das, das hatte sein Major von der Jagdeinladung mitgebracht. Du hattest es so lecker zubereitet. Ein toller Sonntagsbraten“, beim Sprechen leckt er sich genießerisch die Lippen und seine Schnurrbartspitzen.
„Gestern kam der Iwan zu mir und sagte mir, daß er für seinen Major wieder Rehbraten besorgen muß. Er hat mich gefragt, ob ich ihm dabei helfen kann.
Ich wußte zwar nicht wie, aber er hat es mir erklärt. Wir sind dann mit unserem ‚Wartburg‘ losgefahren. Er hatte eine Bockflinte und ein anderes Jagdgewehr mitgebracht, die habe ich im Kofferraum versteckt.

Patronen hatte er unter den Autositz geschoben. Die waren in einem Pappkästchen."
Ernst unterbricht seinen Bericht.
„Wo ist denn die kleine Pappschachtel, die ich auf den Küchenschrank gestellt habe?" will er plötzlich wissen.
„Die Leute von der Stasi haben sie mitgenommen", klärt ihn seine Frau auf.
„Auch das noch. Ich wollte sie wegschmeißen, die Patronen in der Kiste habe ich dem ABV (Abschnittsbevollmächtigten) gegeben.

Iwan und ich sind dann in Richtung Bad Berka gefahren. Wir sind ein Stück in den Wald gelaufen, doch da hat Iwan nichts vor die Flinte bekommen.
Wir sind danach nach Lengefeld gefahren. Iwan meinte, daß wir dort bestimmt was erwischen würden.
Es war schon dunkel, da sollte ich auf eine große Wiese fahren. Auf der Wiese bin ich dann immer hin und her gefahren. Die Nebelscheinwerfer hatte ich eingeschaltet, damit der Iwan besser sehen konnte und die Rehe geblendet wurden, wenn wir auf sie losfuhren.
Der Iwan stand im Auto. Das Dachfenster hatte ich zurückgeschoben. Er hat sich also da durchgezwängt und das Gewehr in Anschlag gebracht.
Plötzlich sprang ein Rehbock aus einer Bodenwelle auf, blieb im Scheinwerferlicht stehen. Der Iwan hat, peng, sofort geschossen und auch getroffen.
Ich bin schnell ausgestiegen und habe den Rehbock zum Auto geschleppt. Als er im Kofferraum lag, ist Iwan auch ausgestiegen, hat sich den Rehbock angeschaut. Ganz schön stolz war er auf sich.
Danach sind wir zurückgefahren. Es war schon spät, als wir in Nohra ankamen. Der Iwan mußte ganz schnell in seine Kaserne, und so hat er mich gebeten, den Rehbock und die beiden Flinten erstmal in unserer Scheune zu verstecken. Er wollte dann am anderen Morgen alles abholen.

Ich Rindvieh habe das auch gemacht.
Genau hier vor dem Haus habe ich gehalten und unseren ‚Warti‘ geparkt. Die beiden Flinten und die Munition habe ich schnell in die Scheune gebracht. Als ich wieder auf der Straße zum Auto gelaufen bin, stand der ABV schon da.
Der hat mich gleich gefragt, ob ich eine Leiche im Kofferraum hätte, und hat auf einen Fleck unter dem Auto gezeigt. Aus dem Kofferraum tropfte Blut. Das Blut vom Rehbock.
Der ABV war vielleicht aufgeregt, er hatte Blut an der Hand. Scheinbar hatte er schon den Fleck untersucht.
Da habe ich den Kofferraum aufgemacht. Er hat mit seiner Taschenlampe hineingeleuchtet und den toten Rehbock gesehen.
Gleich danach wollte er wissen, ob ich verrückt geworden sei. Der hat mich sofort festgenommen und nach Waffen gefragt.
Erst wollte ich nichts von Iwan erzählen, doch dann ging mir die Muffe. Ich habe die Flinten geholt und die Patronen gleich mitgebracht. Der ABV hat alles genommen und mir gesagt, ich muß gleich mit ihm mitgehen.
Ich wollte mir wenigstens erst noch die Hände waschen. Das hat er erlaubt. Da bin ich in die Scheune gegangen, habe das Patronenkästchen geholt und mit in die Küche genommen. Dort habe ich es auf den Schrank gestellt.
Zu dir durfte ich nicht gehen.
Dann sind wir in sein Büro gelaufen; von dort hat er doch gleich mit der Stasi telefoniert. Die kamen etwa zwanzig Minuten später ins Büro und haben mich verhaftet.
Die Autoschlüssel haben die mir auch weggenommen.
Wo ist denn überhaupt unser ‚Warti‘?“ fragt Ernst ängstlich.

„Den haben die schon heute ganz früh abgeholt, noch vor der Hausdurchsuchung“, klärt ihn seine Frau auf.

„Mensch, hätte ich doch bloß nicht ja gesagt, als mich der Iwan gefragt hat, ob ich mal wieder Rehbraten essen möchte. Dabei wollte er das Fleisch nur für seinen Major“, überlegt Ernst laut.
Doch nun ist es zu spät.

Wochen später meldet sich Ernst Wöllner bei mir zur Beratung an. Meine Sekretärin vereinbart mit ihm einen Besprechungstermin. Sie sagt mir, offenbar sei der Mann sehr verschlossen.
Nach Aussehen und Kleidung zu urteilen, könnte man denken, er sei ein Wilderer; doch um was es sich handelt, wolle er nur dem Anwalt mitteilen.

Sie hat richtig geraten. Ich muß lächelnd an ihren Hinweis denken, als mir Herr Wöllner gegenübersteht.
Er trägt eine lange grüne Hose, grünes Hemd und eine Lodenjacke, obwohl es nicht kalt ist.
Sein schwarzer Oberlippenbart unterstreicht sein verwegenes Aussehen.
Als er mir seine Geschichte erzählt, schmunzle ich leicht in mich hinein. Menschenkenntnis hat meine Sekretärin, stelle ich einmal mehr fest.

„Meine Kollegen von der Reichsbahn haben mir gesagt, ich solle einen Verteidiger nehmen, allein würde ich nicht durchkommen“, beendet Ernst Wöllner seine Geschichte.
Er bittet mich, ihn zu verteidigen.
Dabei nennt er mir auch den Termin zur Hauptverhandlung.
„Meine Kollegen wollen für mich aussagen; sie glauben mir, daß ich nur dem Iwan helfen wollte“, fügt er noch hinzu.
Er zeigt mir die Terminsladung zur Hauptverhandlung.
„Die Anklageschrift darf ich nur beim Gericht einse-

hen“, erwähnt er beiläufig. „Die glauben mir nicht; die Vernehmer und auch der Staatsanwalt haben mir immer wieder vorgeworfen, daß ich allein gewildert haben müßte und auch allein geschossen hätte.
Die beiden Flinten und die Munition sollen auch von mir sein. Das habe ich aber immer bestritten. Einen Iwan gibt es angeblich nicht, das haben die mir gesagt.
Der Staatsanwalt hat behauptet, er habe bei den Russen, bitte entschuldigen Sie, bei den Sowjetsoldaten, nachforschen lassen. Die ganze Geschichte mit dem Major und dem Rehbraten soll ich erfunden haben. Jagdbüchsen werden bei den Russen nicht vermißt.“
Er sitzt mir ratlos gegenüber.
Ich kläre ihn auf, daß offenbar der Staatsanwalt nur seinen russischen Kollegen aus dem entsprechenden Garnisionsbereich gebeten habe, die notwendigen Ermittlungen zu übernehmen. Aber dazu müßte ein Hinweis in der Strafakte zu finden sein.
„Glauben Sie mir denn?“ möchte er zögernd von mir wissen.
Ermunternd nicke ich ihm zu.
Seinen „Wartburg“ haben sie nicht beschlagnahmt.
„Ich konnte mein Auto nach der Spurensicherung wieder abholen“, klärt er mich auf.

Bei der Akteneinsicht am Kreisgericht erfahre ich, daß Ernst Wöllner wegen illegalen Waffenbesitzes und Diebstahls sozialistischen Eigentums mit einem strafrechtlich relevanten Schaden von 120 Mark angeklagt worden ist.

Die Hauptverhandlung wird aus Staatssicherheitsgründen unter Ausschluß der Öffentlichkeit stattfinden.

Außer den Hinweisen von Wöllner lese ich in den weiteren Ermittlungen nichts über Iwan, seinen Major oder gar *russische* Waffen.

Zwar wird in der abschließenden Stellungnahme für die Staatsanwaltschaft festgestellt, daß die beiden Flinten kyrillisch eingeprägte Buchstaben und Nummern tragen und offenbar ursprünglich russische Fabrikate sind, doch in der Anklage ist nur von Wöllners illegalem Besitz zweier Gewehre und mehrerer Patronen Jagdmunition die Rede. Waffen zu besitzen, ohne dazu berechtigt zu sein, wird in der DDR hart bestraft.

Zeugen hat das Gericht nicht geladen, mein Mandant hat ja auch ein umfassendes Geständnis abgelegt.

Mit Ernst Wöllner bereite ich die Verteidigung in der Hauptverhandlung vor. Seine Kollegen haben wirklich nur Gutes über ihn ausgesagt. Das wird ein Pluspunkt für uns sein.
Sollte das Gericht seine Geschichte mit Iwan nicht glauben, dann müssen wir einen Beweisantrag stellen, den Zeugen Iwan vernehmen zu lassen.
Also abwarten, wie die Beweisaufnahme läuft.
Da Wöllner nicht inhaftiert ist, kann wohl auch davon ausgegangen werden, daß man „Milde“ walten lassen will.

Obwohl die Hauptverhandlung ohne Öffentlichkeit abläuft, ist dennoch ein Zuhörer anwesend. Oberforstmeister, kurz als Genosse Hempel angesprochen, darf zuhören. Er vertritt den Schadenersatzantrag des Staatlichen Forstwirtschaftsbetriebs in Höhe von 120 Mark. Noch weiß er nicht, daß Ernst Wöllner bereits, auf mein Anraten hin, die 120 Mark überwiesen hat, um „seine Wiedergutmachungsbemühungen“ für den toten Rehbock zu zeigen.

Ernst Wöllner erzählt seinen Lebenslauf und sagt seine Geschichte von der „schwarzen Jagd“ auf.
Dabei spricht er zwangsläufig immer vom Iwan.
Das muß den Staatsanwalt, es ist nicht der Jagdgenosse

von Oberforstmeister Hempel, ärgern, denn plötzlich springt er von seinem Platz auf und fährt Ernst Wöllner an: „Sie, Angeklagter, Sie reden hier immer von einem Iwan. Ich belehre Sie zum ersten und zum letzten Mal, das heißt nicht Iwan, sondern Sowjetbürger. Ich will nicht noch einmal hören, daß Sie Iwan sagen!"
„Aber ...", möchte Wöllner erklärend einsetzen.
„Kein aber, ich habe Ihnen gesagt, was Sie zu beachten haben; im übrigen gehe ich davon aus, daß es keinen Sowjetbürger gibt, der mit Ihnen gewildert haben soll", unterbricht ihn der schneidige Staatsanwalt.

Nun helfe ich meinem Mandanten und will aufklären:
„Herr Staatsanwalt, mein Mandant muß von einem Iwan sprechen, weil er nur den Vornamen seines sowjetischen Bekannten kennt. Ich glaube die Darstellung meines Mandanten, wie er in den kurzzeitigen Besitz der Waffen gekommen ist; und daß er immer von einer bestimmten Einzelperson und nicht von einem Unbekannten spricht, ist überzeugend."
„Unterlassen Sie das", unterbricht mich der Staatsanwalt heftig. „Ich brauche Ihre Belehrungen nicht. Ich vertrete hier die Anklage!"
„Ich wollte nur etwas richtigstellen. Allerdings bin ich verwundert, daß die Anklage davon ausgeht, mein Mandant habe allein den Rehbock geschossen. Er hat gar nicht geschossen, war allerdings bei der Diebstahlshandlung beteiligt, doch ..."
Die Richterin unterbricht jetzt meine Erklärung.
Sie blickt zum Staatsanwalt, dann zum Oberforstmeister und erst dann zu mir. Sie sagt, „das Gericht geht davon aus, daß dem Angeklagten zu glauben ist. Daher habe ich auch keine Zeugen geladen oder weitere Beweismittel für diese Verhandlung benötigt. Insbesondere werde ich keinen Sowjetsoldaten vernehmen oder vernehmen lassen. Wie ich vom Kreisstaatsanwalt er-

fahren habe, gibt es einen Soldaten, auf den die Beschreibung des Angeklagten paßt, nicht.
Doch das geht nicht zu Lasten des Angeklagten.
Können wir jetzt mit der Beweisaufnahme fortfahren?“

Erleichtert blicke ich Ernst Wöllner an, auch er hat begriffen, daß man ihm glauben wird.
Gelockert erzählt er weiter.
Doch schon nach einigen Sätzen hat er erneut das Mißfallen des Staatsanwalts erregt.
„Ich bin mit dem Iwan, ich meine dem sowjetischen Genossen, auf eine große Wiese gefahren. Die muß immer gemäht sein, das weiß ich genau von Iwan, weil sie im Ernstfall ein Hilfslandeplatz für die Hubschrauber der Freunde sein soll.“ Zu weiteren Ausführungen kommt Ernst Wöllner nicht.
Dieses Mal mischt sich Oberforstmeister Hempel ein.
„Das ist ja äußerst interessant. Das weiß ich ja noch gar nicht. Wo genau ist die Wiese, von der Sie sprachen?“
Der Staatsanwalt springt auf und erklärt: „Also, das hat doch gar nichts mit der Sache zu tun. Das sind hier Angaben, die strengster Geheimhaltung unterliegen.
Darüber braucht der Angeklagte keine weiteren Angaben zu tätigen.“
Er wendet sich nun dem im Zuschauerraum sitzenden Oberforstmeister zu: „Sie, Genosse Hempel, haben jetzt kein unmittelbares Fragerecht. Sie können nur den Schadenersatzantrag stellen!“

Erstaunlich ist, daß der Staatsanwalt wieder einmal, mit Billigung der Richterin, die Führung der Verhandlung übernommen hat. Befugt ist er dazu nicht.
Nun hat ja auch er zugegeben, wenn auch indirekt, daß Ernst Wöllner nicht allein auf der Jagd war; woher sollte er sonst seine der „strengsten Geheimhaltung“ unterlie-

gende Kenntnis über den Hilfslandeplatz für russische Hubschrauber haben?

Die Richterin will von Ernst Wöllner wissen, wo nun der Rehbock erlegt worden sei.
„Ist das noch wichtig?" möchte der um Staatsgeheimnisse besorgte Staatsanwalt abblocken.
„Na, ich benötige doch die Angabe des Angeklagten, wo er den Rehbock in das Auto gepackt hat, sonst könnte ja noch jemand" – sie blickt mich nachdenklich an – „darauf kommen, der Angeklagte habe den Rehbock auf der Straße nach Nohra angefahren und in seinen Wagen gehoben, um ihn zum Staatlichen Forstwirtschaftsbetrieb zu fahren!"
Schmollend setzt sich der Staatsanwalt in seinem Sessel zurück.
„Auf einer großen Wiese bei Lengefeld, da hat der" – Wöllner stutzt kurz – „eh, der Freund den Rehbock mit der Bockflinte geschossen."
Ernst Wöllner wiederholt seine ganze Geschichte vom weiteren Verlauf dieses Jagdabenteuers.

Oberforstmeister Hempel notiert eifrig mit.
Nun hat er doch erfahren, wo der Hilfslandeplatz für russische Truppenverbände ist. Offenbar wollte man ihn nicht informieren. So geheim muß das also sein! Dabei weiß er doch Bescheid über die Sowjettruppen in und um das von ihm verwaltete Gebiet.
Der Staatsanwalt hat nun keine Fragen mehr.
Auch ich frage nur kurz, um die Position meines Mandanten nicht durch eventuelle schlechte Antworten zu schwächen.
Doch auf seine „Schadenswiedergutmachungsbemühung" weise ich besonders hin und übergebe dem Gericht, der Richterin, einen Einzahlungsbeleg über den Betrag von 120 Mark.
Die Richterin wendet sich an Oberforstmeister Hempel:

„Schadenersatz ist bereits geleistet; ich empfehle Ihnen, den Schadenersatzantrag zurückzunehmen."
Oberforstmeister Hempel erklärt:
„Ich möchte meinen Antrag aufrecht erhalten, denn ich kenne diesen Beleg nicht."
Ungeduldig fährt ihn die Richterin an:
„Aber wir haben ihn doch hier vorliegen. Schauen Sie sich den Beleg bitte an. Die Sparkasse stempelt doch keinen Überweisungsbeleg ab, wenn nichts eingezahlt worden ist."
Hempel tritt an die Richtertischbarriere und beäugt den Zettel. Dann nimmt er den Schadenersatzantrag zurück.
„Wieder etwas am Urteil gespart, denn wir hätten Ihren Antrag zurückweisen müssen", belehrt ihn jetzt lächelnd die Richterin.
Der Staatsanwalt nimmt die gelockerte Verhandlungsart der Richterin auf und spricht den Genossen Hempel an:
„Da waren Sie ja heute ganz umsonst hier."
Doch Hempel hat die Vorwürfe des Staatsanwalts noch nichts vergessen.
„Nein, nein, es war für mich wichtig, die Lage eines Hilfsluftlandeplatzes in dem von mir verwalteten Waldbezirk zu erfahren. Auch sonst habe ich eine neue Art, Rehwild zu erjagen, kennengelernt!" erwidert er ironisch.

Ernst Wöllner blickt stehend von mir zum Staatsanwalt, zum Gericht und wieder zu mir. Aufmunternd nicke ich ihm zu.
Das soll bedeuten, die Sache läuft gut für ihn.
So geht diese Strafsache dann auch aus. Ernst Wöllner wird zwar zu einer Freiheitsstrafe verurteilt, doch diese ist „nur" eine Bewährungsstrafe.
Ernst Wöllner kann zufrieden und glücklich über die Milde des Gerichts sein.

„Deutsch-sowjetische Jagd“ wird immer noch aus dem Blickwinkel des Besetzten gegenüber dem Besatzer gesehen.
Wäre es nicht Iwan gewesen, der Ernst Wöllner zur Jagd „einlud“, sondern eventuell ein deutscher Arbeitskollege, dann hätte mein Mandant wohl den Strafvollzug der DDR kennenlernen müssen.

Ernst Wöllner darf aber auch nicht mehr Mitglied eines „Sozialistischen Jagdkollektivs“ werden, wenn ihn wieder einmal die Jagdleidenschaft packen sollte.
Er kann nicht mehr die hohen „sozialistischen Voraussetzungen“ für eine solche Mitgliedschaft erfüllen. Er ist wegen Wilderei vorbestraft!

Der „Asoziale"

Harry Kloth fühlte sich wohl. Gute Arbeit, gutes Geld und viel Freizeit! Das war sein Leben, mit dem er rundum zufrieden war.
Harry ging nur acht Klassen zur Schule, für die DDR nicht typisch. Was seine Altersgenossen noch in der Schule, im neunten und zehnten Schuljahr, lernen mußten, erlebte Harry Kloth durch die gesellschaftliche Praxis.
Als Transportarbeiter in einem großen volkseigenen Betrieb lernte er das tägliche Leben von allen Seiten kennen.
Vierundzwanzig Jahre alt, genoß er sein Dasein. Verantwortung für eine Familie hatte er noch nicht. Das gerade verdiente Geld gab er mit vollen Händen aus. War am Monatsende alles verbraucht, borgte er sich hier und da etwas. Regelmäßig zahlte er zurück; sogar kreditwürdig war er, so sei hier festgestellt.
– Doch leider zeigte Harry Kloth manchmal tadelnswertes Verhalten.
Wenn er so richtig in Stimmung war, etwa nach 15 Glas Bier und einigen Schnäpsen – am liebsten trank er Nordhäuser Korn – schlief er erst einmal richtig aus und ließ seine Arbeit Arbeit sein. Spät am Vormittag wachte er dann auf; viel zu spät, um noch den Weg zur Arbeit anzutreten. Er machte sich einen schönen Tag. DDR-offiziell heißt so etwas:
„Er bummelte die Arbeit durch seine asozialtendenziöse Haltung."
War Harry einmal erkrankt, so durfte er nicht ausgehen. Jeder Ausgang verstößt nämlich gegen die Krankenord-

nung des Freien Deutschen Gewerkschaftsbundes, dem Träger der Sozialversicherung in der DDR.
Doch Harry goß sich bei Krankheit erst recht einen „hinter die Binde“. Er konnte ja am nächsten Tag lange ausschlafen.
Doch die sozialistische Gesellschaft wacht immer und überwacht jeden. So dauerte es nicht lange, bis seine Gaststättenbesuche angezeigt wurden und man ihm das Krankengeld sperrte.
Fehlschichten traten bei ihm wiederholt auf. Wenn er allerdings arbeitete, arbeitete er gut. Ja, sogar ausgezeichnet wurde er als Mitglied eines „Sozialistischen Arbeitskollektivs“, das sich nach dem Motto „sozialistisch arbeiten, kämpfen und leben“ entwickelte. Nur nahmen es ihm die Kollegen übel, daß er sich nicht am gesellschaftlichen Leben seines Heimatortes beteiligte. Nein, für Harry war Feierabend ein ganz besonderer Abend. Er beteiligte sich auf seine Weise; so vertrat er die Meinung, er wirke an der Planerfüllung der Brauereien aktiv mit, indem er durch seinen Umsatz deren Betriebsergebnis steigere. Wenn er das feststellte, überstrahlte ein Lachen sein Gesicht. – Grinsend erklärt er mir beim Besuch in der Untersuchungshaftanstalt, daß er eigentlich gar nicht wisse, warum er im U-Knast sitze.
„Der Haftbefehl wurde wegen Androhung einer Haftstrafe verkündet; ich bin ein Asi“, klärt er mich auf.
Ich merke ihm an, so tragisch nimmt er das alles nicht.
„Wenn das Essen nicht so schlecht wäre, könnte ich es hier direkt eine Weile aushalten“, flunkert er.
„Weshalb möchten Sie dann verteidigt werden?“ frage ich etwas zynisch.
„Weil ich hier raus will und endlich wieder einmal ein ordentliches Bier trinken möchte. Ich arbeite hier ganz gut, drehe Filmröllchen, entgrate sie, da kann ich ganz schön was verdienen. Sie wissen schon, gute Führung!“
Tatsächlich ein Luftikus, denke ich. Nach weiteren

Schnoddrigkeiten erfahre ich von ihm, daß er in einem Jahr insgesamt dreißig Tage die Arbeit gebummelt habe. „Ich war aber nicht dreißig Tage zu Hause, Mensch wäre das schön gewesen. So viel Geld hätte ich gar nicht gehabt für das viele Bier, das ich getrunken hätte. Ich hab nur immer mal einen Tag oder sieben Tage im Dezember blau gemacht. Jedesmal, wenn ich eine Sause gemacht habe, bin ich nicht aus dem Bett gekommen", klärt mich Harry Kloth auf.

„Und wegen dieser Tage sind Sie inhaftiert?"

„Nein, es kommt noch einiges dazu. Meine Kollegen haben mir öfters Vorwürfe gemacht, wenn ich Fehlschichten hatte. Dann bin ich im vergangenen Sommer vor die Konfliktkommission des Betriebs geladen worden. Verfahren wegen Arbeitsbummelei wurde das genannt. Die haben mir eine Rüge erteilt. Eins der Konfliktkommissionsmitglieder habe ich gekannt. Der hat schon öfters mit mir einen gehoben. Doch in der Beratung hatte er ein so ernstes Gesicht, als er über den Verderb des Alkohols sprach; da mußte ich über seine Leichenbittermiene grinsen. Die haben mich dann gleich angepfiffen und mir zusätzlich fünfzig Stunden Sondereinsatz aufgebrummt. Also, die haben mich, wie es so schön heißt, überzeugt, daß ich mich zu diesen fünfzig Stunden verpflichten soll. Das habe ich dann auch getan. Ich habe mich da vielleicht auf etwas eingelassen. Sechzehn Stunden, zwei ganze Arbeitstage, habe ich erst abgeschruppt.

Kurz danach bin ich vom Rat der Stadt als kriminell gefährdeter Bürger erfaßt worden. Ein „Betreuungsprogramm" haben sie mit mir abgeschlossen. Seitdem darf ich nicht mehr in meine Stammkneipe gehen, das haben sie mir einfach verboten. Meinen Eltern mußte ich Geld abgeben; die vom Rat der Stadt haben mir vorgeschrieben, wieviel ich zu zahlen habe.

Melden mußte ich mich auch zu den Betreuungsgesprächen. Da haben sie mir nur Dampf gemacht, daß ich

eingesperrt werde, wenn ich nicht spure. Na, so ist es ja nun auch gekommen“, beendet er seinen Bericht.
Jetzt kramt er eine Zigarette hervor und fragt mich, ob er rauchen darf. Ich nicke ihm zu, und er erzählt weiter: „Irgendwie hat es dann nicht mehr so richtig geklappt. Die schlechtesten Arbeiten haben sie mir im Betrieb gegeben. Da konnte ich nichts mehr verdienen. Über achthundert Mark Schulden habe ich gemacht. Immer wieder haben die Leute vom Rat der Stadt meine Eltern gefragt, wie hoch meine Schulden schon sind. Bisher habe ich es immer geschafft, die Schulden zurückzuzahlen, doch die Leute von Inneres wollten mir zeigen, wer hier die Macht hat. Als ich einmal vom Fußball kam, habe ich laut gesungen. Natürlich hatte ich auch etwas getrunken. Ich wurde beobachtet, und wegen ruhestörendem Lärm hat mir die Volkspolizei eine Ordnungsstrafe und zwei Tage gemeinnützige Arbeit aufgebrummt. Abgezahlt habe ich schon zweihundertfünfzig Mark; aber fünfhundert Mark von der Strafe stehen noch offen. Mit meinem Fahrrad bin ich eines Tages nach Hause gefahren und hatte dabei einen sitzen. Das kostete mich wieder dreihundertundfünfzig Mark Strafe, weil ich auf dem Bürgersteig gefahren bin. Keinen Menschen habe ich dabei belästigt oder gar gefährdet. Auch diese Strafe konnte ich noch nicht bezahlen. Verdammt noch mal, ich habe aber auch viel getrunken. Das waren richtige Trinkerfestspiele“, er fährt sich genießerisch mit der Zunge über die Lippen.
„Ach so, ein Motorrad habe ich auch noch unberechtigt benutzt und dabei einen Schaden von vierhundertzweiundvierzig Mark und vierzig Pfennigen anerkannt, aber bisher nichts gezahlt. Gerade jetzt wollte ich eisern alles abzahlen, da ziehe ich hier ein. Nun bin ich wirklich am Ende mit meiner Rede“, er lehnt sich zufrieden zurück. Tatsächlich, er nimmt das alles nicht so schwer.

In der Hauptverhandlung kämpfen wir gemeinsam um

jeden Tag, der gegen Harry Kloth als Bummeltag angeklagt worden ist. Nach der Anklage soll er durch sein asoziales Verhalten das Zusammenleben der Bürger und die öffentliche Ordnung und Sicherheit beeinträchtigt haben.

Das Gericht findet unsere Bemühungen offenbar lächerlich; bei der Gesamtverhaltensweise des Angeklagten muß dieser natürlich verurteilt werden – so denkt man. Doch je weniger Bummeltage Harry Kloth nachgewiesen werden, desto geringer seine Strafe.

So erreichen wir, daß sieben Tage wegfallen. Den Tag, an welchem Harry Kloth zur Volkspolizei vorgeladen war, hatte der Staatsanwalt gleich mitangeklagt. So einfach ist das!

Vorladung zur Volkspolizei auch asozial? Welche Bewertung der Arbeit der Volkspolizei!

Sechs Tage wurde Harry Kloth krankgeschrieben. Zwar „feierte" er nur krank, doch die Krankschreibung war nicht mehr anzugreifen.

Mein Mandant hatte unter Berücksichtigung der ständigen Rechtsprechung der DDR-Gerichte den Tatbestand der Asozialität erfüllt, doch er war nicht vorbestraft.

So hätte das Gericht ihn zu einer geringeren Freiheitsstrafe verurteilen können.

Peinlich für den Verteidiger, bei den Handlungen des Mandanten keine Möglichkeit zu einer Nichtfreiheitsstrafe zu sehen. Solche Gedanken gingen dem Staatsanwalt wohl nicht durch den Kopf. Er forderte eine Freiheitsstrafe von über einem Jahr. Dabei betonte er wiederholt das gefährliche Verhalten des Harry Kloth.

Das Gericht verurteilte Harry Kloth „wegen Beeinträchtigung der öffentlichen Ordnung durch asoziales Verhalten" – Vergehen gemäß § 249 Abs. 1 StGB – zu einer Freiheitsstrafe von einem Jahr und zwei Monaten.

Weiterhin erkannte es auf zusätzliche Kontroll- und Erziehungsaufsicht. Das ist eine Art „Schutzhaft“ für den Verurteilten.

Mein Antrag, meinen Mandanten zu einer Freiheitsstrafe von nur acht Monaten zu verurteilen, war absolut zu niedrig – so die Auffassung des Gerichts.
In der Urteilsbegründung führte es aus, daß Harry Kloth sich aus Arbeitsscheu hartnäckig einer geregelten Arbeit entzogen habe, die Hartnäckigkeit ergebe sich aus der Mißachtung aller staatlichen und gesellschaftlichen Erziehungsmaßnahmen.
Durch seine finanziellen Schwierigkeiten habe er die öffentliche Ordnung und Sicherheit beeinträchtigt.
Nach der Urteilsverkündung erklärte Harry Kloth sofort, daß er Berufung einlegen werde.
„Damit bin ich nicht einverstanden!“ rief er in den Gerichtssaal.
Seine Bewacher herrschten ihn an: „Sie sind hier still!“
Harry wurde abgeführt.
Nach erneutem Besuch in der Untersuchungshaftanstalt legte ich für meinen Mandanten Berufung ein, begründete diese und beantragte die Abänderung des kreisgerichtlichen Urteils im Strafausspruch. Die Strafe sei überhöht. Völlig verfehlt wäre es gewesen, einen Freispruch vom Vorwurf der Asozialität zu beantragen. Wer die drakonische Rechtsprechung in der DDR zur Asozialität kennt, der ist vorsichtig in der Beurteilung seines Verteidigerspielraums.

So teilte ich in der Berufungsbegründung dem Bezirksgericht mit, daß bei Harry Kloth noch keine verfestigte negative Einstellung zur regelmäßigen Arbeit und zur gesellschaftlichen Erziehung gegeben sei. Die Fehltage seien über eine lange Zeit mit größeren Abständen regelmäßiger und guter Arbeit verteilt gewesen. Besonders in der letzten Zeit, vor seiner Inhaftierung, habe sich der Angeklagte um eine positive Veränderung sei-

ner Lebenshaltung bemüht. Erstaunlicherweise hatte das Rechtsmittel sogar Erfolg. Die Strafe sei tatsächlich als überhöht anzusehen, führte das Bezirksgericht in seinem Urteil aus. Es verurteilte Harry Kloth nur zu einer Freiheitsstrafe von neun Monaten.
Bei der Anordnung staatlicher Kontroll- und Erziehungsaufsicht blieb es.
Wörtlich heißt es in diesem Urteil: „Es wird an dem Angeklagten liegen, die Ursachen für die Arbeitsbummelei zu beseitigen und den übermäßigen Alkoholkonsum zu unterlassen. Dann wird es auch zu weniger Auseinandersetzungen innerhalb der Familie kommen, und er wird in die Lage versetzt werden, seinen finanziellen Verpflichtungen sowohl im Rahmen der Familie als auch gegenüber der Gesellschaft nachkommen zu können. Aus diesem Verhalten wird zu erkennen sein, ob der Angeklagte aus dem durchgeführten Strafverfahren und der gegen ihn ausgesprochenen Freiheitsstrafe die richtigen Lehren für die Zukunft gezogen hat."

Harry Kloth bedankte sich bei mir für die Mühe, die er mir gemacht hatte.

„Ich freue mich auf meinen Entlassungstag; da wird einer draufgemacht, daß sich die Balken biegen. Ich höre schon den Bierhahn zischen, doch jetzt beginne ich meine Entwöhnungskur", sagt er lächelnd zu mir. „Ein Mann ohne Knast ist wie ein Baum ohne Ast – also dann."
Wir verabschiedeten uns.

Er bezahlte von seinem Verdienst in der Untersuchungshaftanstalt pünktlich seinen Kostenanteil für das Strafverfahren. Auch der Staatshaushalt mußte einen Teil für das Berufungsverfahren zahlen, denn die Berufung hatte ja Erfolg.
Ich glaube, darüber freute sich Harry Kloth ganz besonders!

Der „Westreklame" – Aschenbechermord

In der Tageszeitung lese ich eine Fahndungsmitteilung der Volkspolizei.
Gesucht wird ein etwa 19–23 Jahre alter Mann, ca. 170 cm groß, schmächtige Gestalt, blasses Gesicht, bekleidet mit dunkler Hose und einem dunklen Anorak.
Der junge Mann wird verdächtigt, ein schweres Verbrechen begangen zu haben.
Das Phantombild zeigt ein jungenhaftes Gesicht, nichtssagend, ein Dutzendgesicht.
Meine Sekretärin weiß natürlich bereits mehr über diesen Fall. Ein junger Mann sei in Vieselbach, bei Erfurt, ermordet worden; und der Täter sei geflohen.
Nach Tagen lese ich, daß die Volkspolizei der Bevölkerung für die Hilfe bei der schnellen Aufklärung eines schweren Verbrechens dankt.
Auf Grund der vielen Hinweise aus der Bevölkerung sei der Täter sehr schnell gefaßt worden; und er habe bereits ein umfassendes Geständnis abgelegt.

Warum bloß hat der junge Mann diese furchtbare Tat begangen? Welche Motive trieben ihn dazu?
– Und diese Frage soll mich noch längere Zeit in Anspruch nehmen, denn nach einigen Wochen werde ich gefragt, ob ich die Verteidigung in einem Mordfall übernehmen möchte.
Der vorsitzende Richter des II. Strafsenats des Bezirksgerichts teilt mir telefonisch mit, daß er Hauptverhandlung anberaumen möchte und dem Angeklagten einen Vertei-

diger beiordnen müsse. Einen eigenen Verteidiger habe sich der Angeklagte nicht gewählt. Da er aber in der Untersuchungshaftanstalt Weimar einsitze, sei die Wahl eines ebenfalls dort ansässigen Verteidigers wegen der geringen Fahrtkosten günstig.
Als junger Anwalt fasziniert mich natürlich eine solche Verteidigung, und ich sage zu.
Gedanken wie – durch eine solche Mordsache kann ich bekannt werden, bekomme ich weitere Mandate, wird die Presse auf mich aufmerksam – brauche ich mir in der DDR nicht zu machen. Diese Aspekte sind in der DDR tatsächlich unbeachtlich. Ob die Presse berichten darf oder nicht, entscheiden die Parteizentralen.
Wenn der für die Pressearbeit verantwortliche Staatsanwalt feststellt, daß eine Tageszeitung abweichend von seiner Mitteilung über einen Fall berichtet, läßt er sich den Journalisten kommen.
Der „Genosse" Staatsanwalt zeigt dann die „Linie" auf, nach der der Journalist zu berichten hat.
Dieser folgt dienstbeflissen den Hinweisen, um nicht von den sogenannten „Pressekonferenzen" der Staatsanwaltschaften in Zukunft ausgeschlossen zu werden. Aufforderungen, nichts über die Verteidigung zu schreiben, hat es immer gegeben.
Dieses „bürgerliche Rudiment – Verteidigung und Rechtsanwalt" ist nach Auffassung der forschen SED-Staatsanwälte allmählich zu beseitigen.

Die Zeit bis zur Hauptverhandlung von Klaus Manske ist sehr kurz bemessen, doch die Akte soll ich vor der Verhandlung noch einsehen können. Die „Sprechgenehmigung", so äußert sich Oberrichter Rehweich, „geht heute noch raus, die Haftanstalt habe ich bereits informiert, damit Sie Ihren Mandanten unverzüglich sprechen können."

Nur einige hundert Meter gehe ich von meiner Praxis bis zum stählernen Tor der Weimarer Untersuchungshaftanstalt. Nach längerem Klingeln werde ich eingelassen. Das schwere Stahltor läßt sich öffnen, ich laufe über den grauen Innenhof der Untersuchungshaftanstalt.
Nach der Anmeldung und üblichen Vorsprache im Geschäftsstellenzimmer erhalte ich eins der Besucherzimmer zugewiesen. Nach einigen Minuten öffnet ein Uniformierter die Tür und schiebt einen jungen, unscheinbaren Mann mit einem kindlichen blassen Gesicht in das Zimmer.
„Hier bringe ich Ihnen den Untersuchungshaftgefangenen Manske."
Die Tür fällt wieder ins Schloß, und Klaus Manske steht jetzt allein, ängstlich neben der Tür. Die Hände versteckt er hinter seinem Rücken; und blaßgraue, farblose Augen blicken mich an.
Nach meiner Vorstellung informiere ich ihn über die Beiordnung durch das Bezirksgericht.
Vorsorglich frage ich: „Sind Sie mit einer Verteidigung durch mich einverstanden?"
Manske antwortet bejahend; „ich kenne Sie zwar nicht, doch was solls. Natürlich bin ich einverstanden; aber helfen kann mir keiner mehr!"
Resignierend zuckt er mit den schmalen Schultern.
„Ich habe meinen Eltern geschrieben, mir bitte einen Verteidiger zu besorgen, aber die haben erst gar nicht auf meinen Brief geantwortet. Ich habe zu keinem Menschen Verbindung, und da bin ich ganz froh, mit jemandem sprechen zu können, der nicht von hier ist.
Übrigens, Werner B. ist mit mir auf einer Zelle; und der war sehr zufrieden mit Ihnen."
Wir sitzen uns gegenüber. Ich beobachte Klaus Manske, will mir über ihn ein eigenes Bild machen. Sein linkes Augenlid zuckt auffällig. Er bemüht sich um innere Ruhe, doch seine Aufregung läßt sich nicht verbergen.

„Was werde ich bekommen?"
„Das kann ich Ihnen nicht sagen, denn bisher weiß ich weder etwas über Sie noch über Ihre Tat oder Ihre Handlung überhaupt", antworte ich ihm ehrlich. Prognosen in einer solchen Sache zu stellen, ist für einen Verteidiger immer ein unsicheres Unterfangen. Wo Parteipolitik der SED die Strafpolitik bestimmt, gibt es zwar wenig Überraschungen, doch in der Regel klammert sich der Inhaftierte an die Aussage seines Verteidigers zum Strafmaß und beachtet dann kaum noch dessen Vorbereitungen zur Strafverteidigung.
„Was haben Sie getan und weshalb sind Sie inhaftiert?" bitte ich ihn um Informationen.
Klaus Manske berichtet mir über sein Leben und seine Tat. Er wuchs als Kind unter normalen Verhältnissen auf. Die Strenge des Vaters versuchte die Mutter mit Güte auszugleichen.
Vielleicht wäre es besser gewesen, wenn beide eine konsequente Erziehung des Sohnes durchgehalten hätten. Sie resignierten, als der Sohn eigene Wege ging.
Klaus war in den ersten Schuljahren ein aufgeweckter Junge mit guten Leistungen. Vater und Mutter waren stolz auf ihn; und er sollte es im Leben einmal besser haben als sie. Brachte er gute Zensuren nach Hause, wurde er besonders verwöhnt und erhielt Geld, um sich seine Freizeit nach eigenen Wünschen zu gestalten.
Der Vater verdiente gutes Geld; er arbeitete allerdings im Schichtdienst und war deshalb manche Woche nicht zu Hause. Alles hat seinen Preis. Die Mutter verwöhnte Klaus mit doppelter Liebe. Sie war nachsichtig und tolerierte alle Schwächen.
Der Sohn empfand diese Liebe als Last, hielt sich lieber bei Freunden auf, als zu Hause „herumzuhocken".
Die Freunde hatten zwar nicht den besten Einfluß auf ihn, doch sie erkannten ihn als einen der ihren an. Noch dazu hatte er die Taschen voller Geld.

Er war gutmütig und freigiebig. Die Pubertät setzte bei ihm früher als bei seinen Mitschülern ein. Thälmann-Pioniere und die Freie Deutsche Jugend interessierten ihn längst nicht mehr, konnten ihn nicht zur Mitarbeit bewegen; auch seine schulischen Leistungen ließen nach. Die Warnungen seiner Lehrer waren für ihn leere Worte. Als nichts mehr half, sollten ihn die Schläge seines Vaters zur Vernunft bringen – ohne Erfolg.

Klaus Manske stumpfte ab, wurde immer verschlossener und einsamer. Er ging seinen eigenen, individuellen Weg in das gesellschaftliche Abseits.

Gesellschaftliche „Erziehungsmaßnahmen“ setzten ein: Jugendwerkhof, scheinbare Besserung; dann, ohne Schulabschluß, Arbeitsaufnahme als Lagerarbeiter und anderer Hilfsarbeit; kurze Phase der Anpassung, versuchte Weiterbildung, Vorstrafe: 1 Jahr Freiheitsentzug, wegen sexuellen Mißbrauchs eines Kindes. Nach voller Haftverbüßung wieder Arbeit in seinem alten Betrieb, danach Arbeitsstellenwechsel und „Arbeitsbummeltage“.

In den letzten Wochen vor seiner Tat blieb er auch nachts von zu Hause fern, hielt sich bei Freunden, Bekannten oder, wie es sich ergab, bei völlig fremden Personen auf. Sein Stammlokal war die „Mitropa“-Gaststätte im Erfurter Hauptbahnhof.

Dort traf er einen Eisenbahner, der ein Bier nach dem anderen trank. Zu diesem jungen Mann setzte sich Klaus Manske; beide verstanden sich sofort, hatten gleiche „Interessen“; und Klaus wurde zum Mittrinken eingeladen. Sein Durst hielt sich in Grenzen.

Sie sprachen über das Leben, ihre Arbeit und ihre Enttäuschungen. Der Eisenbahner erzählte von seiner verantwortungsvollen Tätigkeit bei der Deutschen Reichsbahn und was so auf dem Rangierbahnhof in Erfurt alles los sei, unvorstellbar. Zugabfertigung, Verspätungen, Stellwerk ... und Manske erhielt eine umfassende Einführung in das Reichsbahngeschehen. Dabei bemerkte der Eisenbahner gar nicht Klaus Manskes Schweigen. Spät in der Nacht wollte der Bahner endlich nach Hause fahren; und er forderte Klaus auf, doch mitzukommen und bei ihm zu übernachten.

Er wohnte in Vieselbach, ganz in der Nähe des kleinen Bahnhofs. Klaus wußte ohnehin nicht, wie er den Rest der Nacht verbringen sollte; die Eltern hatten ihm in der Zwischenzeit jeden Zutritt zur Wohnung untersagt. So stimmte er freudig dem Vorschlag des neuen „Freundes" zu, und kurz vor Mitternacht fuhren beide los.

Zu Hause angekommen, machten sie es sich gemütlich, tranken eine Flasche Bier und redeten noch miteinander. Der Eisenbahner wurde müde und wollte endlich schlafen.

Das Zimmer machte auf Klaus einen schmuddeligen Eindruck. Überall lagen Sachen herum; auf den Stühlen hingen in bunter Reihenfolge Kleidungsstücke; das gebrauchte Geschirr stand auf dem Tisch und einer Anrichte.

In dem Zimmer stand nur ein einziges Bett; und Klaus wurde aufgefordert, sich zu dem Eisenbahner zu legen. Klaus lehnte ab; er zog dem Bett den Fußboden vor, und beide legten sich schlafen.

Nun erzählt mir Klaus Manske, wie es zu der schrecklichen Tat kam:

„Bei dem Aufenthalt in diesem Zimmer habe ich auch einen elektrischen Rasierapparat gesehen, der hat mir sehr gefallen. Es war nämlich einer aus dem Westen, und das Etui war wie aus Leder. Es faßte sich so weich an. Das Innenfutter glänzte wie knallrote Seide und hat mir richtig in die Augen gestochen. Offenbar hatte mein Opfer", das Wort Opfer sagte er fast flüsternd, „Westbeziehungen.

Eine Blechbüchse mit Kaffee stand mitten auf dem Tisch; das war Westkaffee, das konnte man riechen. Außerdem habe ich diese Büchse manchmal in der Westreklame gesehen.

Und mitten auf dem Tisch stand ein Westreklame-Aschenbecher. Da waren noch einige Zigarettenkippen drin. Der hat mir sehr gut gefallen. Und überhaupt, ich habe mich in dem Zimmer umgesehen.
Plötzlich ist mir der Gedanke gekommen: diese Sachen, also Rasierapparat, Kaffeebüchse, den Wecker und vor allen Dingen den bunten Aschenbecher nimmst du mit und haust hier schnellstens ab.

Ich habe mir die Sachen zusammengelegt und auch nach Geld gesucht. In der Uniformjacke steckten 20 Mark, die ich gut gebrauchen konnte.
Plötzlich hat der Eisenbahner im Schlaf aufgestöhnt; noch schlief er, aber ich habe es mit der Angst bekommen. Die Sachen wollte ich zu gern haben, aber erwischen lassen wollte ich mich auch nicht. Da wäre ich wegen Diebstahl drangewesen.
Ich wollte schon gehen. Plötzlich habe ich neben dem Ofen ein Beil gesehen. Bestimmt hat der Eisenbahner damit sein Feuerholz gehackt.
Ich habe das Beil aufgehoben, und da ist mir, ich weiß auch nicht wie, ein furchtbarer Gedanke gekommen. Wenn der feststellt, daß ich ihm seine Sachen weggenommen habe, zeigt der mich bestimmt an.
Da hat der Eisenbahner wieder aufgestöhnt, und plötzlich stand ich neben seinem Bett und habe einfach mit dem Beil zugeschlagen. Ich habe den Kopf getroffen, mehrere Male. Dann habe ich die Sachen geschnappt, die Tür geöffnet und bin fortgelaufen. Es kam gerade ein Zug, mit dem ich nach Erfurt zurückfahren konnte. Dort habe ich mich wieder in die Mitropa gesetzt und einen Kaffee getrunken. Dann bin ich in Erfurt untergetaucht, habe mich bei meinen Freunden aufgehalten. Die Kripo hat mich schnell gefunden. Und jetzt bin ich hier.“

Wie leergeblasen sitzt Manske dann zusammengesunken auf seinem Stuhl.
Ich bin sehr erschüttert über diesen gefühllos vorgetragenen Bericht. Wo kann ich da meine Verteidigung überhaupt ansetzen? Die Entwicklung Klaus Manskes, seine Außenseiterstellung – könnte das nicht ein Hinweis für eine Fehlentwicklung mit möglichem Krankheitswert sein? Wie viele ähnliche Kinderschicksale gibt es, ohne daß diese zu Mördern werden?
Ich frage ihn, ob er als Kind oder als Jugendlicher vielleicht längere Zeit krank gewesen sei, eventuell eine Kopfverletzung erlitten habe. Mit seinen zwanzig Jahren ist er ja als Erwachsener voll für seine Straftat verantwortlich, wenn es keine Hinweise für eine verminderte Zurechnungsfähigkeit gibt.
„Nein, daran kann ich mich nicht erinnern; aber das hat mich auch schon der Gutachter, ein Nervenarzt, gefragt. Ich mußte zur neurologisch-psychiatrischen Begutachtung. Dort bin ich gründlich untersucht worden. Es ist alles in Ordnung, wurde mir gesagt", räumt er stolz meine Zweifel aus.
Auch meine Frage nach etwaiger Trunkenheit am Tattag beantwortet er verneinend:
„Ich habe doch nicht viel getrunken; insgesamt drei Bier. Ich fühlte mich nüchtern. Und als ich zugeschlagen habe, war ich es auch."
„Das gemeinsame Schlafangebot des Eisenbahners, wie hat denn das auf Sie gewirkt?"
„Wenn Sie meinen, das war ein Homosexueller, dann weiß ich es nicht. Das haben mich die Vernehmer ja auch schon gefragt. Ich habe jedenfalls nichts davon gemerkt." Seine sonst sehr leise Stimme ist plötzlich sehr laut und aufgeregt geworden.
„Nein, er wollte nur nicht, daß ich auf dem Fußboden schlafe; es war nichts zwischen uns, absolut nichts, hören Sie; ich bin doch kein Homo!"

„Es hätte ja möglich sein können, daß Sie über ein entsprechendes Angebot empört waren und vielleicht deshalb so reagiert haben?“ versuche ich, ihm meine Frage zu erläutern.
„Nein, da war nichts. Es war alles so, wie ich Ihnen das erzählt habe“, betont er mit Nachdruck, „ja, so war es!“
„Bereuen Sie eigentlich Ihre Tat?“ Ich sehe ihm dabei in die Augen, die sich jetzt zusammenziehen, klein und schmal werden.
„Natürlich; und immer wieder frage ich mich, warum es überhaupt so weit kommen mußte. Doch jetzt ist alles zu spät. Ich weiß, daß ich verurteilt werde, und mir ist schon alles egal; ich kann es sowieso nicht wieder gut machen“, antwortet er leise.

Einen traurigen Fall habe ich da übernommen.
Aus der Strafakte entnehme ich, daß Klaus Manske ein umfassendes Geständnis abgelegt hat.
Die Tatortaufnahmen sind genauestens durchgeführt worden. Die auf dem Beil gefundenen Fingerabdrücke sind identisch mit denen des Täters, so sagt es der Untersuchungsbericht der Mordkommission der Volkspolizeibehörde aus.
Die Fotografien vom Tatort und Opfer sind in Farbe der Akte beigefügt. Für mich ein durch und durch erschütternder Anblick.
Das Bett und die Bettwäsche sind voller Blut, das Gesicht und der Kopf des Opfers sehen entstellt und grausig aus.
Der Sektionsbericht des gerichtsmedizinischen Instituts stellt eindeutig fest, daß der Getötete an den Folgen mehrerer heftiger Schläge mit dem Beil gestorben ist.
Bereits unmittelbar nach seiner Festnahme hat Klaus Manske ein umfassendes Geständnis abgelegt und dies auch mehrfach wiederholt.
Das psychiatrisch-neurologische Gutachten bestätigt die volle strafrechtliche Verantwortlichkeit des Täters:

Das Tatgeschehen, die Ablaufschilderung, das Verhalten des Täters vor und nach seiner Tat seien weder abnorm noch krankhaft. Eine verminderte Zurechnungsfähigkeit oder Unzurechnungsfähigkeit würden insgesamt ausscheiden.

Ich spreche noch einmal mit Klaus Manske, doch auch dieses Gespräch bringt mir keine neuen Erkenntnisse.
Immer wieder versuche ich zu begreifen, was meinen Mandanten zu dieser Tat getrieben haben kann. Ich suche nach Hintergründen, nach überzeugenden Motiven, und kann sie nicht finden.
Manske weiß, daß es um seine Sache nicht gut steht.
„Wenn Sie mir helfen, diese schlimmen Stunden im Gerichtssaal zu überstehen, dann bin ich schon ruhiger und sehr zufrieden. Ich werde nicht viel sagen, aber kneifen tu ich auch nicht“, sagt er lakonisch.

Ein eigenartiges Gefühl ist es schon, einen Mörder zu verteidigen. Noch dazu einen, der sich eigentlich in seinem Innern bereits aufgegeben hat.

Gemeinsam wird die Hauptverhandlung vorbereitet. Ich erkläre ihm meine Verteidigungsvorstellungen und gebe Hinweise für sein Verhalten in der Öffentlichkeit des Gerichts.
Aus den Terminsbenachrichtigungen in der Akte kann ich entnehmen, daß Zuschauer oder besser Zuhörer geladen worden sind, um an der Hauptverhandlung teilzunehmen.

So ist es dann auch an den beiden Hauptverhandlungstagen. Schon im Flur des Bezirksgerichts im ersten Stockwerk warten viele Menschen vor dem Verhandlungssaal. Alle wollen zur Mordsache Manske. Wann wird schon ein Mord öffentlich verhandelt, das kann man sich doch nicht entgehen lassen.

Stimmengewirr empfängt mich; Menschenmassen wogen hin und her, und ich muß mich zur Saaltür vorkämpfen.
„Es ist noch geschlossen. Vordrängen und die besten Plätze haben wollen, das gibt es nicht. Sie müssen warten, auch wenn Sie hier mit Schlips und Anzug erscheinen!“ herrscht mich ein älterer vierschrötiger Mann energisch an.
Ich habe es eilig und warte in der Nähe der Tür. Menschen drängen sich vor dem Terminzettel und lesen laut vor:
„9.00 Uhr, Strafsache gegen Klaus Manske– ein Staatsanwalt und ein Verteidiger“
„Was, so ein Kerl hat auch noch einen Verteidiger! Gibt es denn so etwas überhaupt in unserer sozialistischen Gesellschaft? Dem Mörder gehört doch die Rübe ab“, höre ich einen jüngeren Mann mit wichtiger Stimme zu den Umstehenden sagen. Die Zuhörer haben offenbar bereits den Angeklagten verurteilt, noch ehe die Gerichtsverhandlung begonnen hat.
Nun drängt sich die Protokollantin durch die Menschen und schließt die Saaltür auf.
Die Massen strömen eilig, sich gegenseitig schubsend, in den großen Raum. Schnell sind die langen Stuhlreihen besetzt. Das Stimmengewirr schwillt an.
Da wird die Luft bald verbraucht sein.
Ich warte noch, bis Klaus Manske vorgeführt wird. Am Ende des Ganges kommen zwei Uniformierte; und in ihrer Mitte läuft Klaus Manske mit gesenktem Kopf.
Er wird mit Handschellen in den Saal geführt und plötzlich, wie auf Kommando, ist es sehr still geworden. Es scheint, als hielten die Zuhörer die Luft an.
Unzählige Augenpaare sind voll Spannung und Sensationslust auf den Angeklagten gerichtet. Er blickt weiter zu Boden.
Ich folge meinem Mandanten, den ich bereits begrüßt

habe, gehe zu meinem Tisch, packe meine Akten und die notwendigen Verteidigungsunterlagen aus und wende mich Klaus Manske zu.
Sofort entsteht Unruhe im Saal.

Doch plötzlich ist wieder alles still. Der Staatsanwalt betritt durch eine Seitentür, ganz dicht neben der Anklagebank, den Verhandlungssaal.
Einige Zuschauer denken offenbar, das Gericht erscheine und springen von den Plätzen auf.
Staatsanwalt Barth murmelt mir im Vorbeigehen ein „Morgen“ zu und setzt sich auf seinen gepolsterten Stuhl, der wie immer hinter der Barriere des Gerichts steht.
„Bitte stehen Sie alle auf, das Gericht!“ ruft die Protokollantin in den Saal.
Schon öffnet sich wieder die kleine Nebentür und Oberrichter Rehweich betritt als erster den Raum. Ihm folgen beide Schöffen. Sie setzen sich an den riesigen Tisch hinter der hochverkleideten Holzbarriere.
Es scheint eine ungeschriebene Vorschrift zu geben, daß der Stuhl des vorsitzenden Richters immer unter dem an der Rückwand des Verhandlungssaals hängenden großen gelben Staatswappen der DDR exakt ausgerichtet steht.
Die Wandverkleidung besteht aus einem grauweißen oder blaugrauen, in Falten gelegten Stoff, stark erneuerungsbedürftig wirkt sie.
Die schäbige Atmosphäre wird durch die riesigen verschmutzten Fenster, die kaum Licht eindringen lassen, noch unterstützt. Die Leuchtstoffröhren tauchen den Verhandlungssaal in ein unnatürliches Licht, in dem Klaus Manske noch blasser und elender als sonst aussieht.
Der Richter, im schwarzen Anzug und silbergrauen Binder, eröffnet feierlich die Hauptverhandlung. Seine leise Stimme wird nicht überall in dem Raum gehört.
Es entwickelt sich Unruhe in den letzten Reihen. Er bemüht sich, lauter zu sprechen.

Wieder einmal läuft das Ritual der Belehrung des gesellschaftlichen Anklägers mit seiner Platzanweisung ab. Die Anklage wird verlesen, und die Beweisaufnahme beginnt. Der Richter läßt Klaus Manske aufstehen und belehrt ihn, offenbar durch die Menge der Zuhörer dazu animiert, über seine Rechte.
Was sonst Richter mit den Worten abtun: „Sie, Angeklagter, werden ja von Ihrem Verteidiger über Ihre Rechte Bescheid wissen", gelangt heute zu einer höheren Qualität.
Es folgen nämlich gleich mehrere Sätze über die Verteidigung des Angeklagten.
So beginnt diese Beweisaufnahme mit einer rühmlichen Ausnahme.

Jetzt berichtet Klaus Manske über sein Leben. Ein noch junges Leben, voller Widersprüche, stellt sich dem Zuhörer dar.
Bei der Erörterung seiner Vorstrafe druckst er herum. Er und ich wissen, daß das frühere Urteil zum Gegenstand der Beweisaufnahme gemacht werden kann, damit das Gericht die Vorstrafe nochmals erörtert.
Doch der Vorsitzende beschränkt sich auf den Strafregisterauszug, den er verliest.
Mit meinen Fragen versuche ich die konfliktgeladene Situation im Elternhaus und Klaus Manskes innere Vereinsamung, auch das brutale Schlagen seines Vaters herauszuarbeiten. Diese Aspekte sind für meine Verteidigung wichtig.
In dieser Verhandlung darf ich alle meine Fragen stellen, ohne daß ich vom Richter oder Staatsanwalt unterbrochen werde.
Es soll wohl keine heftige oder hitzige Verhandlung geführt werden. Was bekämen denn die vielen Zuschauer für einen Einblick in das „Gerichtsleben"?
Mit Ruhe soll alles angegangen werden.

So folgt auch schon ein Teil der Vernehmung des Täters zur Sache.
Dabei ist es so still im Verhandlungssaal, daß selbst die leisen Worte des Angeklagten in der letzten Reihe deutlich und laut zu hören sind. Wie teilnahmslos spricht er über seine Tat! Doch wer ihn, wie ich, atmen hört, spürt seine Aufregung und das Zittern seines Körpers.
Plötzlich stöhnt jemand im Saal laut auf. Unruhe entsteht; die verbrauchte Luft macht sich bemerkbar. Schnell reagiert der Richter und ordnet eine kurze Pause an. Die Fenster sollen geöffnet werden.
„Der Angeklagte kann im Saal bleiben“, erklärt er den anwesenden Bewachern. Der Richter steht auf, Staatsanwalt und Schöffen folgen ihm, und sie verschwinden in das Beratungszimmer.
Frische Luft dringt durch die geöffneten Fenster.
Klaus Manske erhält von einem Bewacher ein Täschchen, darin hat er sein Frühstück eingepackt. Der Angeklagte soll die Möglichkeit haben, in der Pause etwas zu sich zu nehmen, doch er lehnt ab. Ich glaube, es ist eine richtige Entscheidung, denn viele Zuschauer sind neugierig im Saal geblieben, um ihn, vielleicht etwas mehr aus der Nähe, zu beobachten.
Ängstlich hockt er auf der Anklagebank und wagt nicht den geringsten Blick zu den Zuhörern. „Habe ich mich bis jetzt richtig verhalten?“ wendet er sich an mich. Ich bestätige ihm das.
Er starrt auf seine Schuhe. „Wenn das hier doch bloß alles vorbei wäre“, stöhnt er leise auf.

Die Verhandlung wird fortgesetzt.
Minutiös möchte sich der Staatsanwalt das Einschlagen mit dem Beil erklären lassen. Wie er geschlagen habe; wie er das Beil dabei hielt, ob mit der stumpfen oder der geschliffenen Seite; wieviele Schläge es gewesen seien ...?
Klaus Manske gibt ausweichend Antwort. Es sei doch alles

so schnell gegangen; er sei aufgeregt gewesen und könne die Fragen nicht genau beantworten. „Ich kann nur meine Vermutungen äußern“, antwortet er abschließend.

Ich stehe auf und wende ein, „Vermutungen brauchen Sie nicht zu äußern. Wenn Sie eine Frage nicht genau beantworten können, dann dürfen Sie das auch dem Gericht so darstellen. Jedenfalls nutzen Vermutungen nicht der Sachaufklärung.“

Der Staatsanwalt will erwidern und beginnt: „Herr Verteidiger, ich möchte Ihnen ....“

Oberrichter Rehweich fällt ihm ins Wort: „Herr Staatsanwalt, der Herr Verteidiger hat recht; er hat mir vorgegriffen. Ich wollte auch gerade den Angeklagten darüber belehren, daß wir hier keine Vermutungen, sondern nur das, was er tatsächlich noch über die Sache weiß, hören wollen. Herr Verteidiger, warten Sie bitte, bis ich Ihnen gestatte, Ihr Fragerecht auszuüben oder Ihnen das Erklärungsrecht bewillige. Ich glaube, wir haben uns verstanden“, beendet er diesen Disput; und seine letzten Worte klingen energischer als bisher.

Nach der Aussage des Angeklagten wird dessen Diebstahlshandlung, die bereits bei der Tatmotiverforschung angesprochen wurde, nochmals als eigener Anklagepunkt untersucht. Alles Westsachen, das ist auffällig! Ein Mensch wird erschlagen, weil er Gegenstände aus dem Westen, einen Rasierapparat im Etui, eine bunte Büchse Westkaffee, einen Reklameaschenbecher einer westdeutschen Getränkefirma und einen modernen Wecker, besitzt. Die 20 DDR-Mark werden nur am Rande erwähnt. Dabei ist es der Tagesverdienst eines Arbeiters.

Klaus Manske zählt monoton die gestohlenen Gegenstände auf. Staatsanwalt Barth unterbricht die Aufzählung: „Angeklagter, Sie sind doch mit dem Zug nach Vieselbach und von dort wieder nach Erfurt gefahren. Hatten

Sie denn überhaupt eine Fahrkarte? Haben Sie überhaupt diese Fahrten bezahlt?“
Daran hat bisher keiner gedacht. Der Richter runzelt seine hohe Stirn. Die Glatze wirkt plötzlich faltig.
Noch ehe er etwas sagen kann, kommt die Antwort von Manske: „Ich bin ‚schwarz‘ gefahren.“
„Aha“, stellt der Staatsanwalt befriedigt fest und schaut beifallheischend in den Saal.
Oberrichter Rehweich wendet ein: „Ich glaube, daß diese Handlung bei dem angeklagten Mord unberücksichtigt bleiben kann. Jedenfalls ist sie nicht angeklagt; und also beabsichtige ich auch nicht, über sie zu verhandeln.“ Sein Oberkörper strafft sich, so daß die silbergraue Krawatte nach oben rutscht.
Staatsanwalt Barth hat den Hinweis verstanden. Diese Sache wird nicht aufgebauscht. Dennoch erklärt er: „Das beweist doch nur, wie der Angeklagte zum Eigentum überhaupt steht.“
„Aber seine Äußerung beweist auch seine Geständnisbereitschaft“, wende ich ein.
Meine Worte lösen Unmutsäußerungen unter den Zuschauern aus. Ich merke, wie mir einige noch immer übelnehmen, daß ich diesen Mörder verteidige.
Die Beweisaufnahme endet.
Das Arbeitskollektiv hat nicht einmal einen Kollektivvertreter benannt. Klaus Manskes Arbeitskollegen wollen sich von dem Mörder, wie sie es auch bereits dem Staatsanwalt erklärt haben, distanzieren.
Der gesellschaftliche Ankläger fordert in seiner Ansprache das Gericht auf, den Angeklagten zu einer lebenslangen Freiheitsstrafe zu verurteilen.
Ganze Passagen dieser Worte werden dann synchron vom Staatsanwalt übernommen und in sein Plädoyer eingeflochten. Schlimme Worte hören wir.
„Der Angeklagte hat sich mit seiner furchtbaren Tat außerhalb der sozialistischen Gesellschaft gestellt. Er

muß von ihr nicht nur für lange Jahre, sondern für sein ganzes Leben isoliert werden. Ich habe bereits ausführlich die schreckliche und furchtbare Tat des Angeklagten strafrechtlich eingeordnet und auch bewertet; Mord ist ein Wort, das ich als Staatsanwalt nur sehr selten verwende. Es kommt selten vor, und dies spricht für unsere Gesellschaft. Sie ist nicht bereit, Milde gegen solche Menschen wie den Angeklagten zu zeigen.
Die härteste Freiheitsstrafe muß zum Schutze des menschlichen Lebens angewandt werden; und deshalb beantrage ich, den Angeklagten wegen der Begehung eines Mordes und einer Diebstahlshandlung zu einer lebenslangen Freiheitsstrafe zu verurteilen und ihm die staatsbürgerlichen Rechte dauernd abzuerkennen!“ schließt er sein Plädoyer.
Zufrieden blickt er dabei in den Saal. Die Zuhörer nicken ihm freundlich zu.
Mittagszeit ist es inzwischen geworden. Der vorsitzende Richter unterbricht die Hauptverhandlung und bittet mich nach der einstündigen Pause um mein Plädoyer.
Klaus Manske wird in Handschellen geschlossen und abgeführt. Erst danach dürfen auch die Zuschauer den Saal verlassen.
Ein Zuschauer schreit Manske hinterher: „Du Lump, du.“
Die Zuschauer drängeln sich unter großem Lärm hinaus; jeder will dem andern seine Meinung mitteilen. Langsam entfernt sich das Stimmengewirr. Es wird langsam ruhiger im Saal. Ich stehe auf, öffne die Fenster und sauge die frische Luft ein. Das tut gut; allein sein und tief durchatmen.
Noch hatte ich mein Plädoyer nicht gehalten. Was ist in einem solchen Fall zu sagen? Habe ich meinem Mandanten mit meinen Fragen und wenigen Erklärungen helfen können? Wie ist einem zumute, einen geständigen Mörder zu verteidigen?
Die wenigen Verteidigungsaspekte fasse ich wohlüberlegt für mein Plädoyer zusammen. Eine magere Ausbeute

für die lange Zeit der Beweisaufnahme. Mein Handzettel hat sich auch heute nicht gefüllt.
Plädoyers sollten so gehalten werden, wie es Martin Luther einmal über die Predigten sagte: „Tritt fest auf, mach 's Maul auf, hör bald auf!"
So will ich es heute auch halten.
Die Zeit vergeht, und langsam füllt sich der Verhandlungssaal wieder. Die Leute blicken teils böse, teils interessiert zu mir.
Klaus Manske wird wieder in den Saal geführt. Er konnte vor Aufregung nichts essen. Seine letzten Worte habe er sich lange überlegt, flüstert er mir noch zu.
Das Gericht setzt die Hauptverhandlung fort.
Oberrichter Rehweich spricht mich an: „Herr Verteidiger, wir setzen die Hauptverhandlung um 13.30 Uhr fort; ich erteile Ihnen das Wort zu Ihren Ausführungen."
Ich stehe auf, rücke meinen Stuhl an den Tisch und beginne einleitend über die Worte einiger Zuschauer vor der Hauptverhandlung – „Was, so ein Kerl hat auch noch einen Verteidiger?" – zu berichten.
Ich führe dazu aus: „Auch ein Mensch, der einen anderen umgebracht hat, hat Anspruch auf eine ordentliche Hauptverhandlung und auf seine Verteidigung. Dazu habe ich mich bereiterklärt, das heißt, ihm Beistand und Helfer, besonders hier, in der Verhandlung, zu sein; unberechtigte Angriffe gegen ihn abzuwehren und entlastende Aspekte vorzutragen. All das für ihn zu sagen, was er über sein Verhalten und die Gründe, die ihn bewegten, vorbringen sollte, aber nicht kann, weil er von der schweren Schuld weiß, die er auf sich geladen hat, oder weil er weiß, daß er schwer bestraft werden kann. Jedenfalls eine Vorverurteilung, wie sie hier von einem der Zuhörer geäußert worden ist, ‚dem Mörder gehört die Rübe ab', darf einfach nicht zugelassen werden. Auch dafür stehe ich als Verteidiger hier.
Die Tat ist schrecklich, nicht wieder gutzumachen; das

wissen hier alle. Doch warum sich ein Mensch zu einer solchen Tat entscheidet, das ist hier zu erörtern. Der Vertreter der Staatsanwaltschaft hat ausgeführt, was den angeklagten Klaus Manske belastet.
Gestatten Sie mir, Hohes Gericht, all das vorzutragen, was, von der Beweisaufnahme abgeleitet, als entlastend festgestellt werden kann.“
Ich verweise auf die ungünstigen Verhältnisse in der Kindes- und Jugendentwicklung. Ist Brutalität, sind Schläge des Vaters ein taugliches Mittel, um den Heranwachsenden positiv zu beeinflussen?
Diese Brutalität kann als Ursache für die innere Gefühlsverarmung festgestellt werden.
Seine Geständnisbereitschaft hebe ich hervor.
Sicherlich, ihm wäre diese Tat auch durch Beweismittel nachzuweisen; ich denke dabei an die Fingerabdrücke des Täters am Beil; doch der Täter hat schon zu einem früheren Zeitpunkt, bei seiner ersten Vernehmung, sein Geständnis abgelegt. Dabei ist er auch geblieben. Natürlich ist mir bekannt, daß ein Geständnis bei dieser schweren Straftat nicht überbewertet werden kann; doch es ist schon ein Schritt der Reue und der inneren Umkehr, hier vor dem Gericht und den vielen Zuschauern zu sagen, wie sich die Tat abgespielt hat und warum es dazu gekommen ist. Auch das ist für mich als Verteidiger bedeutsam.
Ich setze mich mit dem Antrag der Staatsanwaltschaft auseinander und bitte zu prüfen, ob nicht eine Freiheitsstrafe von 15 Jahren ausreichend erscheint, um Klaus Manske seine Tat sühnen zu lassen.
„Eine lebenslange Freiheitsstrafe dauert nicht, wie immer angenommen, höchstens 25 Jahre; nein, sie ist lebenslang. Für mich ist die gezeigte Reue echt, und die Bemühung, einen Beitrag zur Wahrheitsfindung zu leisten, ehrlich gemeint.
Hier sollten Sie, Hohes Gericht, ansetzen und Abstriche

gegenüber den Ausführungen und dem Antrag der Staatsanwaltschaft tätigen."
Im Zuschauerraum ist es still geblieben. Ich sehe mir die ernsten Gesichter der Zuhörer in den ersten Reihen an. Ein Gesicht nickt mir freundlich zu.
Richter und Schöffen sitzen mit versteinerter Miene hinter ihrer Barriere.
Oberrichter Rehweich gibt nun dem Angeklagten die Möglichkeit, ergänzend zu seiner Verteidigung zu sprechen.
Klaus Manske steht auf, er schluckt. Seine Worte spricht er sehr leise: „Ich schließe mich den Ausführungen meines Verteidigers an."
„Wollen Sie noch etwas als letztes Wort sagen?" hilft ihm der Oberrichter.
„Ja, ich bereue meine Tat. Mir ist es sehr ernst damit. Wenn ich es könnte, würde ich alles ungeschehen machen. Aber das geht nicht mehr. Es tut mir sehr leid, daß ich heute deswegen hier stehen muß." Er sucht nach Worten, kann sie nicht finden und schweigt.

Am anderen Tag wird das Urteil verkündet.
Klaus Manske wird zu lebenslanger Freiheitsstrafe verurteilt, die staatsbürgerlichen Rechte werden aberkannt. Er fügt sich in das Urteil und möchte keine Berufung einlegen. In den Strafvollzug möchte er, um endlich zur Ruhe zu kommen. Nach der Urteilsverkündung verabschiede ich mich von ihm. Er bedankt sich bei mir und sagt: „Ich habe mich nicht alleingelassen gefühlt, und dafür bin ich Ihnen dankbar. Sie haben sich um mich bemüht, und daran werde ich auch denken."
Wieder nehmen ihn die uniformierten Bewacher in ihre Mitte. Gemeinsam verlassen sie den Saal. Manske blickt noch einmal zurück. Er lächelt mich an.

Diese Strafsache kann ich abschließen. Ich packe meine Akten in die Tasche und gehe aus dem Saal.

Die Zuschauer, es waren weniger als gestern, haben das Gerichtsgebäude längst verlassen. Nur eine ältere Frau steht wartend auf dem langen Gang. Sie läuft die wenigen Schritte auf mich zu und fragt, ob sie mich einen Moment sprechen kann.
Ich bleibe stehen.
„Ich habe mir gestern Ihr Plädoyer, so sagen Sie ja dazu, angehört. Wir, das heißt die Nachbarn von dem jungen Manske und ich, wir haben uns die ganze Verhandlung angehört. Das, was Sie über die Verteidigung und über Vorverurteilungen gesagt haben, das fanden wir sehr mutig. Schade, daß das Gericht nicht auf Ihrer Seite stand. Entschuldigen Sie, aber das wollte ich Ihnen doch sagen.“
Sie verabschiedet sich von mir.

Ich habe einen Mörder verteidigt; oder habe ich einfach einem armen Menschen beigestanden?

Und so berichtete die Tagespresse über dieses Strafverfahren:

AUS DEM GERICHTSSAAL

Das Mordmotiv: Diebstahl

Bezirksgericht Erfurt verurteilte 20jährigen zu lebenslänglicher Freiheitsstrafe

Ein 20jähriger wurde zum Mörder. Brutal und kaltblütig erschlug er einen Menschen mit der Axt, um dann mit einem Rasierapparat, einem Wecker, einer Büchse Kaffee, einem Aschenbecher und 20 Mark als Diebesgut aus dem Haus des Erschlagenen zu gehen und irgendwo in einer Gaststätte einen Morgenkaffee zu trinken. Das Eigenschaftswort „kaltblütig“ ist wörtlich zu verstehen; denn das Motiv der Tat war nicht etwa in unüberwindlichen persönlichen Aversionen gegenüber dem Opfer, in einem Haß- oder Rachegefühl zu suchen, die Tat geschah auch nicht im Affekt – nein, kalten Blutes tötete dieser junge Mann, dem das Opfer völlig gleichgültig war, das er nur flüchtig kannte. Das Motiv dieser entsetzlichen Tat war einzig und allein das Bestreben, den anderen zu bestehlen, aber nicht als Dieb von ihm überführt werden zu können. Diese unbegreifliche Alternative wählte Klaus Manske aus Erfurt, der vom Bezirksgericht Erfurt zu lebenslänglicher Freiheitsstrafe verurteilt wurde.

Die Mordfälle, über die in den vergangenen Jahren in dieser Rubrik berichtet werden mußte, sind an einer Hand abzuzählen. Verbrechen dieser Art, die die schlimmste Verletzung der Normen des Zusammenlebens von Menschen darstellen, sind bei uns nur noch in der besonders stark ausgeprägten negativen Persönlichkeit der jeweiligen Täter begründet. Die Gesellschaft selbst ist kein Nährboden mehr für das Wachsen von zerstörerischen menschlichen Eigenschaften. Nicht wie in kapitalistischen Gesellschaftsordnungen, denen die Inhumanität immanent ist, werden bei uns Verbrecher „gezüchtet“, indem der sittliche und moralische Verfall gerade junger Menschen durch die Umweltbedingungen gefördert wird. Nicht Gleichgültigkeit, Hemmungslosigkeit oder Brutalität sind die Verhaltensweisen, die bei uns den jungen Menschen anerzogen werden.
Die Möglichkeiten, die unser Staat der Jugend gibt, um sich ein sinnvolles Leben zu gestalten, sind so umfassend, daß jeder, der das will, lernen, arbeiten, studieren kann. Und selbst der größte Teil der jungen Menschen, der aus persönlicher Labilität der Nutzung dieser Möglichkeiten zunächst ausweicht, wird durch die Kraft der Gesellschaft zu besserer Einsicht und Handlungsweise gebracht. Wenn dennoch der eine oder andere auf mehr oder weniger schwerwiegende Weise strauchelt, sogar zum Verbre-

cher wird, dann ist das immer das Ergebnis einer ausgeprägt negativen Persönlichkeitsstruktur, die sich dem Bemühen der Gesellschaft bewußt entzieht, sich von ihr so isoliert, daß sie Hilfe nicht mehr erreichen kann.
Diese Gedanken drängen sich auf, wenn man den Fall des jugendlichen Mörders überdenkt. Denn K. M. ist so ein junger Mann, dessen Isolation von der Gesellschaft von ihm selbst schon perfekt herbeigeführt wurde, längst, bevor sie nun ihn umgekehrt für dauernd isolieren mußte. Ein Blick in sein Leben bestätigt das:
Von seiner geistigen Potenz her war er dazu befähigt, ein guter Schüler zu sein. Doch nur in den ersten Schuljahren entsprachen seine Leistungen diesen Möglichkeiten. Der völlige Umschlag erfolgte in den höheren Schulklassen. Beziehungen zu anderen Gleichaltrigen, die negativen Einfluß auf ihn ausübten, wirkten sich bei seiner Labilität sehr nachteilig aus. Seine Lernergebnisse wurden immer schlechter. Lehrer, Eltern führten ihm immer wieder vor Augen, welche Entwicklungsmöglichkeiten er habe, wenn er den Abschluß der 10. Klasse ordentlich absolvieren würde. Erfolglos. Inwieweit die übergroße Strenge des Vaters, der dem Fehlverhalten seines Sohnes mit Schlägen abhelfen wollte, dazu beitrug, den Jungen gefühlsmäßig erst recht abstumpfen zu lassen, soll an dieser Stelle dahingestellt sein. 1966 mußte der Junge in den Jugendwerkhof. Dort schien er sich zu bessern, es gab keine Klagen, nach wenigen Monaten konnte er wieder nach Hause. Man hatte für ihn eine Berufsausbildung im Bauwesen vorgesehen. Klaus Manske wich dieser erneuten Chance aus. Er wurde Lagerarbeiter.
Als die Familie 1967 nach Erfurt zog, begann er im VEB zu arbeiten. Auch hier wieder gab man ihm Möglichkeiten, sich zu qualifizieren. Doch nur kurze Zeit besuchte er die Abendschule. Bald war ihm das zuviel. Er paßte erneut. Obwohl er 1968 wegen sexuellen Mißbrauchs eines Kindes zu einem Jahr Freiheitsstrafe verurteilt wer-

den mußte, nahm ihn der Betrieb nach der Haftverbüßung wieder auf. Bald aber löste Manske sein Arbeitsverhältnis. Er hatte keine Lust mehr, Schichtarbeit zu leisten.
Von da ab beschleunigte sich sein moralischer Verfall zusehends. Er wechselte häufig die Arbeitsstellen, arbeitete zeitweilig überhaupt nicht, schloß sich negativen Zufallsbekanntschaften an, bei denen er oft nächtigte. Alle Bemühungen seiner Umwelt, ihn aus dem Sog, den er sich selbst geschaffen hatte, herauszuziehen, scheiterten. Die Mordtat, die er im Grunde genommen gleichgültig, zufällig verübte – der Ermordete hatte ihn nach einer gemeinsamen Zugfahrt nach Vieselbach mit in seine Wohnung zum Übernachten genommen –, war der sinnlose Schlußpunkt eines sinnlos gewordenen jungen Lebens.

Quelle: Thüringer Landeszeitung, Jahrgang 1971 – Weimar

Der Wirtin-Mord

Es war ein ungleicher Kampf.
Auf der einen Seite der Staatsanwalt und ein gesellschaftlicher Ankläger, auf der anderen Seite ein völlig gebrochener Angeklagter und ich, sein Verteidiger.

Der angeklagte Volker Treter hatte eine schwere Straftat begangen; ungeschehen konnte er sie nicht mehr machen; auch nicht mit seinen bitteren Selbstvorwürfen. Das in der Hauptverhandlung anwesende Publikum stand ganz auf der Seite des Staatsanwalts. In Hauptverhandlungen über einen Mord werden Emotionen frei, die sich oft am Faustrecht orientieren.

In der DDR ist eine Mordsache eine der wenigen Sensationen. „Wie sieht so ein Mörder aus, wie verhält er sich denn?“
„Er soll sexuell gehandelt haben“, flüstern sich einige Zuschauer zu. „Das wird bestimmt interessant.“
„Was ist das für ein kleiner Mann! Das traut man dem gar nicht zu!“
Sprachfetzen, die ein Mann wie Volker Treter hören muß, wenn er durch die Zuschauer auf seinen Platz, die Anklagebank, geführt wird.

Volker Treter war ein Außenseiter. Seine Entwicklung als Kind und als Jugendlicher verlief außerhalb jeder Norm.
Viel Leid mußte er ertragen.

Ein Zuhause besaß er nicht. Es ist schlimm, ein ungeliebtes Kind zu sein. Sexuell aufgeklärt wurde er nie. Der Versuch einer Ehe scheiterte. Seine Bemühungen um Freunde, denen er sich anvertrauen konnte, wurden schon im Keime erstickt. In seinem Leben dominierte das Pech; persönliches und staatlich verordnetes, denn durch den Strafvollzug in der DDR wurde Volker Treter auch nicht besser.
Der Name „Getretener" hätte wohl besser zu ihm gepaßt; der entsprach seinem Leben.

Wiedereingegliedert worden ist er. Die Kollegen, so sagen sie, haben es gut mit ihm gemeint. Er ist da anderer Auffassung.
Als Kohlenträger war er im VEB-Kohlenhandel eingestellt worden. Die Arbeitsstelle durfte er nicht wechseln, so lauteten die Wiedereingliederungsmaßnahmen des Staatsorgans. Dabei hätte man sicherlich auch eine bessere Arbeit für ihn finden können. Nein, er wurde dazu gebracht, 50-kg- oder 100-kg-Säcke zu schleppen. Treppauf, treppab. Die Kohlenträger sind ein hartes Völkchen. Da wurde er tatsächlich umerzogen.
Wer den schmächtigen Mann ansah, konnte sich kaum vorstellen, wie es dieser schaffte, acht Stunden hintereinander Kohlensäcke abzutragen.
Nach kurzer Zeit waren tatsächlich seine Kräfte verbraucht; er schaffte seine vorgegebene Norm nicht mehr und trug immer weniger Säcke in die Keller der Kunden. Kohlen sind in der DDR etwas Wertvolles, besonders im Winter. Da gibt es jährlich Ärger zwischen dem Bürger und dem VEB-Kohlenhandel, wenn Wohnungen kalt werden, wenn die Briketts nicht geliefert wurden.
Volker Treter wollte lieber Hofarbeiten ausführen.
Kohlen einzusacken wäre eine leichtere Arbeit für ihn gewesen, die er wohl auch gut geschafft hätte. Aber seine diesbezüglichen Bemühungen blieben umsonst; diese Ar-

beit bekamen immer nur enge Vertraute des Meisters oder des Brigadiers.
Treter habe sich ja schließlich zu bewähren, also solle er das auch, und wenn er „aufmuckt, dann geht er in den Knast zurück“, dachten die Kollegen; so einfach ist das.
Der schmächtige Mann bekam Angst vor seinen Kollegen. Sie spotteten über ihn. Er lebte allein und hatte eine Freundin in der Nachbarstadt. Blieb er über Nacht bei ihr, kam er am Morgen häufig zu spät zur Arbeit.
Da gab es ein „sozialistisches Donnerwetter“: „So klein mit Hut bist du“, brüllte sein Brigadier und zeigte dabei wenige Zentimeter mit Daumen und Zeigefinger an.
Zur Strafe für das Zuspätkommen mußte Treter wieder 100-kg-Säcke schleppen, um die Zeit aufzuholen.
Mit ihm wollten die anderen nicht tragen, denn er lief zu langsam. Und all das heißt „Unterstützung durch das Arbeitskollektiv und Verständnis für die Lage“ des späteren Angeklagten.
Im Urteil des Gerichts werden die Kollektivmaßnahmen und das Verhalten von Volker Treter so eingeschätzt:
„Der Angeklagte war nach den Aussagen des Kollektivvertreters (ein Angehöriger der Brigade, in der Treter arbeiten mußte, soll in der Hauptverhandlung das Verhalten des Angeklagten einschätzen; er darf nur die Meinung seines Kollektivs und nicht seine persönliche Meinung darlegen) Erziehungsbemühungen gegenüber unzugänglich. ... daß sich die Kollegen ungeachtet der Verurteilung wegen asozialen Verhaltens und der Haltlosigkeit des Angeklagten um ein vertrauensvolles kameradschaftliches Verhältnis zu ihm bemühten.“
Wo liegt denn nun die Wahrheit?

Sexuelle Neugier war für Treter Ausgangspunkt zum Handeln. Seine Zimmervermieterin, zu deren sämtlichen Räumen er Zugang hatte, lag bereits im Bett und schlief. Treter dachte, vielleicht liegt sie unbedeckt da, und ich

kann sie mir mal ansehen. Er hatte kein Glück. Seine Wirtin lag, schlafend, bis zur Nasenspitze eingemummelt in ihrem Bett. Viel konnte er in der Morgendämmerung nicht erkennen. Leise wollte er das Zimmer wieder verlassen, doch da schrie plötzlich die inzwischen erwachte Frau auf. Der Schrei erschreckte Volker Treter.
In der Hauptverhandlung erklärte er, daß er vor Schreck an das Bett seiner Wirtin gesprungen sei und ihr den Mund zugehalten habe. Sie habe weiter wie wahnsinnig gebrüllt. Er habe sie nur zur Ruhe bringen, aber nie töten, nie umbringen wollen.
Durch das Schreien der Frau sei er jedoch hochgradig erregt gewesen und habe dadurch weder sein Verhalten verstandesmäßig steuern noch seine vor Schreck und Aufregung verkrampften Hände von dem Hals der Zimmerwirtin lösen können. Erst als sie ruhig wurde, beim Erschlaffen ihres Körpers, sei ihm bewußt geworden, daß die alte Frau womöglich tot sei.

So hatte es aber Volker Treter nicht im Ermittlungsverfahren gestanden. Dort hatte er zu Protokoll gegeben, daß er die Frau lange gewürgt habe; erst als er nach 10 bis 15 Minuten die Erschlaffung seiner Zimmerwirtin wahrnahm, habe er die Handlung beendet.

Um diese beiden Aussagen Treters wurde in der Gerichtsverhandlung gerungen.
Der psychiatrische Sachverständige erklärte dazu, daß der Angeklagte auch ihm ein Geständnis abgelegt habe. Der Angeklagte sei nicht bewußtseinsgestört gewesen, habe also entsprechend seiner Einsicht handeln können. Auch seien keine Umstände feststellbar, die für einen Krampfzustand beim Würgen des Opfers sprechen würden. Sicherlich sei der Täter erregt gewesen, doch sei wohl jeder Mensch bei einer solchen Handlung erregt. Der Gutachter wich, trotz vieler Fragen, auch zu der

persönlichen Entwicklung und deren Besonderheiten, nicht von seinem bereits dem Gericht schriftlich vorliegenden Gutachten ab.

Dennoch; das Gericht ging zwar in seiner Entscheidung von dem Geständnis des Angeklagten im Ermittlungsverfahren aus und beurteilte die Tat als Mord, verurteilte Volker Treter jedoch, abweichend vom Antrag der Staatsanwaltschaft, nicht zu einer lebenslangen Freiheitsstrafe, sondern entsprechend meinem Antrag „nur“ zur höchsten zeitlichen Freiheitsstrafe: zu 15 Jahren.

Die von mir im Plädoyer hervorgehobenen Aspekte – die hochgradige Erregung durch den Schrei des Opfers; Krampfzustand beim Würgen; die Unterdrückung des Schreiens als Tatmotiv, nicht das Töten – wurden vom Gericht kaum beachtet; aber die Hinweise auf die persönliche Entwicklung, Motivlage, die Selbstanzeige von Treter nach der Tat und seine Bereitschaft, das Tatgeschehen darzulegen, bewertete es strafmildernd.

Bei der Urteilsverkündung gingen die Wogen in den Zuschauerreihen hin und her. Die Stimme des Volkes wollte offenbar etwas anderes sagen.

Volker Treter war mit dieser Bestrafung einverstanden; er wollte für seine Tat büßen.

Der Staatsanwalt sprach nach der Urteilsverkündung mit dem gesellschaftlichen Ankläger und dem Kollektivvertreter. Einige Zuschauer gesellten sich dazu. Offenbar stimmte der Vertreter des Staats den empörten Worten seiner Gesprächspartner zu.
Wortfetzen wie, „unerhört, das Urteil; das gibt es doch nicht; Sie haben ja selbst lebenslang gefordert, ich denke, das kommt immer, was Sie sagen . . .!“ drangen auch zu mir.

Der Staatsanwalt nickte immer wieder mit dem Kopf und beugte dabei seinen Oberkörper so eigenartig nach vorn, daß der Eindruck entstehen mußte, er dienere vor diesen Zuhörern.

Volker Treter wartete, bis er abgeführt wurde. Auch er hörte die heftigen Worte, konnte mit dem hingeworfenen Wort des Staatsanwalts, „Protest", nichts anfangen. Er sagte zu mir, „wir sehen uns ja nun nicht wieder, Dank für alles. Ich werde nach Brandenburg kommen."
Ich antwortete ihm:
„Ich habe gerade vom Staatsanwalt so etwas wie Protest gehört, und dann werden wir uns wohl doch noch einmal sehen."
„Wieso?" er blickte mich ungläubig an. „Ich lege doch keine Berufung ein!"
„Der Staatsanwalt hat das Recht, so wie Sie, Berufung, gegen das Urteil Protest einzulegen", belehrte ich ihn. „Sollte er tatsächlich Protest einlegen, dann muß das Oberste Gericht verhandeln, und wir sehen uns in Berlin wieder; also warten wir es ab."
„Mensch, fünfzehn Jahre sind schon eine verdammt lange Zeit. Aber *lebenslang?* Die haben mir auf Zelle gesagt, daß ich so einen eingeschenkt bekomme, daß ich nie wieder die Vögel singen höre." Danach wurde er abgeführt.

Schon am nächsten Tag wurde ich vom Bezirksgericht angerufen. Die Staatsanwaltschaft habe Protest gegen das Urteil eingelegt. Die Protestschrift lag bereits vor. In dieser wurde immer wieder betont, daß das Bezirksgericht eine falsche Entscheidung getroffen habe, es hätte zu lebenslanger Freiheitsstrafe verurteilen müssen.

Das Oberste Gericht der DDR verhandelte. Es freundete sich gar nicht mit meiner Auffassung an und hob das

Urteil des Bezirksgerichts auf. Die ganze Sache mußte nun noch einmal vor dem Bezirksgericht verhandelt werden. Dabei gab das Oberste Gericht dem Bezirksgericht auf, Volker Treter zu einer lebenslangen Freiheitsstrafe zu verurteilen. So trafen sich Treter und ich nicht nur vor dem Obersten Gericht, sondern auch noch einmal vor dem Bezirksgericht wieder.

Dieses Mal war sein Auftreten anders, als ich es in der ersten Hauptverhandlung erlebt hatte; er war viel selbstbewußter: er kannte das Urteil des Obersten Gerichts und er wußte, was auf ihn zukam.
Nun hatte er nichts mehr zu verlieren.
„Ich werde in Brandenburg bleiben, und es hat keinen Zweck mehr, mich zu verteidigen. Sie sehen ja, was es alles genutzt hat. *Nichts!* Dabei habe ich so darauf gebaut, daß das Urteil des Bezirksgerichts bleibt. Was wollen Sie denn nun noch tun?“ wollte er wissen, als ich ihn erneut in der Untersuchungshaftanstalt aufsuchte.

„Ja, das Bezirksgericht wird dem Urteil des Obersten Gerichts folgen; es muß ihm folgen. Das Gesetz schreibt vor, daß Sie einen Verteidiger haben sollen; und der bin ich. Daher bin ich bei der Verhandlung bei Ihnen und verteidige Sie auch wieder“, sehr optimistisch klangen aber auch meine Worte nicht.
„Nicht, daß ich undankbar bin; ich möchte auch keinen anderen Verteidiger; aber mir kann nichts mehr helfen.“

Die zweite Hauptverhandlung, eine Wiederholungsveranstaltung – nur peinlich an den „Weisungen des Obersten Gerichts“ ausgerichtet, endete mit der Verurteilung Treters zur lebenslangen Freiheitsstrafe.

Volker Treter gab sich in der Gerichtsverhandlung so, wie ihn das Volk gern sehen wollte, wie man sich einen

Mörder dachte: zynisch und selbstbewußt; Reue zwar noch vorhanden, aber vom vorausgewußten Ergebnis der Verurteilung überschattet.

Das Recht auf Verteidigung stellte in dieser Hauptverhandlung nur noch ein Symbol dar.

Trotzdem, das konnte ich später spüren, hatten die Zuschauer einen anderen Eindruck von meiner Rolle als Verteidiger.
Wochen nach dieser Hauptverhandlung in der Mordsache Treter fuhr ich mit einem Linienbus durch Weimar. Ein Mann mittleren Alters starrte mich unentwegt an. Beim Aussteigen kam er auf mich zu und sagte: „Sie haben das Schwein Treter immer noch verteidigt, als der schon längst erledigt war. Haben Sie das nicht gemerkt?“ Er spuckte vor mir aus, und ich war im ersten Moment erschrocken.

Aber auch positive Reaktionen erreichten mich, und so manches Strafmandat folgte.

AUSFERTIGUNG

Oberstes Gericht der
Deutschen Demokratischen Republik
... Strafsenat

Aktenzeichen

Im Namen des Volkes!

Urteil (Auszug)
In der Strafsache

gegen den Arbeiter ..., geboren am ... in ...,
wohnhaft: ...
z. Zt. in der UHA ...,
hat das Oberste Gericht der Deutschen Demokratischen Republik durch den ... Strafsenat in seiner Sitzung am ... 19.., an der teilgenommen haben:
Oberrichter ... als Vorsitzender,
Richter Frau ...,
Richter ...
als beisitzende Richter,
Staatsanwalt Frau ...
als Vertreter des Generalstaatsanwalts
der Deutschen Demokratischen Republik,
Herr ...
als gesellschaftlicher Ankläger,
Rechtsanwalt ...,
als Pflichtverteidiger des Angeklagten,
Hauptsachbearbeiter Frau ...
als Protokollführer,

für Recht erkannt:

Das Urteil des Bezirksgerichts ... vom ... wird auf den Protest

aufgehoben

und die Sache an dieses Gericht

zurückverwiesen.

Die im Rechtsmittelverfahren entstandenen Auslagen werden dem Angeklagten auferlegt.

Gründe:

Das Bezirksgericht verurteilte den Angeklagten wegen Mordes gemäß § 112 Abs. 1 StGB zu einer Freiheitsstrafe von fünfzehn Jahren und erkannte ihm die staatsbürgerlichen Rechte für die Dauer von sechs Jahren ab.

Dieser Entscheidung liegen im wesentlichen folgende Feststellungen zugrunde:

Der 28jährige Angeklagte führte seit Jahren ein unstetes Leben. Er wechselte häufig die Arbeitsstellen, zeigte eine mangelhafte Arbeitsmoral, genoß häufig und im Übermaß alkoholische Getränke. Das verstärkte sich, nachdem im Jahre 1968 seine seit drei Jahren bestehende Ehe geschieden worden war. Er wurde schließlich im September 19.. wegen Gefährdung der öffentlichen Ordnung durch asoziales Verhalten gemäß § 249 Abs. 1 StGB mit Arbeitserziehung bestraft. Nach seiner Entlassung im ... 19.. wurde ihm Arbeit bei der ... in ... vermittelt. Von Mai 19.. bis Februar 19.. arbeitete er beim VEB ... mit anfangs guten Leistungen; in der Folgezeit offenbarte er wiederum eine kritikwürdige Einstellung zu seinen Pflichten. Seit dem ... bis zur Festnahme am ... ging er keiner Beschäftigung nach.
Seit seiner Entlassung aus der Arbeitserziehung bewohnte er ein Untermietzimmer bei der 65jährigen ... Die Frau kümmerte sich um ihn, hatte ihm die Miete für drei Monate gestundet und auch Geld geliehen.

In den frühen Morgenstunden des ... 19.. betrat der Angeklagte das Schlafzimmer seiner Wirtin in der Hoffnung, sie werde tief schlafen und aufgedeckt im Bett liegen, so daß er zur Befriedigung seiner Geschlechtslust

ihren nackten Körper betrachten könne. Als er bereits im Begriff war, das Zimmer wieder zu verlassen, weil sie entgegen seiner Erwartung völlig zugedeckt war, schrie die Frau auf. Der Angeklagte erschrak, sprang zum Bett und hielt ihr den Mund zu. Da sie sich nicht beruhigte, sondern sich heftig wehrte und nochmals schrie, würgte er sie mit beiden Händen, um weitere Schreie zu unterbinden. Aus der weiteren Überlegung, seine Anwesenheit im Zimmer und sein Verhalten nicht offenkundig werden zu lassen, würgte er auch dann weiter, als der Widerstand der Frau nachließ und ihm bewußt geworden war, daß sie sterben werde, falls er den Griff um ihren Hals nicht umgehend lockere. Erst als er nach 10–15 Minuten die Erschlaffung der Geschädigten wahrnahm, beendete er seine Handlung.
Nachdem er sich vom Tod der Frau überzeugt hatte, ...

Er stellte sich noch am Tattage der Volkspolizei.
Der Tod der Geschädigten ist durch Erwürgen verursacht worden. Mit dem gegen das Urteil eingelegten Protest wird mangelhafte Beweisführung zum Tötungsvorsatz gerügt sowie der Ausspruch der lebenslagen Freiheitsstrafe erstrebt.
Im Ergebnis der Überprüfung des erstinstanzlichen Urteils ist davon auszugehen, daß die vom Bezirksgericht getroffene Aussage, der Angeklagte habe seine Wirtin, Frau.., erwürgt, richtig ist. Umfassend aufgeklärt und im wesentlichen zutreffend festgestellt hat das Bezirksgericht gleichermaßen den objektiven Handlungsablauf, den Anlaß und die Beweggründe des Angeklagten sowie dessen persönliche Entwicklung bis zur Entlassung aus der Arbeitserziehung. Es wird diese Komplexe – mit Ausnahme von zwei Teilfragen – deshalb auch seiner erneut zu treffenden Entscheidung zugrunde zu legen haben. Angesichts der Erklärungen des Angeklagten in der Hauptverhandlung, seiner nur auf gefühlsmäßiger

Schätzung beruhenden Angaben im Ermittlungsverfahren und mangels anderer diesbezüglicher Beweisinformationen hat es zu beachten, daß eine exakte Zeitangabe über die Dauer des Würgens nicht möglich ist. Festgestellt werden kann aber auf jeden Fall, daß eine längere Zeit mit erheblichem Kraftaufwand gewürgt wurde. Hierzu wird das Bezirksgericht seine Feststellungen entsprechend des Beweisergebnisses im Interesse der Verdeutlichung der entwickelten Intensität noch durch die Aufführung der durch das Würgen verursachten inneren und äußeren Verletzungen, wie insbesondere Brüche des Zungenbeinkörpers und des rechten Schildknorpels sowie zahlreiche große Stauungsblutungen, zu ergänzen haben. Das Bezirksgericht hat sich für eine richtige Beurteilung der Zielsetzung des Angeklagten und der Schwere der Straftat jedoch nicht die erforderliche Grundlage geschaffen. Es ist im Ergebnis zu einem unrichtigen Strafausspruch gelangt.
Das Rechtsmittel hatte deshalb Erfolg und führte gemäß § 299 Abs. 2 Ziff. 3 StPO zur Aufhebung des erstinstanzlichen Urteils.

Ausweislich des über die Hauptverhandlung erster Instanz geführten Protokolls als dem Nachweis über Einhaltung der zwingenden Verfahrensvorschriften und den Inhalt der einzelnen Verfahrenshandlungen (§ 254 StPO), hat der Angeklagte sein während des Ermittlungsverfahrens wiederholt abgegebenes Geständnis, er habe die Frau mittels Würgens töten wollen, widerrufen. Er ließ sich nunmehr dahingehend ein, beim Würgen keine auf eine Tötung bezogenen Gedanken gehabt zu haben; er habe sie nicht umbringen wollen; ihm sei erst beim Erschlaffen ihres Körpers bewußt geworden, daß sie sterben werde; im übrigen sei er durch das Schreien der Frau so hochgradig erregt gewesen, daß er weder sein Verhalten verstandesgemäß steuern, noch die

durch Erregung und Schreck verkrampften Hände vom Hals habe lösen können.
Das Bezirksgericht hätte seine Entscheidung mithin nur dann auf die Geständnisse stützen dürfen, wenn es nach sorgfältiger Prüfung aller hierfür erforderlichen Beweistatsachen deren Richtigkeit festgestellt hätte. Eine wesentliche Voraussetzung dafür wäre aber gewesen, daß es die Vernehmungsprotokolle über die diesbezüglichen Aussagen des Angeklagten im Ermittlungsverfahren gemäß § 224 Abs. 2 StPO zum Gegenstand der Beweisaufnahme gemacht hätte, weil alle im konkreten Fall zu beweisenden Tatsachen und Umstände mit den gesetzlich zulässigen Beweismitteln in der gesetzlich vorgeschriebenen Art und Weise bewiesen werden müssen. Allein der Vorhalt aus einer früheren Vernehmung genügte deshalb nicht. Diese Prüfung muß das Bezirksgericht in der erneut durchzuführenden Hauptverhandlung nachholen. Es wird hierzu auch die Ausführungen des psychiatrischen Sachverständigen in der ersten Hauptverhandlung durch Verlesung gemäß § 228 Abs. 3 StPO in seine Beweisaufnahme und -würdigung einbeziehen müssen. Er hat begründet dargelegt, daß der Angeklagte zur Zeit des Würgens nicht bewußtseinsgestört war, also entsprechend seiner Einsicht hätte handeln können; und auch keinerlei Umstände darauf hinweisen, daß ein vom Angeklagten angegebener Krampfzustand, der die tödlichen Folgen bewirkt hätte, vorgelegen haben könnte. Unter Beachtung dieser Hinweise, vor allem aber der Art und Weise der Tatausführung, der schweren Verletzungen des Opfers, der Handlungsdauer sowie der ausführlichen Schilderungen des Angeklagten im Ermittlungsverfahren über seine Zielvorstellungen und Wahrnehmung der nachlassenden Lebensreaktionen der Frau, wird das Bezirksgericht zu der Schlußfolgerung gelangen können, daß die Geständnisse des Angeklagten richtig sind. Sodann wird die Verurteilung des Angeklagten wegen Mordes gemäß § 112 Abs. 1 StGB zutreffend sein.

Bei der Festlegung der erforderlichen Maßnahmen der strafrechtlichen Verantwortlichkeit geht das Bezirksgericht unter Berufung auf ein Urteil des Obersten Gerichts zwar richtigerweise davon aus, daß die lebenslange Freiheitsstrafe auf Verbrechen von besonders hoher Gesellschaftsgefährlichkeit anzuwenden ist. Es hat zutreffend auch dargelegt, daß bereits verjährte Vorstrafen und unmoralisches Verhalten schlechthin keine Strafzumessungsgründe sein können. Durch eine zum Teil eingeengte Betrachtung und Bewertung einzelner Tatumstände, ohne genügend den Gesamtzusammenhang zu sehen, hat es jedoch die Schwere des vom Angeklagten begangenen Tötungsverbrechens vorbehaltlich der Beweisführung zur subjektiven Seite der Tat nicht richtig bewertet und deshalb verkannt, daß nur die lebenslange Freiheitsstrafe die erforderliche staatliche Reaktion sein kann.
Das verbrecherische Vorgehen des Angeklagten ist gekennzeichnet durch eine besondere Brutalität, erhebliche Intensität, Gefühlskälte und durch deutlich ausgeprägten, krassen Egoismus. Die dadurch bestimmte hohe Tatschwere wird im Gegensatz zur Auffassung des Bezirksgerichts durch keine sich aus der Person des Angeklagten oder der Tatbegehung ergebenden Umstände gemindert.
Dem Angeklagten wurde durch geeignete Wiedereingliederungsmaßnahmen nach der Entlassung aus der Arbeitserziehung die Möglichkeit gegeben, sich in die Gesellschaft einzuordnen; selbst wenn ungenügende kollektive Erziehungseinflüsse ausgeübt wurden, trägt der Angeklagte, der durch die Vorstrafen im besonderen verpflichtet war, sich zu bewähren, die volle Verantwortung für seine Entwicklung und sein Verhalten in und gegenüber der Gesellschaft. Für die Arbeitsbummelei und Fortführung negativer Lebensgewohnheiten gibt es keine Entschuldigung. Der Angeklagte war nach den

Aussagen des Kollektivvertreters Erziehungsbemühungen gegenüber unzugänglich, und Qualifizierungsmaßnahmen wurden wegen seiner Unzuverlässigkeiten nicht in Angriff genommen. Es wird aus der kollektiven Beratung insbesondere deutlich, daß sich die Kollegen ungeachtet der Verurteilung wegen asozialen Verhaltens und der Haltlosigkeit des Angeklagten um ein vertrauensvolles, kameradschaftliches Verhältnis zu ihm bemühten. Diese Bedingungen waren für das soziale Verhalten des Angeklagten die wichtigste Grundlage. Die Hinweise der Verteidigung auf ungünstige Erziehungsverhältnisse und kritische Entwicklungsphasen in der Kindheit und Jugend des Angeklagten sind nicht geeignet, einen schuldmindernden Gesichtspunkt auszudrücken, weil keine Beziehung zwischen diesen Umständen und dem Tatentschluß des 28 Jahre alten Angeklagten besteht. Das persönliche Verhältnis zwischen dem Angeklagten und seiner Wirtin war nicht durch Auseinandersetzungen gekennzeichnet, wie das Bezirksgericht zutreffend hervorhebt. Die tatsächliche, den Angeklagten prägende Einstellung zu der Frau kommt aber darin zum Ausdruck, daß er sich von der alten Frau zum Teil versorgen ließ, auf ihre Kosten lebte und ihre Gutmütigkeit ausnutzte, worauf der gesellschaftliche Ankläger mit Recht hinwies. Die begangene Straftat ist der Höhepunkt seiner bisherigen negativen Entwicklung, seiner Labilität und seines Egoismus.
Aus nichtigem Anlaß entschloß er sich, einen Menschen zu töten. Sein Motiv bestand darin, möglichen polizeilichen Befragungen wegen des Betretens eines fremden Zimmers zu entgehen; sowie in dem Bestreben, seine sexuelle Haltlosigkeit zu verbergen. Das ist um so verwerflicher, als er gegen eine Frau vorging, die Vertrauen zu ihm hatte, ihre Zimmer und Behältnisse nicht vor ihm verschloß und trotz seiner Vorstrafe keine Vorbehalte ihm gegenüber hatte. Diese Beweggründe, das intensive

Handeln und eine derartige Unverhältnismäßigkeit zwischen Anlaß und Charakter der Tat begründen einen außerordentlich hohen Grad strafrechtlicher Schuld. Entgegen der Auffassung des Bezirksgerichts ist es hierbei unerheblich, daß der Tat keine sexuellen Motive zugrunde lagen. Keinesfalls können aus dem Fehlen bestimmter Beweggründe mildernde Gesichtspunkte abgeleitet werden. Auch der Hinweis des Bezirksgerichts, der Angeklagte habe sich nach der Tat der Volkspolizei gestellt, ist bei der Strafzumessung wegen eines solchen Verbrechens unbeachtlich.
Der Angeklagte handelte mit großer Brutalität und Gefühlsrohheit, was insbesondere in den schweren inneren Verletzungen und dem relativ langen Würgevorgang zum Ausdruck kommt. Angesichts dieser Umstände kann dem Bezirksgericht bei der Begründung der Strafe nicht gefolgt werden, soweit es ausführt, ein mildernder Umstand liege darin, daß es sich bei dem vom Angeklagten begangenen Verbrechen nicht um ein geplantes Delikt handle, sondern der Tötungsentschluß plötzlich und aus der konkreten Situation heraus gefaßt worden sei. Damit übersieht es zunächst, daß der Angeklagte selbst diese für ihn peinliche und überraschende Situation durch zu mißbilligendes Verhalten geschaffen hatte. Auch die dadurch bedingte Erregung stellt, da durch den Angeklagten schuldhaft verursacht und nicht krankheitsbedingt, entgegen dem Verteidigungsvorbringen keinen Schuldminderungsgrund dar. Zum anderen aber verkennt es, daß dieser Umstand vor allem unter Berücksichtigung von Anlaß und Beweggrund ebenfalls von Mißachtung menschlichen Lebens und rücksichtsloser Durchsetzung der eigenen Interessen zeugt. Das wird um so deutlicher, als der Angeklagte über einen längeren Zeitraum, also mit intensivem Tötungswillen handelte, dabei verschiedene Überlegungen anstellte und entsprechend der richtigen Beurteilung

der Schuldform nach § 6 Abs. 1 StGB durch das Bezirksgericht auch seine Zielvorstellungen änderte, nachdem er sich zunächst mit dem Tod der Frau bewußt abgefunden hatte.

Aus all diesen, die Schwere der Straftat kennzeichnenden Umständen ist der Ausspruch einer lebenslangen Freiheitsstrafe und die Aberkennung der staatsbürgerlichen Rechte für dauernd erforderlich und deshalb gerecht. Ein solches Ergebnis entspricht auch dem Antrag des gesellschaftlichen Anklägers. Das wird das Bezirksgericht bei seiner erneuten Entscheidung zu beachten haben.

Die Auslagenentscheidung beruht auf § 367 StPO.

gez. . . .　　gez. . . .　　gez. . . .

Ausgefertigt:
Berlin, den . . .
Hauptsachbearbeiter

Ehesache Lier ./. Lier

Zwei Frauen sitzen sich in einer gemütlich eingerichteten Wohnstube gegenüber. Sie schweigen.
Die jüngere hat eine attraktive Figur und trägt betont enge Jeans und einen engen Pulli. Die langen blonden Haare fallen auf die Schultern.
Die ältere Frau sitzt behäbig auf ihrem Stuhl und lehnt sich schwerfällig mit dem massigen Oberkörper zurück. Sie hat ein gutmütiges Gesicht und trägt das leicht ergraute Haar in einem altmodischen Kranz, der wie ein Vogelnest auf dem Kopf sitzt. Die Hände hält sie über ihrem Bauch verschränkt.
Es ist später Nachmittag. Die Frauen hören das Lachen von Kindern, die unter dem Wohnzimmerfenster im hellen Sonnenlicht auf der Straße spielen.
„Hör nur, wie Holger lacht. Es ist eine Freude, wie der Junge heranwächst", unterbricht die ältere das Schweigen. „Wer hätte je gedacht, daß er sich so entwickelt. Dabei war er doch immer unser Sorgenkind, Anita."
Sie blickt die junge Frau an. Doch die schaut jetzt zum Fenster hinaus und antwortet nicht.
So ist sie, meine Tochter, denkt die ältere. Wenn sie nichts sagen will, dann soll sie es halt lassen. Dabei hat sie das Temperament ihres Vaters; stürmisch und impulsiv, aber immer lieb und gut.
„Ich merke doch, du hast etwas auf dem Herzen. Ist es eure Ehe?"
Da wird plötzlich die Tür von einem kleinen Mädchen

aufgerissen. „Oma, darf ich etwas zu trinken haben, ich habe solchen Durst."
„Oma holt dir gleich etwas aus der Küche." Das sind die ersten Worte, die von der jungen Frau an diesem Nachmittag müde gesprochen werden. „Laß uns bitte noch ein paar Minuten allein. Wenn du getrunken hast, wollen wir auch bald nach Hause. Also los, hopp, geh zu Holger." Die junge Frau zieht ihre Augenbrauen nach oben und streicht eine helle Haarsträhne aus dem Gesicht.
Wenn Mutti so guckt, bin ich lieber nicht in der Nähe, denkt die achtjährige Simone.
Sie läuft schnell aus dem Zimmer zu ihrem Bruder, um das Spiel fortzusetzen.
„Mutti, ich muß gleich los, aber vorher möchte ich dich doch etwas fragen", Anita klopft unruhig mit ihrem Fuß gegen das Tischbein.
„Was ist denn bloß los? Du machst mich ganz nervös." Die ältere Frau schaut voller Spannung auf Anita.
„Mutti, was würdest du sagen, wenn ich mich scheiden lassen möchte. Ich kann mit Rudi nicht mehr zusammenleben. Es geht einfach nicht mehr. Mit seiner ständigen Nörgelei macht er mir täglich das Leben zur Hölle, und: ich habe die Nase voll. Am liebsten würde ich aus unserer Bude ausziehen und mit den Kindern zu dir kommen."
Anita fühlt sich jetzt, nachdem sie ihr großes Problem angesprochen hat, etwas ruhiger.
„Kind, hast du dir das auch richtig überlegt?" fragt die Mutter. „Wir haben immer gedacht, daß irgendwann das bittere Ende für dich kommt, aber so schnell habe ich das nun doch nicht erwartet. Rudi ist ja auch 13 Jahre älter als du. Manchmal ist er ein großer Esel, aber ihr habt die zwei Kinder. Du mußt besonders an die Kinder denken."
„Gerade an unsere Kinder denke ich dabei, Mutti."

Anita steht auf und läuft im Zimmer auf und ab.
„Wie oft habe ich in den vergangenen acht Jahren schon an Scheidung gedacht. Er hält mich zu Hause wie sein Eigentum. Anita, mach das, hol das... dann kommt er mit einer Alkoholfahne heim. Er knallt mir gleich eine, wenn ich schimpfe, er nimmt keinerlei Rücksicht auf die Kinder. Die werden munter und schlafen nicht wieder ein, wenn er in der Wohnung herumgrölt. Besonders wenn er von seiner Parteiversammlung oder den Brigadeabenden nach Hause kommt, ist es schlimm. Erst gestern hat er wieder so einen drauf gemacht, daß er sich mit der Taxe heimfahren lassen mußte. Wir haben schon so wenig Geld, aber der feine Herr kann das Geld ja nur so herauswerfen. Wie ich den hasse. Er kam die Treppe hochgegrölt und wollte mit mir ins Bett. Ich habe ihn abgewiesen. Da hat er regelrecht getobt und mich geschlagen. Ich habe einen blauen Fleck neben der rechten Brust. Simone ist von dem Krach munter geworden. Sie weinte, als sie sah, wie Rudi mich bearbeitet hat. Ich fürchte mich vor ihm. Hätte ich nur damals auf dich gehört. Du hast mich ja immer davor gewarnt, einen so alten Mann zu heiraten. Aber ich wollte doch selbständig sein, wollte endlich auf eigenen Füßen stehen und euch nicht mehr auf der Tasche liegen. Nun ist es nur noch schlimmer geworden."
Sie weint leise vor sich hin.
„Anita, beruhige dich doch. Denk an die Kinder."
Wenig Trost für meine Tochter, denkt Frau Holz, Anitas Mutter. Ob ich wohl unseren Kreisaufseher fragen sollte, wie ich Anita helfen kann?
„Sag mal, soll ich mit unserem Kreisaufseher sprechen?" fragt sie spontan.
„Zu unseren Bibelabenden läßt er mich auch nicht", klagt Anita ihr Leid.
„Immer wenn ich dich dazu abholen will, spottet er und beschimpft mich. ‚Ihr blöden Bibelforscher, ich bin

Kommunist; dir werde ich es austreiben, zu diesen Sektenleuten zu gehen, zu diesen Zeugen Jehovas. Diese Spinner, die elenden.‘ Ich halte mir die Ohren zu, aber er brüllt immer weiter. Da habe ich ihn neulich angeschrien und ihm gesagt, er soll mich und die Kinder freigeben, ich will mich scheiden lassen. Weißt du, was er da gesagt hat?“
Frau Holz schüttelt mit dem Kopf.
„Du elende Nutte, kannst gehen wohin du willst, geh doch zu deinen Sektenfreunden und mach Gruppensex, aber die Kinder bleiben bei mir, die bekommst du nie. Wenn du dich scheiden lassen willst, dann gehe doch aufs Gericht, aber als Mitglied deiner elenden Sekte bekommst du die Kinder nicht, die erhalte ich, ich kämpfe um sie! Da habe ich rot gesehen und ihm auch eine runtergehauen. Was macht er, rennt in das Kinderzimmer und schreit dort herum. Er weckt die Kinder auf. ‚Simone, Simone, deine böse Mutti hat mich geschlagen.‘ Holger fing an zu heulen, und Simone weinte auch. Mich ließ er nicht in das Kinderzimmer. Er schrie, ‚du Sektenluder, verschwinde.‘ Mutti, ich kann nicht mehr.“
Anita setzt sich auf ihren Stuhl und weint immer noch. Die Mutter steht auf und umarmt sie.
„Daß es so schlimm geworden ist; das kannst du wohl nicht weiter mitmachen. Zu uns kannst du mit den Kindern nicht kommen. Wir haben schon so wenig Platz. Ich werde Herrn Kleinach fragen, der sieht bestimmt Möglichkeiten, dir zu helfen.“
Anita seufzt tief auf und sagt: „Ob ich mich nach meinem Glauben überhaupt scheiden lassen darf? Ich bin ja noch nicht Zeugin Jehovas, nur Anhängerin. Eigentlich danke ich dir, Mutter, daß du mich so erzogen und mit mir die Bibel gelesen hast. Wer weiß, was ich manchmal getan hätte, wenn ich meinen Glauben nicht hätte.“
Anita verabschiedet sich von ihrer Mutter; sie hat es plötzlich eilig und möchte zu Hause sein, bevor ihr Mann von der Arbeit kommt.

„Simone, Holger“, ruft sie ihre Kinder. „Wie seht ihr bloß wieder aus. Habt ihr in Omas Holzstall gespielt? Ihr habt aber auch nur Unsinn im Kopf.“
Anita treibt die Kinder an, schneller zu laufen.
Zu Hause angekommen, eilt sie in die Küche, um das Abendbrot vorzubereiten.
Rudi Lier kommt türenknallend nach Hause.
Vor Jahren haben sie sich das alte, schlecht erhaltene Haus gekauft. Überall hätte es instandgesetzt werden müssen, doch Rudi hat mit der Zeit die Lust am Umbau des Hauses verloren. Er ist älter und auch träger geworden. Die Belastungen im Betrieb haben zugenommen. Dazu muß er noch tagtäglich mit dem Zug zu seiner Arbeitsstelle in die Kreisstadt fahren. Am liebsten würde er sich nach einer Arbeit im Wohnort umsehen. Ein Neubeginn ist aber so belastend. Er hat resigniert. Der Alltagstrott hat ihn abgestumpft. Ist er mit seinen Freunden aus der Brigade oder seiner Kampfgruppe zusammen, dann lebt Rudi richtig auf. Dort ist er der große Mann. Trinkfest kann er jeden Kumpel beim Rundentrinken übertrumpfen. Außerdem hat er einen guten Stand bei seinem SED-Parteisekretär.
Ja, die Genossen, die halten zu ihm.
Doch zu Hause – das ist kein Glück für ihn. Er merkt schon seit längerer Zeit, daß ihm Anita aus dem Weg geht.
Rudi glaubt auch nicht mehr daran, daß seine jetzige, zweite Ehe noch lange hält. – Warum habe ich mich damals überhaupt von meiner ersten Frau scheiden lassen? grübelt er im Bad, als er sich die Hände wäscht.
Sein Sohn aus erster Ehe ist bereits von ihm fortgelaufen; straffällig ist er geworden. Ärger kommt hoch, und Rudis Ruhe ist hin. – Wenn ich jetzt in die Küche gehe, und das Essen steht nicht auf dem Tisch, dann kann sie was erleben. Wer weiß, wo sich meine Alte wieder rumgetrieben hat, spinnt er seine Gedankenfäden weiter.

Rudi wird enttäuscht, er sieht das Abendbrot auf dem Tisch, beim Betreten der Küche.
Mürrisch brummt er, „dein Glück."
Anita antwortet nicht.
„Wo sind die Kinder?" will er wissen.
„Die ziehen sich nur um, kommen aber gleich runter", klärt ihn Anita auf.
„Wenn ich nach Hause komme, haben die Kinder am Tisch zu sitzen, merke dir das endlich", nörgelt er.
„Papa", beide Kinder laufen lärmend die enge Treppe hinunter.
„Ihr sollt nicht die Treppen herunterrennen; so einen elenden Krach machen; seid ihr denn verrückt?" herrscht der Vater die Kinder an und dämpft die Wiedersehensfreude.
Simone und Holger wollen sich an den Tisch setzen.
„Gebt ihr eurem Vater keinen Kuß?" Rudi blickt Sohn und Tochter ärgerlich an. Stolz ist er eigentlich auf die beiden. Gut gewachsen sind sie und nicht dumm. Simone hat ganz gute Leistungen in der Schule; und Holger geht gern in den Kindergarten. Er soll unter Kindern aufwachsen, obwohl ihn Anita wohl lieber zu Hause behalten hätte. Da habe ich mich wieder einmal durchgesetzt, denkt Rudi.
Pflichtgemäß küssen ihn die Kinder jetzt auf die Wange. Simone weicht aus, als er sie an sich ziehen will. Ich kümmere mich viel zu wenig um sie. – Aber wozu ist denn Anita da, beruhigt sich Rudi gleich selbst.
Anita beschmiert die Brote mechanisch mit Butter, legt Wurst darauf und reicht sie an die Kinder weiter.
„Nun eßt schnell, damit ihr dann in eurem Zimmer spielen könnt", fordert Anita die beiden auf. Sie möchte nicht, daß die Kinder wieder miterleben, wie ihre Eltern sich anschweigen oder streiten.
„Papa, wir haben bei Oma im Holzstall Verstecken gespielt", kräht Holger fröhlich über den Tisch.
Rudi ist empört: „Wie oft latscht ihr denn noch zu der Alten. Ich habe doch verboten, mit den Kindern dorthin zu

gehen. Diese alte Sektenschachtel bringt den Kindern nur Unsinn bei. Weiterleben nach dem großen Tag, Zusammensein ...“ Endlich hat er ein Ventil gefunden, seinen Tagesärger abzulassen.

„Überhaupt, ich verbiete jeden Kontakt mit dieser Alten. Meine Kinder lasse ich nicht zu Sektenludern erziehen. Die Zeugen Jehovas sind doch Spinner; und du bist ja auch so eine blöde Kuh, die auf so etwas hereinfällt. Ich habe es satt, dir immer wieder zu sagen, daß du Rücksicht auf mich zu nehmen hast. Ich bin schließlich Parteigenosse und Zugführer bei den Kampfgruppen; und meine Frau, die stolze Puppe, ist Zeugin Jehovas, so eine verdammte Schweinerei. Wenn du das nicht läßt, dann ...“

„Was dann?“ will Anita wissen. „Merke dir, ich bin nicht Zeugin Jehovas, sondern nur Anhängerin; ich bin nämlich noch nicht getauft. Du schreist hier herum, spielst den großen Mann, beleidigst mich und meine Mutter. Du denkst, du kannst dir alles erlauben. Warum schimpfst du nicht, wenn meine Mutter mir Sachen für die Kinder schenkt, die sie von ihren Freunden aus dem Westen bekommt? Das ist gut so, denn dann sparst du ja Geld, nicht wahr? Andere Menschen ausnutzen, das kannst du. Aber Dankbarkeit kennst du ja nicht. Ich habe es satt, mich von dir herumkommandieren zu lassen. Ich bin weder dein Eigentum noch dein Genosse in der Kampfgruppe, den du herumscheuchen kannst. Wenn ich könnte, wie ich wollte, dann wären die Kinder und ich schon längst weg von dir.“

Anitas Stimme ist lauter geworden. Simone und Holger blicken zwischen den Eltern hin und her. Es ist ja nicht das erste Mal, daß sie den Streit der Eltern hören.

Holger fängt an zu weinen. Simone faßt ihn an der Hand und sagt zu ihm: „Komm Holger, wir gehen lieber nach oben.“

Sie öffnet leise die Tür, die Eltern merken bei ihrem

Streit gar nicht, daß sie jetzt allein am Tisch sitzen. Ein Wort gibt das andere, die Kinder haben sie vergessen.
Rudi spricht jetzt nicht mehr, er brüllt Anita an:
„Ich bin nicht mehr bereit, deine Faulheit zu unterstützen, du fliegst hier raus bei mir! Packe deine Klamotten, und ab! Die Kinder bleiben da. Ich kann dich nicht mehr sehen; hau ab zu deiner Sippschaft!"
Er packt sie am rechten Arm und zerrt sie zur Küchentür. Anita hält sich mit dem linken Arm am Tisch fest. Rudi holt mit seinem freien Arm aus und schlägt Anita ins Gesicht. Sie schreit auf, versucht sich tretend zu befreien.
„Au, du elendes Luder", brüllt er voll Wut. „Jetzt wirst du was erleben."
Beide sind inzwischen im Hausflur angelangt, und Rudi versucht, Anita zur Haustür zu zerren. Plötzlich ruft eine erschrockene Kinderstimme vom oberen Stockwerk:
„Laß doch bloß Mutti los; du tust ihr doch weh! Mutti, soll ich dir helfen?"
Simone steht ängstlich auf der Treppe, und große Tränen kullern aus den erschrockenen Kinderaugen. Sie zittert am ganzen Körper.
„Laß mich doch los, Rudi!" schreit jetzt Anita. „Nimm doch wenigstens auf die Kinder Rücksicht."
Einen Moment läßt sich Rudi ablenken. Das reicht für Anita aus, um sich aus der Umklammerung zu lösen. Sie rennt die Treppe hinauf, packt Simone, verschwindet im Kinderzimmer und schließt hinter sich ab. Rudi poltert die Treppe hinauf, steht vor der Tür und schlägt donnernd mit den Fäusten dagegen.
„Mach auf, sonst passiert was!" schreit er erbost.
Anita sitzt voller Angst auf Holgers Kinderbett. Links hält sie Simone und rechts drückt sie Holger liebevoll an sich. Alle drei weinen jetzt.
„Böser Papa", schluchzt Holger.
„Macht auf!" Rudis Schläge gegen die Tür werden maßlo-

ser. Die Kinder schmiegen sich noch fester an die Mutter. Mit den Händen halten sie sich die Ohren zu.

Im Nachbarhaus sitzen die freundlichen Nachbarn in ihrem Wohnzimmer, um den Feierabend vor dem Fernsehgerät zu genießen.
„Helga", bittet der Mann seine Frau, „schließ doch das Fenster. Das ist ja nicht zum Aushalten; dieser Krach da drüben. Bei Liers geht es wohl wieder hoch her. Die arme Frau und die niedlichen Kinder. Die ganze Straße bekommt das mit."
Das Fenster ist geschlossen. Helga sagt zu ihrem Mann: „Wenn nicht bald Ruhe ist, gehe ich rüber und klingle. Das hält ja kein Mensch mehr aus."
Einen Moment ist es still, dann ist drüben wieder ein dumpfes Poltern zu hören.
Helga setzt ihren Vorsatz in die Tat um, geht aus dem Haus, die paar Schritte bis zur Haustür und klingelt mehrfach. Die Klingel schrillt durch das Haus und zerrt an den Nerven. Stille. Helga geht befriedigt zurück.

Rudi schreckt bei dem schrillen Klingelton zusammen. Er stutzt und denkt, hat ja sowieso alles keinen Zweck. Jetzt gehst du erstmal deinen Ärger runterspülen. Doch bevor er geht, schreit er: „Mit uns ist es aus, ich lasse mich scheiden, nehme mir den teuersten Anwalt und mache dich auf dem Gericht fertig. Die Kinder bekommst du nicht, dafür werde ich schon sorgen. Von jetzt ab sind wir getrennte Leute. Sieh zu, wie du zurechtkommst!"
Anita schreit zurück: „Hoffentlich reichst du die Scheidung auch bald ein; und wage es nicht, mir die Kinder wegzunehmen. Das würdest du bitter bereuen."
Simone tröstet ihre Mutter: „Mutti, ich bleibe doch immer bei dir."
Anita drückt Simone voll Verzweiflung noch zärtlicher an sich. „Nein, euch gebe ich niemals her."

Anita wartet eine Weile. Die Tür fällt ins Schloß.
Rudi hat das Haus verlassen. Die Kinder schauen mit Anita dem Vater von dem zugezogenen Fenster aus nach. Er hat es eilig. Anita geht schnell in das nur provisorisch eingerichtete gemeinsame Schlafzimmer. Das Geld hat einfach bisher nicht gereicht, ordentliche Möbel zu kaufen. Aber in die Kneipe gehen, das kann er.
Anita überlegt, was sie an Kleidung und Wäsche vorsorglich in das Kinderzimmer bringen will. Die Bettdekke braucht sie. Sie trägt sie zu den Kindern.
„Ich schlafe in der nächsten Zeit bei euch“, erklärt sie ihnen.
„Au fein“, freuen sich beide. „Das wird vielleicht schön. Da erzählst du uns doch auch mal ein Märchen?“
Anita trägt Wäsche, ihre Kleidung und eine Luftmatratze vom Boden in das Kinderzimmer und richtet sich eine Schlafstelle her.
„Aber Mutti, du kannst doch in meinem Bett schlafen; ich möchte gern auf der Luftmatratze schlafen“, bietet ihr Simone an.
„Nein, nein, du schläfst in deinem Bett“, dankt Anita.

Es ist später Abend geworden. Die Kinder sind eingeschlafen; und Anita liegt wach auf ihrer unbequemen Schlafstelle, die sie wohl für die nächste Zeit benutzen wird.

Auf der Straße grölt ein Betrunkener. Anita hört das Poltern gegen die Haustür. Rudi ist es, der wieder einmal betrunken nach Hause kommt.
„Die schmeiße ich jetzt raus“, schreit er schon im Hausflur. Anita hört die schweren Tritte auf der Treppe.
Rudi öffnet die Schlafzimmertür.
„Was, das Aas hat das Bett weggenommen. Na warte! Wo bist du?“
Er stolpert über die Türschwelle und fällt fast bis zum

Kinderzimmer. Die Türklinke wird heruntergedrückt, die Tür gibt nicht nach.
„Aufmachen“, schreit er, „sofort aufmachen!“
Wieder schlägt er mit der Faust an die Tür, nimmt die Füße zu Hilfe und läßt sich gegen die Tür fallen.
Anita rührt sich nicht.
„Bist du da drin?“
Anita antwortet nicht.
„Schläft schon, diese Hure. Na, morgen früh geht es weiter!“
Rudi ist nun offenbar, auch vom vielen Alkohol, müde geworden. Er stolpert in das Schlafzimmer, schmeißt sich aufs Bett; und bald ist sein Schnarchen zu hören.
Anita liegt noch lange wach, die Angst läßt sie nicht einschlafen.
Glücklicherweise hat Simone Schulferien, und die Kinder können ausschlafen. Anita kann abwarten, bis Rudi Lier zur Arbeit gegangen ist.

Vier Wochen nach diesem traurigen Tag der „Familie“ sitzen Anita und ihre Mutter, Frau Holz, in meinem Sprechzimmer.
Anita übergibt mir mehrere Seiten roten Durchschlagpapiers. „Ich habe die Ehescheidungsklage meines Mannes zugeschickt bekommen“, beginnt sie das Gespräch. „Das ist ja eine Unverschämtheit, was der alles in seiner Klage schreiben läßt. Aber das Schlimmste ist, daß er die Kinder haben will. Das lasse ich nicht zu.“
Mit ihrer Beherrschung ist es vorbei. Anitas Augen füllen sich mit Tränen.
Frau Holz flüstert ihr zu: „Nimm dich doch zusammen, Anita. Was soll denn der Herr Anwalt von dir denken?“
Während Anita noch weint, spricht ihre Mutter mit mir. „Wenn sich Anitas Mann, noch ist er das ja, einen Anwalt nimmt, dann soll sich Anita auch einen nehmen. Das hat mein Ratgeber auch gesagt. Wir möchten Sie

bitten, Anita im Scheidungsprozeß zu vertreten. Sie sehen ja selbst, in welcher Verfassung sie ist. Dauernd weint sie, sie hat Angst um ihre Kinder. Der Vater meiner Enkel hat kein Recht auf die Kinder, so wie er sich schon die ganze Zeit verhalten hat. Brutal und böse!"

Die letzten Worte spricht sie voller Haß und zieht dabei ihre Mundwinkel herab.

Wie viele Tränen habe ich doch schon in meinem Sprechzimmer gesehen? Immer ist es der Streit der Menschen, über den uns Anwälten berichtet wird.

Ich möchte aber nicht mit Frau Holz, sondern Anita Lier selbst sprechen. Mütter haben eine andere Sicht zur Ehe ihrer Töchter. Anita kommt langsam zur Ruhe und findet auch ihre Beherrschung wieder.

Ich weise sie auf das Ehescheidungsverfahren und den Ablauf hin, erläutere ihr Rechtsgrundsätze und beginne mit ihr die Klageschrift zu erörtern.

Absatz für Absatz sprechen wir durch, Gespräche mit Mandanten in Ehesachen brauchen Zeit und Geduld.

Es wird ja von den Gerichten nicht nur der Scheidungswille der Ehepartner geprüft; es müssen auch gesellschaftliche und politische Standpunkte der Partner im Interesse der Kinder und der „sozialistischen Gesellschaft" erörtert werden.

In manchen Scheidungsverfahren spielen gerade politische Haltungen eine große Rolle – so meinen die Gerichte bei ihren Entscheidungsfindungen.

„Das erwähne ich nur, weil ich hier lese, wie Ihr Mann gegen Ihre Haltung zur Kindererziehung argumentiert", kläre ich Frau Lier auf.

„Mutti, gib mir doch bitte meine Zigaretten. Ich bin ja so aufgeregt." Anita blickt mich an.

„Darf ich bei Ihnen rauchen, es beruhigt mich."

Frau Holz antwortet für mich.

„Kind, du weißt, du darfst das nicht, unser Glauben verbietet dir das."

Diese Worte überraschen mich.
„So etwas habe ich noch nicht gehört, Frau Holz."
„Doch, doch, ich bin Zeugin Jehovas. Sie haben doch schon von unserem Glauben gehört? Jedenfalls sagte das unser Kreisaufseher, der kennt Sie nämlich. Anita ist Anhängerin unseres Glaubens und unserer Sekte", belehrt sie mich. „Das ist ja auch ihr großes Problem", spricht sie weiter. „Das werden Sie aber noch lesen, was Anita alles so vorgeworfen wird."
Tatsächlich, obwohl Anitas Mann bereits genug „schmutzige Wäsche", bösartige und kleinliche Ehezerrüttungsursachen dargelegt hat, werden die Angriffe gegen Anita immer massiver, mit denen Rechtsanwalt Dr. Damm den Erziehungsrechtsvorschlag seines Mandanten Rudi Lier begründet.
Anita habe, so lese ich, das Erziehungsrecht für beide Kinder verwirkt. Sie sei Zeugin Jehovas, Mitglied einer Sekte, die in der DDR nicht erlaubt sei. Der schlechte Einfluß der Sektenmitglieder auf Frau Lier zeige sich schon in der Erziehung gegenüber Tochter und Sohn. Anita sei dagegen, daß Holger im Kindergarten kleine Soldaten der Nationalen Volksarmee bastele. Bei Simone sei sie gegen den Eintritt in die Pionierorganisation „Ernst Thälmann" und habe das Kind davon abgehalten, zu Pioniernachmittagen zu gehen. Darüber sei Simone sehr unglücklich; und die Zeugen Jehovas stünden nicht auf dem Boden der DDR-Gesellschaft, würden keine Bluttransfusionen gestatten. So, in diesem Stil geht die Argumentation ihres Mannes weiter.
„Den besten Anwalt hat er sich genommen", unterbricht Anita meine Lektüre. „Alles was Sie jetzt gelesen haben, stimmt nicht", erklärt sie mir und erzählt mir ihre Erlebnisse mit ihrem Mann. Dabei stellt sie auch ihre Auffassungen als Anhängerin der Zeugen Jehovas dar.
Natürlich ist sie gegen jede Aufrüstung, gegen Militarismus und hat auch für Politik nichts übrig.

Ihre Mutter fällt ihr behende ins Wort:
„Wir zahlen unsere Steuern, sind daher keine Gegner der DDR. Wenn mein Sohn den Wehrdienst in der NVA verweigert und dafür eingesperrt wird, hat das doch nichts mit Anita zu tun. Unser Kreisaufseher hat uns den Rat gegeben, unsere Glaubensfragen möglichst wenig darzustellen."
Während unseres Gesprächs habe ich mir Notizen gefertigt und teile meine Auffassung mit, wie am besten auf diese Klage erwidert werden kann. Anita stimmt dem zu.
Ich diktiere im Beisein meiner Mandantin die Klageerwiderung und begründe auch umfassend deren Scheidungsbegehren.
Doch besonders gehe ich auf das enge Mutter-Kind-Verhältnis ein, hebe hervor, wie liebevoll sich Frau Lier um ihre Kinder in all den Jahren allein bemüht habe und bestreite die Eignung des Vaters, die Kinder jetzt allein zu erziehen und zu betreuen. Dazu sei er nach Auffassung meiner Mandantin nicht in der Lage. Ich erwähne auch, daß Herr Lier sehr häufig Alkohol genieße, sich danach zu Hause entsprechend benehme und daß die Kinder vor ihm Angst haben.
Beide nicken während meines Diktates zufrieden mit dem Kopf.
„Und was die für Angst haben", echot Frau Holz.
Nur global bestreite ich Anitas Glaubenssituation, die der Gegner aufgebauscht habe.
Alle Nebenfragen, wie Unterhalt, Ehewohnung, Vermögensteilung, erörtern wir noch. Anita wird von ihrer Mutter unterstützt. Sie will nichts von ihrem Mann haben.
Meinen Hinweis, als Nichtberufstätige habe sie aber während des Scheidungsverfahrens Anspruch auf wirtschaftliche Gleichstellung, will sie nicht aufgreifen.
Sie will ihre Ruhe haben; denn, so sagt sie mir: „Braucht er nichts zu zahlen, dann ist Ruhe im Haus; und die ist

mir mehr wert als alles andere. Offenbar hat er Hinweise von seinem Anwalt bekommen. Er lärmt nicht mehr so wie früher im Haus herum und kümmert sich plötzlich um die Kinder. Bringt ihnen Süßigkeiten und Spielsachen mit. Ich kann sie ja nicht einschließen, sie sollen ja auch zur Ruhe kommen."

„Das wollte ich Ihnen noch sagen; bitte, wenn Sie schon keine finanziellen Ansprüche an Ihren Mann stellen wollen, versuchen Sie Ihren Streit nicht mehr vor den Kindern auszutragen.

Und noch etwas – so wie sich Ihr Mann verhält, wird es einen Kampf um die Kinder geben; versuchen Sie auch hier, die Kinder herauszuhalten", weise ich Frau Lier auf die schon so oft erlebte unschöne Praxis der Scheidungseltern hin. Die Leidtragenden sind immer die Kinder.

Mutter und Tochter verabschieden sich.

Ich melde mich beim Kreisgericht als Prozeßbevollmächtigter für Frau Lier.

Kurze Zeit danach erhalte ich Terminsladung zur Aussöhnungsverhandlung und benachrichtige meine Mandantin.

Sie kommt zur Besprechung, diesmal allein; wir bereiten die Aussöhnungsverhandlung vor.

„Mein Mann hat gesagt, lächerlich ist das, was dein Anwalt geschrieben hat. Du hast keine Chance, du wirst von meinem Anwalt fertiggemacht. Ich bin so aufgeregt. Nichts will ich von ihm haben, nur die Kinder möchte ich behalten."

Sie berichtet vom üblichen Kleinkrieg mit ihrem Mann, doch ruhiger sei er geworden.

Ich empfehle ihr, ein hübsches Kleid anzuziehen und nicht in Jeans zum Termin zu kommen.

„Es verhandelt ein älterer Richter, Richter Bandemier, der achtet auf solche Äußerlichkeiten.

Ihre Jeans sind aus dem Westen, Sie wissen ja, wie man

leider hier darüber denkt. Wir wollen nicht auffallen oder unnötigen Gesprächsstoff liefern. Zünd- und Streitstoff gibt es noch genügend. In der Aussöhnungsverhandlung versucht das Gericht, Sie mit Ihrem Mann wieder auszusöhnen. Da haben wir Anwälte wenig Möglichkeiten, für unsere Mandanten zu sprechen. Ich nehme an, diese Aussöhnung wird scheitern?"

„Was glauben Sie denn; denken Sie etwa, ich könnte diese Ehe jetzt noch fortsetzen? Um nichts in der Welt! Geschieden werden will ich", fällt sie mir ins Wort.

„Beruhigen Sie sich – aber beide Eltern wollen das Erziehungsrecht für die Kinder. Da kann das Gericht sogar – im Interesse der Kinder – die Klage der Scheidung der Ehe abweisen", fahre ich in meiner Beratung fort.

„Was?"

Anita wird bleich, „sagen Sie das bitte nochmal. Gibt es das denn?"

Ich wiederhole meinen Hinweis. Dann bitte ich sie, sich nicht aufzuregen, wenn Richter Bandemier sehr laut spricht oder sogar zu brüllen anfängt. Er sei immer schnell erregbar, doch beruhige er sich ebenso schnell wieder.

Die Ehesache Lier wird aufgerufen, und wir werden in den Verhandlungssaal gebeten.

Anita hat ein dezentes, hochgeschlossenes Kleid mit einem kleinen weißen Kragen an. Sehr mütterlich sieht sie heute aus. Herr Lier hat einen Anzug an, Rundstrickmaterial. An seinem Anzugsrevers trägt er sichtbar das SED-Parteiabzeichen.

Richter Bandemier, ein älterer Mann mit kräftigen Händen und kantigem Gesicht, in dem die große Nase besonders auffällt, ein Hobbymaurer in seiner Freizeit, versucht unter Mithilfe seiner beiden Schöffen, die Eheleute Lier auszusöhnen.

Fast väterlich hören sich seine Ermahnungen an. Er spricht die Eheleute, noch sind sie es ja, unmittelbar an. Mein Kollege, Rechtsanwalt Dr. Damm, beginnt zu sprechen: „Herr Richter, mein Mandant hat sich lange überlegt..."
„Herr Dr. Damm, Sie wissen, daß ich nicht wissen möchte, was Sie sagen wollen. Ich möchte, daß Herr Lier selbst spricht. Wir sind hier in der Aussöhnungsverhandlung", unterbricht ihn Richter Bandemier.
Herr Lier lehnt jede Aussöhnung mit seiner Frau ab und erklärt, daß er mit dieser Frau nicht mehr zusammenleben könne. Dabei blickt er Anita gehässig an.
Nun wendet sich der Richter Anita Lier zu.
„Und Sie, sehen Sie noch eine Möglichkeit, die Ehe fortzusetzen? Bitte stehen Sie auf, wenn ich mit Ihnen spreche!"
Anita folgt der Aufforderung und sagt:
„Wir haben uns schon seit längerer Zeit auseinandergelebt. Was ich alles von meinem Mann ertragen mußte, wie er mich behandelt hat; er hat mich mehrfach geschlagen und beschimpft; seine Worte möchte ich hier nicht wiederholen. Ich jedenfalls empfinde nichts mehr für ihn. Auch die Kinder haben unter seinem Verhalten gelitten."
„Lüge, oh, wie du lügen kannst", ertönt es von der Gegenseite zu uns herüber.
Richter Bandemier grollt laut:
„Ich führe hier die Verhandlung, merken Sie sich das, Herr Lier. Nur wenn ich Sie frage, können Sie antworten; sonst schweigen Sie!"
„Nun, mein Mandant ist mit Recht über die Darstellung der Verklagten empört. Er hat so ein gutes Verhältnis zu den Kindern", Dr. Damm lehnt sich zufrieden zurück. Seinen Einwand konnte er loswerden.
Plötzlich brüllt Richter Bandemier los:
„Ich verbitte mir jeden weiteren Kommentar; Sie, Herr Rechtsanwalt Dr. Damm, werden noch Gelegenheit er-

halten, Ihren oder besser gesagt den Standpunkt Ihres Mandanten mitzuteilen!"
Frau Lier fragt mich leise: „Warum sagen Sie denn nichts?"
Ich blicke sie an, räuspere mich und flüstere ihr zu: „Es gibt noch nichts zu sagen."
Richter Bandemiers Kopf ist gerötet. Das ist bei ihm kein gutes Zeichen. Vorboten der inneren Erregung.
Aus anderen Verhandlungen mit ihm weiß ich, mußte ich lernen, wie schnell er explodiert und die Anwälte vor den Parteien angreift. Nur nach der jährlichen Erholungskur, die Richter Bandemier sich leistet und die ihm ärztlicherseits verordnet wird, wirkt er eine gewisse Zeit ruhig und ausgeglichen. Aber heute ist noch einiges von ihm zu erwarten.
Herr Lier fragt den Richter:
„Kann mir meine Frau die Kinder vorenthalten?"
„Was macht Ihre Frau?" fragt Richter Bandemier zurück.
„Sie läßt die Kinder nicht zu mir, wenn ich zu Hause bin. Stattdessen nimmt sie die Kinder mit zu ihren Zeugen Jehovas", antwortet Rudi Lier.
Jetzt ist es heraus – das große Problem.
Ich schaue den Richter an. Sein Kopf rötet sich noch stärker. Er atmet tief ein und es entlädt sich ein Sprachgewitter über meine Mandantin und mich.
„Dazu", so Richter Bandemier, „wäre ich schon noch gekommen. Doch so sage ich es jetzt." Immer lauter dröhnt seine Stimme. „In unserer sozialistischen Gesellschaft ist kein Platz für derartige Sachen. Wo gibt es denn das, die Kinder gegen unsere sozialistische Erziehung zu stellen? Wir wissen doch, was die Zeugen Jehovas vorhaben."
Ich rede jetzt auch einfach los, um Richter Bandemier abzulenken. Der Nerv dieses Prozesses ist getroffen. Das spüren alle im Verhandlungssaal.
„Also, ich weiß das nicht", beginne ich nun auch laut zu sprechen, „meine Mandantin stellt sich ja gar nicht ge-

gen die Erziehung in Schule und Kindergarten. Sie ist keine Zeugin Jehovas, so wie es der Kläger behauptet. Das wird bestritten. Außerdem sollte man wohl niemandem wegen seiner Glaubenshaltung Vorwürfe machen." Richter Bandemiers Zornesader auf der Stirn wächst an, der Kopf wirkt geschwollen.

„Was sagen Sie da so unqualifiziert, Herr Rechtsanwalt? Sie befinden sich hier vor einem Gericht der DDR; wenn Sie nicht wissen, was die Zeugen Jehovas wollen und wie sie auftreten, dann müssen Sie sich informieren. Die Zeugen Jehovas sind nicht von unserer Verfassung – wenn Sie den Glauben ansprechen – geschützt. Das ist ja die Höhe. Das sollte Ihr Kollegium erfahren, daß es noch immer Anwälte gibt, die nichts über die Zeugen Jehovas wissen."

Ich weise mit Nachdruck zurück, daß ich mich unqualifiziert geäußert habe, und schicke meine Frage hinterher, was wohl all das mit dem Kollegium der Rechtsanwälte zu tun habe.

„Wahrscheinlich bin ich noch zu jung, um genau über die Prozesse in den frühen fünfziger Jahren informiert zu sein", fahre ich mit lauter Stimme fort. Auf Richter Bandemiers Brüllerei ist nur mit lauter Erwiderung zu reagieren. Dann fängt er sich und wird allmählich ruhiger. Diese Methode habe ich mir bei ihm angewöhnt, denn nachtragend ist er nicht.

Mein Kollege wittert Oberwasser.

In einer Pause, die Richter Bandemier und ich in unserem Disput einlegen, spricht er salbungsvoll.

„Die Zeugen Jehovas werden von der amerikanischen Wachturmgesellschaft, mit Sitz in den USA, in Pennsylvanien, gesteuert. Über die ganze Welt sind sie organisiert. Sie lehnen jede staatliche Autorität ab. Stellen Sie sich mal vor, wenn einem der Kinder der Parteien, der Eheleute hier, ein Unfall passiert, dann lehnt Frau Lier eine dringende Bluttransfusion ab. Blutwurst dürfen die Kinder ja auch nicht essen."

Frau Lier; auch sie ist jetzt sehr erregt; erklärt: „Es gibt ja Trockenplasma – das kann beim Unfall gegeben werden. Bluttransfusionen sind nicht einmal immer möglich; Trockenplasma, ohne Blutkörperchen, ist oft sogar praktischer!“
Rudi Lier springt auf:
„Sehen Sie, haben Sie gehört, Herr Richter, sie lehnt Bluttransfusionen an sich und an den Kindern ab. Sie ist eben doch eine Zeugin Jehovas.“
Im Gerichtssaal ist es turbulent geworden.
Herr Lier kann noch folgenden Satz anbringen:
„Bist du eine Zeugin Jehovas, ja oder nein? Du weißt, ihr dürft ja nicht lügen!“
Dabei blickt er seine Frau spöttisch an.
Ich halte diese am Arm fest und bitte sie, nicht mehr zu antworten.
„Das gehört doch alles nicht mehr hierher“, versuche ich die hektische Verhandlung und das Durcheinander zu entschärfen.
„Ruhe“, brüllt jetzt der Richter. „Ruhe, ich verbitte mir ab sofort jede Bemerkung. Das habe ich noch nicht erlebt, daß die Parteien und ihre Anwälte das Gericht nicht beachten und ihren Prozeß einfach so führen. Ich breche die Aussöhnungsverhandlung ab, wenn nicht ab sofort Ruhe herrscht. Also, das ist ja...“, er verschluckt die letzten Worte. „Von einem Versuch der Aussöhnung ist ja hier nicht mehr zu sprechen. Streitig verhandelt wird später.“
Nur langsam bilden sich seine Zornesfalten und die Röte des Gesichts zurück. Es ist sehr ruhig im Verhandlungssaal geworden. Unvermittelt, aber im Ton doch leiser, sagt er:
„Verlassen Sie alle den Verhandlungssaal; ich rufe Sie wieder herein.“

Draußen, auf dem Flur stößt mich ein junger Kollege an.

„Was war denn hier wieder los? Wir haben das Gebrüll gehört. Na, das kann ja heiter werden. Ich habe gleich nach Ihnen Termin."
Er verabschiedet sich. Ich stehe mit Frau Lier in einer Fensternische. Sie macht einen verschüchterten Eindruck.
„Nur gut, daß Sie mich schon vorher vor dem Richter gewarnt haben. Ich wäre ohne Ihren Hinweis glatt vom Stuhl gefallen, wie der Sie angeschrien hat und Sie dann auch noch zurückgeschrien haben."
„Wir kommen wohl nicht umhin, Ihre Anhängerschaft der Zeugen Jehovas näher zu erläutern. Doch da muß ich mich erst einmal genau kundig machen", weise ich sie auf die gegenwärtige Prozeßsituation hin.
Tatsächlich bin ich nicht sehr gut über diese Sekte informiert. Das werde ich nachholen, nehme ich mir vor.
Einen solchen Fall hatte ich auch noch nie zu bearbeiten.
„Ach, jetzt würde ich so gern eine Zigarette rauchen, aber ich darf ja sowieso nicht", spricht Frau Lier vor sich hin.
Der Lautsprecher auf dem Gang knarrt:
„In der Ehesache Lier die Parteien und die Prozeßbevollmächtigten bitte wieder eintreten."
Richter Bandemier teilt uns mit, nachdem wir uns wieder gesetzt haben:
„Meine Schöffen und ich sind der Meinung, daß die Aussöhnungsverhandlung gescheitert ist."
So diktiert er es auch gleich auf das Tonband.
Nun bereitet er die streitige Verhandlung im Ehescheidungsverfahren Lier./. Lier vor.
„Da unterschiedliche Vorschläge zur Erziehungsrechtsübertragung für die beiden minderjährigen Kinder genannt worden sind, wird das Referat Jugendhilfe beim Rat des Kreises aufgefordert, eine Stellungnahme zum Erziehungsrechtsvorschlag der Prozeßparteien zu geben. Das Referat soll einen eigenen Vorschlag zur Übertragung des Erziehungsrechts dem Gericht unterbreiten.

Zeugen werde ich jetzt noch nicht, aber vielleicht nach Eingang der Stellungnahme des Referats Jugendhilfe, zum nächsten Termin, laden."
Nach kurzer Pause spricht er weiter:
„Der nächste Verhandlungstermin findet erst nach Vorlage der Referatsstellungnahme statt."

Wir verlassen das Gerichtsgebäude; und auf dem Weg zur Praxis legen wir fest, wie wir uns weiterhin verhalten wollen. Ich empfehle Anita Lier, Kontakt zu Simones Klassenlehrerin aufzunehmen, sie ab und an in Erziehungsfragen um Rat zu fragen, denn bestimmt wird die Lehrerin über das Kind ausgefragt werden.
„Wenn Simone von sich aus zu den schulischen Nachmittagsveranstaltungen gehen will, lassen Sie sie ruhig gehen. Auf alle Fälle können Ihnen dann keine Vorwürfe mehr gemacht werden."
„Muß denn das sein?" will Frau Lier wissen.
Ich merke, ein solches Verhalten wird ihr schwer fallen. Aber es geht um ihre Kinder.
„Sprechen Sie doch nochmals mit Ihrem Kreisaufseher über meine Hinweise. Akzeptiert er sie, dann können Sie sich auch so verhalten. Auch ich werde mich informieren. Bitte halten Sie Simone und Holger aus allen Streitigkeiten heraus", rate ich ihr zum Abschied und tröste sie:„-Bisher habe ich es noch nicht erlebt, daß in diesem Alter der Kinder dem Vater das Erziehungsrecht übertragen worden ist. Mütter haben tatsächlich die größeren Chancen, das Erziehungsrecht zu erhalten."

Rechtsanwalt Dr. Damm will die Position seines Mandanten stärken. Dazu zeichnet er die Ehe Lier in grobem Schwarzweiß.
Auf der einen Seite lobt er wiederholt die gute, ja ausgezeichnete gesellschaftliche Arbeit seines Mandanten Rudi Lier. Er sei in der SED, leiste Verteidigungsarbeit

in der Kampfgruppe und arbeite in einer sozialistischen Brigade. Sein Motto sei „sozialistisch arbeiten und leben“. Rudi sei auch besonders geeignet, die Kinder zu betreuen und zu versorgen, denn schon jetzt kümmere er sich stärker als die Mutter um die Erziehung und die schulische Ausbildung seiner Kinder. So unterschreibe er viel öfter als Anita Lier das Schultagebuch seiner Tochter. Weitere gesuchte, simple Beispiele folgen. Ja, Herr Lier wolle sogar in seinem Wohnort eine Arbeit aufnehmen, um die Kinder besser zu versorgen. Auf der anderen Seite malt Rudi Liers Anwalt meine Mandantin in mehr als schwarzen Farben: Zeugin Jehovas; keine Einflußnahme, die Kinder zu sozialistischen Persönlichkeiten zu erziehen, und Wiederholungen zur angeblichen Nichteignung folgen. Mit Anitas Informationen versuche ich, diese stark übertriebenen sozialistischen Behauptungen zu entkräften und hebe stattdessen Anitas Vorzüge bei der Kindererziehung und -betreuung hervor. Benenne dafür Zeugen. Ich weise darauf hin, daß die Kinder schon gegenüber Dritten geäußert haben, sie hätten Angst vor ihrem Vater.

Ein Eherechtsstreit mit Höhen und Tiefen läuft ab.

Inzwischen habe ich mich auch über die Zeugen Jehovas informiert. Ein mir gut bekannter Kirchenmann, ein Pfarrer, hat mich aufgeklärt. Verfassungsmäßig werden in der DDR die Zeugen Jehovas nicht geschützt; sie sind keine Kirche. Doch in letzter Zeit ist es sehr still um sie geworden.

Staatlicherseits ist gegen sie nichts mehr unternommen worden. Wichtig ist sein Hinweis, daß Anita Lier noch nicht „Zeugin“ ist, sie kann sich jederzeit anders entscheiden. Das ist für mich ein gutes Argument; und ich werde es noch brauchen.

Wochen sind vergangen. Der Bericht des Referats Jugendhilfe beim Rat des Kreises ist beim Gericht eingegangen. Er enthält die Stellungnahme zur gegenwärtigen Erziehungs-

situation in der Familie Lier und den Vorschlag, das Erziehungsrecht für die Kinder Simone und Holger dem Vater zu übertragen, da es ja in erster Linie um die weitere sozialistische Erziehung der Kinder gehen würde.
Wörtlich heißt es in dieser Stellungnahme:
„Vom Referat Jugendhilfe wurden die Erziehungsverhältnisse der Familie überprüft; dabei wurde festgestellt, daß die stärkere Bindung zwischen Mutter und Kindern besteht. Auch die Bindung zwischen den Geschwistern ist ausgeprägt. Die Mutter besitzt die besseren Voraussetzungen für die Versorgung und Betreuung der Kinder, ebenso hat sie überwiegend die Verbindung zur Schule und zum Kindergarten gehalten (Besuch von Elternabenden).
Vorrangig steht aber nicht die Versorgung und Betreuung der Kinder, sondern die künftige Erziehung im Mittelpunkt der Aufmerksamkeit.
Nach unseren Ermittlungen ist Frau Lier Anhängerin der Zeugen Jehovas. Diese Überzeugung wurde ihr im Elternhaus vermittelt. Wir müssen davon ausgehen, daß auch sie ihre Kinder in diesem Sinne erzieht. Das kommt zum Beispiel darin zum Ausdruck, daß sie gegen die Mitgliedschaft ihrer Kinder in der Pionierorganisation ‚Ernst Thälmann' ist. Da die Anhänger der Zeugen Jehovas grundsätzlich die staatliche Autorität ablehnen, muß mit absoluter Sicherheit angenommen werden, daß sie ihre Kinder im direkten Gegensatz zu dem § 42 des FGB (Familiengesetzbuch) erziehen wird ..."
Eine für Anita Lier vernichtende politische Stellungnahme und ein massiver Angriff gegen die Zeugen Jehovas. Dabei war Anita ganz optimistisch, als sie mir vom Besuch der Jugendhilfemitarbeiterin berichtete.
Wir argumentieren gegen diesen Bericht und den entsprechenden Vorschlag. Mutter- und Kindbeziehung seien sehr eng ausgeprägt; Ängste der Kinder vor dem Vater und die besondere Eignung zur Kindererziehung der

Mutter heben wir hervor. Noch ein wichtiges Argument tragen wir vor. Anita ist seit einigen Wochen berufstätig. Sie arbeitet als Serviererin in einem Erholungsheim. Das dort bestehende „Betriebskollektiv" will sie bei der Erziehung der Kinder unterstützen.

Solche „gesellschaftlichen Hinweise" wirken auf das Gericht. Der Leiter des Heims will zum Termin eine Beurteilung über die positiven Arbeitsleistungen von Anita zusenden.

Es ist schon erstaunlich, welche Hinweise man geben muß, um „sozialistisch-feindliche Tendenzen" auszuräumen.

Wieder stehen wir vor dem Verhandlungssaal. Heute ist streitiger Ehescheidungstermin in der Ehesache Lier gegen Lier.

Anita Lier hat einen Herrn mittleren Alters mitgebracht. Sie stellt ihn mir vor, und ich denke, es ist der Leiter des Heimes. – Doch da irre ich mich.

„Es ist unser Kreisaufseher", bemerkt Anita Lier.

„Sie können mich sogar fragen, ob ich meine Kinder im Sinne unserer Gesellschaft erziehen will."

Anita flüstert weiter: „Ich habe mit ihm alles durchgesprochen. Er hat Ihre Schreiben gelesen und mir gesagt, ich solle die Hoffnung nicht verlieren. Ich sei bei Ihnen in guten Händen."

Unser Gespräch wird unterbrochen. Richter Bandemier und seine Schöffen betreten den Verhandlungssaal. Nach kurzer Zeit ruft uns der Richter auch hinein.

Verspätet öffnet sich nochmals die Tür, und die korpulente Dame vom Referat Jugendhilfe betritt wichtig den Raum; sie fühlt sich offenbar wie zu Hause, setzt sich und erklärt, daß sie eine persönliche Terminsladung erhalten habe und deshalb an diesem Verhandlungstermin teilnehmen wolle. Wieder öffnet sich die Tür. Anita Liers Begleiter betritt den Saal.

„Wer sind Sie denn?" will Richter Bandemier wissen.

„Ich bin ein Zuhörer, darf ich an der Verhandlung teilnehmen?“ antwortet der Kreisaufseher höflich.

„Ich habe keine Bedenken; die Verhandlung ist öffentlich. Setzen Sie sich bitte dorthin.“ Richter Bandemier erhebt seinen dicken Zeigefinger und zeigt auf die Zuschauerbank, die an der Rückwand des kleinen Saales steht.

„Jetzt verhandeln wir.“

Richter Bandemier, so scheint mir, ist heute ausgeglichen und innerlich gelöst.

Minutiös diktiert er die Antworten der Eheleute in sein Protokoll.

Er vernimmt beide über den Verlauf der Ehe und ihre Vorstellungen zum Erziehungsrecht.

Bis jetzt hat Anita Lier gut abgeschnitten.

Herr Lier konnte nur sehr wenig über Arztbesuche mit den Kindern, Verbindung zu Schule und Kindergarten, Hilfe bei den Schularbeiten, Spazierengehen mit den Kindern und Kontakte seiner Kinder zu Freunden sagen.

„Das hat überwiegend meine Frau gemacht. Ich mußte ja arbeiten, und sie war zu Hause. Aber ich bin ebenso geeignet, besser noch als meine Frau, jetzt und in Zukunft, die Kinder zu erziehen“, beendet er seine Ausführungen.

Rechtsanwalt Dr. Damm darf nun seine Fragen stellen. Herr Lier ist ja auch sein Mandant.

Die Fragen zielen auf die gesellschaftspolitische Eignung seines Mandanten hin. Gut vorbereitet antwortet dieser darauf.

„Wie zeigt sich die Glaubenshaltung Ihrer Frau?“ fragt Dr. Damm und blickt dabei zornig zu uns herüber.

Weitschweifend stellt Rudi Lier seine Kenntnisse über die Zeugen Jehovas und deren angeblich schlechten Einfluß auf seine Frau dar.

Politische Plattheiten mußte er offenbar lernen, um sie hier aufzusagen.

Richter Bandemier protokolliert begeistert mit. Ob er sich nicht doch schon wieder innerlich aufregt? Häufig diktiert er die Worte „Zeugen Jehova“ mit erhobener Stimme in das Protokoll.
Nun darf ich Herrn Lier befragen.
Auf eine meiner Fragen muß er zugeben, daß seine Frau durch den Besuch der Bibelarbeiten die Betreuung und Erziehung der Kinder nicht vernachlässigt habe.
„Einen Unfall haben die Kinder noch nicht erlitten, aber wenn er eintritt, dann ...“
Ich unterbreche seinen Redefluß: „Vermutungen nützen hier nichts. Sie dürfen nur Ihre eigenen Wahrnehmungen darlegen.“
Er muß auch zugeben, daß es zu tätlichen Auseinandersetzungen zwischen ihm und meiner Mandantin gekommen ist und die Kinder diese miterlebt haben.
„Wann ich konkret meine Arbeit in unserem Wohnort aufnehmen werde, kann ich noch nicht sagen.“
Weiter frage ich: „Waren Sie damit einverstanden, daß Ihre Frau Anziehsachen für die Kinder mitbrachte; Sachen, die ihr von Freunden Ihrer Schwiegermutter aus der Bundesrepublik Deutschland geschenkt worden sind?“
„War mir bekannt.“
„Das ist nicht die Antwort auf meine Frage. Wußten Sie, woher diese Sachen stammten und wer sie schickte?“ wiederhole ich.
„War mir nicht bekannt.“
Ich blickt meine Mandantin an.
„Natürlich wußte er, daß diese Sachen von den Zeugen Jehovas von drüben kommen. Er hat ja selbst Hemden geschenkt erhalten und diese gern getragen“, wirft Anita ein.
Richter Bandemier wird unmutig. Er schaut mich vorwurfsvoll an.
„Meine Mandantin hat nur einen unmittelbaren Vorhalt

gemacht, und ich bitte um die Antwort des Klägers", erkläre ich.
„Die Frage liegt doch neben der Sache", leistet Dr. Damm Widerstand gegen meine Frage.
„Für mich ist sie aber bedeutsam. Einmal schimpft Ihr Mandant, Herr Kollege, über die Zeugen Jehovas; ein anderes Mal nimmt er von ihnen Geschenke an. Er kann doch diese Frage beantworten und auf den Vorhalt meiner Mandantin eingehen", erwidere ich.
Richter Bandemier lehnt sich entrüstet in seinem Sessel zurück und fragt Herrn Lier: „Na, dann sagen Sie doch schon, haben Sie Geschenke, wie Hemden, von denen angenommen?"
„Das weiß ich nicht mehr genau, aber es kann schon sein, daß ich mal ein billiges Hemd bekommen habe, und warum soll ich das nicht tragen?" Rudi Lier ist unsicher geworden.
„Von den Zeugen Jehovas, von den Bekannten der Freunde Ihrer Schwiegermutter?" Richter Bandemier läßt meine erneute Frage zu.
„Kann sein, weiß ich nicht mehr, das ist schon so lange her. Ich habe ja meiner Frau verboten, zu ihrer Mutter zu gehen."
„Muß ich das aufnehmen", fragt mich der Richter.
„Ich bitte darum."
Wieder spricht Richter Bandemier Satz für Satz in das Mikrophon. „Das wird aber ein langes Protokoll", stöhnt er spöttisch. „Sollen noch Zeugen gehört werden?" Ohne auf die Antwort zu warten, fährt er fort, „ich benötige jedenfalls keine mehr. Wenn noch welche gehört werden sollen, müssen wir vertagen."
Anita flüstert mir zu: „Ich glaube, daß mein Nachbar, den ich als Zeugen angegeben habe und der unsere Streitigkeiten gehört hat, nicht mehr aussagen will. Er war in den letzten Tagen häufig mit Rudi zusammen und hat mir bestellen lassen, daß er nicht kommen will. Ich möchte ihn nicht mehr anhören lassen."

„Nein, meine Mandantin verzichtet auf den von ihr benannten Zeugen“, erkläre ich.
Jetzt vernimmt der Richter Anita Lier.
Sie steht auf, sagt für sich und die Kinder aus, weist auf ihre jetzige Berufstätigkeit und ihre finanzielle Unabhängigkeit hin. Dabei wird sie vom Richter unterbrochen:
„Ach ja, ich möchte Ihnen allen einen Brief des Leiters der Arbeitsstelle der Verklagten zur Kenntnis geben. Der Brief ist an mich adressiert und ich habe ihn zu den Akten genommen.“ Er verliest den Brief; darin wird Anita Lier gelobt und gut beurteilt.
Sie erklärt dem Gericht weiter, warum sie besser als ihr Mann die Kinder erziehen und versorgen wird; sie spricht mit Freude und Begeisterung von ihnen.
Die Bitternis ihrer Ehe, die Schläge ihres Mannes, sein Verhalten, wenn er betrunken war und seine ewige Nörgelei um den täglichen Kleinkram erwähnt sie und erzählt so gut, daß eine Schöffin aufseufzt. Dabei läßt sie auch die Angst der Kinder vor dem Vater nicht unerwähnt.
Sie hat sich wirklich gut auf diesen Termin und ihre Vernehmung vorbereitet.
Der Zuschauer auf der Besucherbank nickt ab und an, fast unmerklich, mit dem Kopf. Er kennt offenbar, was Anita Lier hier vorträgt.
Sie fährt in ihrer Aussage fort: „Da habe ich mir halt Trost gesucht und bin mit meiner Mutter zu den Bibelabenden gegangen. Sie hatte für mich immer Verständnis. Ich bin keine Zeugin Jehovas, denn ich bin nicht getauft; aber ich kenne den Glauben der Zeugen Jehovas.
– Doch jetzt, wo ich ein gutes Arbeitskollektiv gefunden habe und die Kollegen mich unterstützen, mir mit ihren guten Ratschlägen helfen, fühle ich mich doch mehr zu ihnen hingezogen.“ Mit großem Augenaufschlag blickt sie Richter Bandemier an und beendet ihre Aussage.

Ich stelle nur noch wenig Fragen an sie. Ihre klare Aussage müßte das Gericht überzeugt haben. Dennoch bin ich vorsichtig, frage nochmals, ob sie ihre Kinder im Sinne der Erziehungsprinzipien erziehen werde, die im Familiengesetzbuch der DDR stehen. Sie weiß ja, daß ich ihr diese Frage stellen werde, schon um die Argumentation der Gegenseite zur Frage der Zeugen Jehovas abzublocken.
„So reicht die Frage nicht aus", weist mich Richter Bandemier zurecht. „Sie müssen ihr auch den Inhalt von § 42 des Familiengesetzbuches vorlesen; den hat Ihre Mandantin bestimmt nicht im Kopf."
„Ich habe ihr diesen bereits früher einmal vorgelesen", erwidere ich.
„Lesen Sie jetzt vor, und danach antworten Sie, Frau Lier", der Richter läßt sich nicht umstimmen.
Ich beginne zu lesen: „Die Erziehung der Kinder ist eine bedeutende staatsbürgerliche Aufgabe der Eltern, die dafür staatliche und gesellschaftliche Anerkennung und Würdigung finden. Das Ziel der Erziehung der Kinder ist es, sie zu geistig und moralisch hochstehenden und körperlich gesunden Persönlichkeiten heranzubilden, die die gesellschaftliche Entwicklung bewußt mitgestalten. Durch verantwortungsbewußte Erfüllung ihrer Erziehungspflichten, durch eigenes Vorbild und durch übereinstimmende Haltung gegenüber den Kindern erziehen die Eltern ihre Kinder zur sozialistischen Einstellung zum Lernen und zur Arbeit, zur Achtung vor den arbeitenden Menschen, zur Einhaltung der Regeln des sozialistischen Zusammenlebens, zur Solidarität, zum sozialistischen Patriotismus und Internationalismus. Die Erziehung der Kinder ist untrennbar mit der Herausbildung solcher Eigenschaften und Verhaltensweisen wie Bescheidenheit, Ehrlichkeit, Hilfsbereitschaft und der Achtung vor dem Alter verbunden. Die Erziehung der Kinder umfaßt auch ihre Vorbereitung zu einem späte-

ren verantwortungsbewußten Verhalten zur Ehe und Familie.
Die Eltern sollen bei der Erfüllung ihrer Erziehungsaufgaben und zur Gewährleistung einer einheitlichen Erziehung eng und vertrauensvoll mit der Schule, anderen Erziehungs- und Ausbildungseinrichtungen, mit der Pionierorganisation Ernst Thälmann und der Freien Deutschen Jugend zusammenarbeiten und diese unterstützen."
Anita Lier schweigt. Ich merke, wie sie mit sich ringt. Ich weiß, lügen darf sie nicht, und ihren Glauben möchte sie nicht verleugnen. Wie gebannt blickt Anita Lier jetzt auf den einzigen Zuschauer im Verhandlungssaal, ihren Glaubensbruder. Richter Bandemier wird unruhig.
„Frau Lier, na was ist denn? Haben Sie die Frage Ihres Anwalts nicht verstanden? Hätte er sie nicht gestellt, hätte ich das auf alle Fälle getan; also bitte!"
Auch ich beobachte den Zuschauer. Er nickt leicht, fast unbemerkbar mit dem Kopf. Jetzt atmet Anita auf und antwortet: „Ja, natürlich, das will ich. Dazu bin ich bereit."
Diese Antwort nimmt der Richter wiederum in das Protokoll auf und spricht auch den wörtlichen Text der Frage auf das Tonband. Eine Pause entsteht. Nur das Knacken des Tonbandes ist zu hören.
Rechtsanwalt Dr. Damm befragt meine Mandantin. Anita Lier antwortet gut und läßt sich nicht einschüchtern. „Ich habe in allen Punkten die Wahrheit gesagt", erklärt sie. Richter Bandemier vernimmt nun die Vertreterin des Referats Jugendhilfe. Auch diese belehrt er, nur wahrheitsgemäße Angaben zu tätigen.
Die etwa fünfzigjährige Frau wiederholt fast wortwörtlich die schriftliche Stellungnahme ihres Referats, das wir alle kennen. Offenbar ist an ihr der heutige Termin völlig vorbeigegangen.
„... Ich schlage daher vor", faßt sie ihre Aussage zusam-

men, „in Übereinstimmung mit unserem Jugendhilfekollektiv, Herrn Lier das Erziehungsrecht für die Kinder, Simone und Holger, zu übertragen. Für uns steht nicht die Betreuung der Kinder, sondern die Erziehung zu sozialistischen Persönlichkeiten in unserer Gesellschaft im Vordergrund."
Auf meine Frage, ob sie denn heute nicht die Erklärungen von Frau Lier gehört habe, die ihre Kinder im Sinne der Gesellschaft erziehen wolle, antwortet sie: „Das habe ich alles gehört, aber wir haben unsere Erfahrungen und unsere Bedenken gegenüber Frau Lier."
Herr Lier lächelt spöttisch zu Anita herüber. Sie ist plötzlich in sich zusammengefallen, ein Häufchen Unglück. Ich versuche zu trösten: „Warten Sie doch erst einmal die Urteilsverkündung ab."

Wir Anwälte fassen nun die Standpunkte unserer Mandanten nochmals zusammen und wägen ab, wer der zur Erziehung der Kinder geeignetere Elternteil ist.
Dr. Damm wiederholt mehrmals die Aussage der Mitarbeiterin des Referats Jugendhilfe. Ich spreche vom Wohl der Kinder; der Liebe und Güte einer Mutter, die sich bisher bestens um diese Kinder bemüht habe und dies auch in Zukunft gewährleisten würde. Weiter erwähne ich, daß mir ein evangelischer Pfarrer mitgeteilt habe, daß ausschließlich das Wohl der Kinder gesehen werden sollte, Glaubensfragen bei der Erziehungsrechtsentscheidung keine Rolle spielen dürfen.
Außerdem sei ja Anita Lier gar keine Zeugin Jehova, habe sich jetzt vielmehr ihren Kollegen zugewandt; auch das sei eine gute Prognose für die Zukunft.
„Bei ihrer Mutter hat Frau Lier nur Zuflucht gesucht, weil sie vom Verhalten des Klägers enttäuscht war", setze ich meine Ausführungen fort. „Der Kläger kann nicht einerseits meiner Mandantin ihre Glaubenshaltung vorhalten, andererseits aber Vorteile aus dieser Haltung ziehen.

... Aus all diesen Gründen bitte ich Sie, meine Dame und meine Herren Richter, Frau Lier das Erziehungsrecht für die Kinder, Simone und Holger, zu übertragen."
Richter Bandemier diktiert auf das Tonband:
„Die Prozeßvertreter erhalten Gelegenheit zur abschließenden Stellungnahme. Termin zur Verkündung einer Entscheidung ..."

Drei Tage später verkündet er das Urteil.
Das Gericht hat die Ehe geschieden und die Entscheidung über das Erziehungsrecht für die Dauer eines Jahres ausgesetzt. Nun verliest es die Urteilsbegründung.
An der Zerrüttung der Ehe Lier hatte das Gericht keine Zweifel. Es konnte sich aber nicht entscheiden, über die Übertragung des Erziehungsrechtes endgültig zu befinden.
Beide Elternteile seien geeignet, die Kinder zu erziehen, doch müsse der Vorschlag des Referats Jugendhilfe Beachtung finden.
„Daher bleibt abzuwarten, inwieweit sich die Verklagte in ihrer Persönlichkeit festigt und nicht nur ihre Bereitschaft äußert, die Kinder im Sinne unserer sozialistischen Gesellschaft zu erziehen, sondern auch durch ihre Bemühungen beweist, daß es ihr ernst mit ihrer Erklärung ist.
Der Kläger will eine Arbeitsstelle in seinem Wohnort aufnehmen. Doch bisher arbeitet er noch immer in seinem alten Betrieb. Auch er erhält die Möglichkeit, seine Fähigkeit bei der Kindererziehung zu beweisen, wenn er die Kinder ständig betreuen und erziehen wird. Aber auch das wird noch eine gewisse Zeit in Anspruch nehmen. Beide Elternteile sollen daher diese Zeit der Aussetzung der Entscheidung über das Erziehungsrecht nutzen, um ihre Erziehungsfähigkeit noch besser als bisher nachweisen zu können."
„Was bedeutet dieses Urteil?" möchte Frau Lier wissen.

Ich erkläre es, weise aber auch auf die Berufungsmöglichkeit hin.
„Nein, ich habe es satt, immer vor dem Gericht zu stehen. Besteht eine Chance, daß ich die Kinder bekommen werde?"
„Die besteht immer", beruhige ich sie. „Richter Bandemier konnte den Jugendhilfevorschlag nicht unbeachtet lassen; das darf er nicht. Darauf hat auch das Oberste Gericht der DDR in seiner Rechtsprechung hingewiesen. So hat er eigentlich ein vertretbares Urteil gesprochen."
„Na, warten wir ab", verabschiedet sich Anita Lier skeptisch.

Lange brauchen wir allerdings nicht zu warten.
Rudi Lier fühlt sich seiner Sache sicher und legt Berufung ein. Vielleicht denkt er auch daran, daß er in einem Jahr weniger Chancen haben werde, die Kinder zu bekommen – oder will er die Unterhaltszahlungen sparen? Welche Beweggründe er auch immer hat, seine Berufung gegen das Urteil wird zurückgewiesen.
Es bleibt dabei – Chancengleichheit für Frau und Herrn Lier – oder?

Rudi Lier hat alle seine guten Vorsätze vergessen, lärmt und tobt wie früher durch das gemeinsame Haus.
Anita sucht sich mit den Kindern eine andere Wohnung. Eine Frau aus ihrem Betrieb hilft ihr, stellt ihr zwei kleine Räume in ihrem Haus zur Verfügung.
Wochen vergehen.
Rudi fährt in die Kreisstadt zum Referat Jugendhilfe und beschwert sich über Anitas Verhalten. Die Kinder kämen besser in ein Heim, wenn beide Elternteile sich über die Erziehung streiten, lautet die Auskunft des Referats Jugendhilfe, die Rudi Anita stolz und befriedigt mitteilt. Frau Lier ruft mich an. Ich verspreche ihr, Rich-

ter Bandemier zu fragen, ob nicht die Frist der Aussetzung verkürzt und damit neuer Verhandlungstermin anberaumt werden kann. – Er weist mich auf die Jahresfrist hin.
„Der Kampf um die Kinder wird unerträglich!" sage ich energisch.
„Es bleibt dabei, Jahresfrist!"

Frau Lier wird von mir über das Gespräch mit Richter Bandemier informiert. Sie ist verzweifelt.
Ihre Kolleginnen haben ihr geraten, einen persönlichen Brief an das Oberste Gericht der DDR zu schreiben; das solle ich doch übernehmen.
Leider muß ich sie darauf hinweisen, daß den Rechtsanwälten gerade vom Obersten Gericht und dem Ministerium der Justiz immer wieder Hinweise gegeben worden sind, das Oberste Gericht nicht als eine dritte Instanz zu betrachten und nur dann eine Eingabe zu einer möglichen Kassation des Urteils zu fertigen, wenn die Instanzentscheidungen wirklich gröblichst unrichtig seien und man politisch als auch gesellschaftlich eine Kassation vertreten könne.
All diese Voraussetzungen sind in diesem Fall schwer nachzuweisen, noch dazu, wo bereits das Berufungsgericht über das Urteil des Kreisgerichts entschieden hat.
Ich empfehle Anita Lier: „Bitten Sie doch Ihre Arbeitskolleginnen bzw. Ihren Chef, an das Oberste Gericht der DDR zu schreiben. Sie sollen darstellen, wie es Ihnen ums Herz ist; wie alle über diese Sache denken. Sie sollten um Hilfe bitten; und ich könnte mir vorstellen, daß dann das Oberste Gericht schneller reagieren wird."

So geschieht es dann auch, obwohl Anita Lier und ihre Kollegen lange nichts auf das Schreiben hören.

Richter Bandemier ruft mich an und bittet mich, schnellstens zu ihm zu kommen.

„Ich habe etwas auf dem Herzen."
„Worum handelt es sich denn?" möchte ich gern wissen.
„Das möchte ich doch nicht am Telefon sagen."
Am anderen Tag stehen wir uns in seinem Zimmer gegenüber. Er ist erregt; ich sehe es an seinem geröteten Kopf und der prallen Zornesader.

„Können Sie sich noch an die Ehesache Lier erinnern?" sucht er nach Worten.
„Natürlich kann ich mich daran erinnern; sie ist ja leider jetzt noch anhängig", antworte ich schnell.
„Nicht mehr lange, ich werde noch in dieser Woche Termin ansetzen."
Während er spricht, reibt er sich nervös seine Hände.
„Das ist genau der Wunsch meiner Mandantin, sie hat große Probleme mit dem Kläger. Er stört die schulische Entwicklung der Tochter Simone", gebe ich einen Hinweis.
„Darf ich Sie bitten, mir das Protokoll von der streitigen Verhandlung zurückzugeben?" Richter Bandemier ist auffallend höflich geworden.
Verblüfft schweige ich. Ich bin überrascht, frage nach dem Grund.
„Die Gebühren für das Protokoll habe ich doch längst bezahlt", versuche ich naiv einzuwenden.
Nun berichtet mir Richter Bandemier von einer dringenden Reise nach Berlin, „in die Hauptstadt der DDR", wie er sich gewählt ausdrückt.

Richter Bandemier sitzt in seinem Zimmer.
Das Telefon klingelt, er nimmt den Hörer ab: „Gott sei Dank, Herr Bandemier. Gut, daß ich Sie jetzt endlich gefunden habe. Ein dringendes Gespräch aus Berlin, das Oberste Gericht, Moment – ich verbinde", hört er die Telefonistin des Kreisgerichts aufgeregt sagen.
„Hallo", ruft er eifrig in den Apparat.

„Genosse Bandemier, hier Dr. Weghügel, Sie haben doch die Ehesache Lier verhandelt?“ hört Richter Bandemier eine energische Stimme.
„Jawohl!“
„Gut, bringen Sie die Akte mit und melden Sie sich morgen bei mir, 11.00 Uhr!“
„Aber ich habe morgen doch Terminstag“, wendet Genosse Richter Bandemier ein.
„Dann verlegen Sie die Termine“ – Stille im Telefon, nur noch ein fernes Rauschen.
„Hallo, hallo, Teilnehmer“, versucht Bandemier den Anschluß wieder herzustellen.
Das sieht nach dicker Luft aus.
Schnell läuft er die Treppe zum ersten Stockwerk hinunter und klopft an die Tür des Kreisgerichtsdirektors, seines Vorgesetzten.
„Alfred, ich muß morgen nach Berlin, zu Dr. Weghügel, Oberstes Gericht, soll die Eheakte Lier gleich mitbringen. Was ist denn da bloß los?“
Bandemier läßt sich ratlos auf einen Stuhl fallen.
„Mensch, bin ich aufgeregt, ich melde mich krank, oh – mir wird schlecht!“

Alfred, der Genosse Kreisgerichtsdirektor, fährt Bandemier an: „Nimm dich zusammen, ich weiß auch nichts davon. Diese Sache war doch in der Berufung. Du bist doch da raus. Komm jetzt, krankmachen geht nicht, du mußt da hinfahren. Ich kläre das mit den Terminen. Wir verlegen sie auf einen anderen Tag. Fahr jetzt nach Hause und nimm die Akten mit. Präpariere dich!“
Richter Bandemier verläßt schnell das Gerichtsgebäude. Die Akten liest er mehrfach durch, und er verbringt eine unruhige Nacht. Was soll an dieser Sache nur falsch sein? Die da oben, so grübelt er, reagieren doch sonst nicht so schnell.
Die Fahrt nach Berlin am nächsten Tag kommt ihm end-

los vor. Seine Aktentasche mit der Eheakte Lier hält er auf dem Schoß fest.
Umsteigen.
S-Bahn, Littenstraße, Oberstes Gericht der DDR, er steht vor der Pforte.
„Ich habe einen Termin bei Genossen Dr. Weghügel, mein Name ist …“
„Ja, ich weiß Bescheid, Sie werden erwartet“, unterbricht ihn der Pförtner. „Vierter Stock, Zimmer 427.“
Richter Bandemier hastet die Treppen hinauf, läuft eilig den langen Gang entlang, Zimmer 402, 410, der Gang zweigt nach links ab, hier – 427 – Vorzimmer Dr. Weghügel.
Schnell atmend steht er vor der gesuchten Tür, klopft hastig an, die Sekretärin öffnet ihm.
„Genosse Bandemier?“
„Jawohl, der bin ich.“
Er wird angemeldet.
„Bitte treten Sie ein.“
In einem riesigen Zimmer, hinter einem Diplomatenschreibtisch sitzt Dr. Weghügel.
„Guten Tag, Genosse Bandemier“, grüßt er.
„Guten Tag, Genosse Dr. Weghügel.“
Bandemier bleibt unschlüssig in der Mitte des Raumes stehen.
„Haben Sie die Gerichtsakte Lier mitgebracht? Geben Sie mir die Akte bitte.“ Dr. Weghügel steht energisch auf.
„Ich habe mich schon durch den Genossen Bezirksgerichtsdirektor informieren lassen“, beim Sprechen blättert Weghügel in der Akte und liest.
„Sagen Sie, wollen Sie mit Ihrer Entscheidung unsere Volkswirtschaft kaputtmachen?“ will Dr. Weghügel plötzlich wissen.
Richter Bandemier blickt ungläubig und erschrocken auf.
„Ich, aber wieso denn? Ich habe doch gar nichts mit der Volkswirtschaft zu tun.“

„Ja glauben Sie denn, Sie können an Ihrem Kreisgericht schalten und walten, wie Sie das für richtig halten?“ Dr. Weghügels Stimme wird lauter.
„Hier lesen Sie!“ Er zeigt Bandemier das Protokoll der streitigen Verhandlung in der Ehesache Lier, „Zeugen Jehovas, hier Zeugin Jehovas, Wachturmgesellschaft, hier USA, also das Protokoll schlägt ja fast dem Faß den Boden aus!
Genosse Bandemier; wissen Sie denn nicht, daß diese Wachturmgesellschaft unsere Volkswirtschaft mit Krediten in harter Währung versorgt; dafür sagen wir nichts mehr gegen die Zeugen Jehovas, die es in der DDR gibt. Viele sind es ja doch nicht. Wir haben alles über sie in unseren Dossiers, sie schaden uns nicht mehr, und da machen Sie so ein Theater.
Aber Sie, Genosse, Sie schaden uns. Wenn das bekannt wird, wenn die in den USA das erfahren, was da bei dir los war. Das schädigt unsere Volkswirtschaft, wenn die auf Grund deines Protokolls und deiner Entscheidung ihre Kredite kündigen. Wir sind uns hier einig, daß du sofort die Protokolle zurückzufordern hast, die Anwälte werden und müssen sie dir zurückgeben. Weiter – du verhandelst sofort in dieser Sache. Das Kollektiv von Frau Lier hat eine Eingabe an uns geschickt, und wir werden die Eingabe so beantworten, daß nicht der Eindruck entsteht, du hast von uns Bescheid bekommen. Während wir formell die Angelegenheit überprüfen und das auch mitteilen, verhandelst du über das Erziehungsrecht.
Kein Wort mehr über die Zeugen Jehovas. Sie sind bei uns geduldet und zahlen ja auch Steuern.
Bei uns kann jeder glauben, was er will, wenn er sich nur an unsere Gesetze hält. Hast du das verstanden, Genosse? Die Frau, auch wenn sie nur Anhängerin der Zeugen Jehovas ist, kann uns mehr schaden, als du nur ahnst. Sie ist eine gute Mutter, die ihre Kinder ordnungsgemäß versorgt und erzogen hat.

Der Sohn des Klägers ist im Westen, auch das wissen wir. Kurze Verhandlung und kurze Entscheidung.
Ich möchte sofort nach der durchgeführten Verhandlung informiert werden.
Hier ist die Akte, guten Tag, Genosse Bandemier!“
Dr. Weghügel ist während des Gesprächs in das zwischen den Genossen vertrauliche Du verfallen. Richter Bandemier kann sich darüber nicht freuen.
Nun dreht sich Dr. Weghügel um, setzt sich hinter seinen Schreibtisch, und Richter Bandemier nimmt seinen ganzen Mut zusammen; er fragt: „Darf ich den Hinweis mit der Volkswirtschaft und den Zeugen Jehovas schriftlich von Ihnen, Genosse Dr. Weghügel, erhalten?“
Dr. Weghügel blickt entsetzt.
„Was willst du schriftlich, Genosse? Ich habe wohl nicht richtig verstanden. Ich erinnere an die Rückgabe der beiden Protokolle; meine Ausführungen zu deinem Verhalten waren doch wohl eindeutig?
Ich habe jetzt zu tun.“
Richter Bandemier weiß gar nicht mehr, wie er den Weg aus dem Gericht gefunden hat, wie er nach Hause gekommen ist.

„Wie ein Traum ist mir alles vorgekommen“, beendet er seine Erzählung. „Von Dr. Damm habe ich die Protokolle schon, und von Ihnen – bitte – möchte ich sie auch haben.“
Er sieht angegriffen aus.

„Wenn meine Mandantin einverstanden ist, dann übergebe ich Ihnen die Protokolle.“
„Bitte erledigen Sie das bald.“

Frau Lier hatte nichts gegen die Rückgabe der Protokolle, ich konnte ihr Hoffnung machen, daß wohl nun doch alles gut werden würde.
Sie freute sich über die kurzfristige Terminsanberaumung.

In der Verhandlung wollte Rechtsanwalt Dr. Damm die Hinweise gegen die Zeugen Jehovas erneut ausbauen, wurde aber von Richter Bandemier belehrt:
„Diese Angelegenheit spielt hier und jetzt nicht die Rolle, die Sie ihr geben wollen. Es geht uns nur noch um das Wohl der Kinder, und ich möchte nichts mehr davon hören!“

Die Verhandlung dauerte nur kurz, und zwei Tage später verkündete Richter Bandemier sein Urteil.
Das Erziehungsrecht für die Kinder Simone und Holger wurde Anita Lier übertragen.

Anita Lier kann nun ihre Kinder allein erziehen; ob im Sinne ihres Glaubens oder im Sinne der DDR-Gesellschaft, das interessierte Richter Bandemier nicht mehr.

Das Urteil wurde rechtskräftig.
Das Arbeitskollektiv der „Siegerin“ erhielt vom Obersten Gericht der DDR die Nachricht, daß man die Angelegenheit geprüft, das Kreisgericht jedoch zwischenzeitlich in dieser Sache entschieden habe. Man wolle noch eine Information, ob diese Sache weiter bearbeitet werden solle.

Die Akten wurden bei allen Beteiligten geschlossen.
In der Gerichtsakte befinden sich aus Gründen der Stabilität der Volkswirtschaft der DDR Protokolle in vielfacher Ausfertigung, das ist sonst nicht üblich.
Ob allerdings diese Akte unter besonderen Staatssicherheitsschutz gestellt wurde?
Vielleicht?

Die Demonstration

»Wir wollten uns ja eigentlich nur an Rechtsanwalt Vogel wenden. Der hätte uns bestimmt geholfen, nach drüben zu kommen«, sagte leise der Angeklagte.
»Was glauben Sie denn, was dieser Anwalt zu tun hat, der würde wohl kaum Ihr Ansinnen, unsere Republik zu verlassen, unterstützen!« Zynisch lächelnd sprach der Staatsanwalt auf den Angeklagten ein.
Dabei blickte er beifallheischend nach dem kleinen weißhaarigen Herrn, der als einziger Zuhörer im Verhandlungssaal saß. Ein Staatsanwalt von der Bezirksstaatsanwaltschaft. Der nickte zustimmend kaum merklich mit dem Kopf und lächelte anerkennend.

Auf der anderen Seite des Saales saß ich und konnte alle Beteiligten dieser Verhandlung gut beobachten.
Ich verteidigte das Ehepaar Landsweg. Sie hatten einen Ausreiseantrag für sich und ihre Kinder gestellt. Unmittelbar danach mußten sie einen schweren Weg gehen.
Im Dezember des vergangenen Jahres hatten sie den Antrag gestellt, um aus der DDR in die Bundesrepublik Deutschland zu übersiedeln. Der Antrag wurde beim Rat des Kreises, Abteilung Innere Angelegenheiten, abgegeben. Erst nach Wochen erfuhren sie, daß der Antrag abgelehnt sei. Auch erneute Anträge führten nicht zum gewünschten Ziel.
Das Ehepaar Landsweg fühlte sich von den Staatsorganen schikaniert und startete dann seine »staatsfeindliche Aktion«.

In der Anklage wurde die Tat so beschrieben:
»Die Eheleute Landsweg würdigten vorsätzlich die staatliche Ordnung der DDR und die Tätigkeit der staatlichen Organe herab, indem sie in den Mittagsstunden des 14.03. 1980 unter Mitnahme ihrer zwei minderjährigen Kinder in der Innenstadt von Rudolstadt mit umgehängten selbstgefertigten Tafeln, auf denen herabwürdigende Texte sichtbar aufgetragen waren, demonstrierten. Ihr Handeln war auf hohe Öffentlichkeitswirkung bedacht...«

Um die Mitarbeiter der Abteilung Innere Angelegenheiten zu motivieren (im Eröffnungsbeschluß steht »zu zwingen«), ihrem Antrag zuzustimmen, starteten die Eheleute Landsweg ihre Aktion. Der Ehemann fertigte zwei Transparente mit den Maßen 0,65 × 0,40 cm an, bestrich diese mit weißer Farbe und schrieb in schwarzer Schrift mit 5–7 cm großen Buchstaben:
»Die DDR fordert Freiheit für Nicaragua.
Warum keine Freiheit für uns? – Und wir fordern freie Ausreise aus der DDR – Die DDR ein humaner Staat? Wie human zu uns?
Familie Landsweg, Bahnhofstraße 8.«

An den Transparenten wurden von der Ehefrau Stricke befestigt, um diese um den Hals hängen zu können. Sie faßten ihre Kinder an den Händen und verließen gegen 12.00 Uhr ihre Wohnung.
Mit diesen umgehängten Transparenten »demonstrierten« sie dann durch die dichtbelebten Straßen bis zum Marktplatz.
In der Stadt herrschte geschäftiges Treiben. Dies hatten die Angeklagten einkalkuliert, sie wollten eine hohe Wirksamkeit erzielen.
Der Angeklagte zu 1 – der Ehemann – »forderte sogar einen Bürger auf, sie zu fotografieren«, hieß es dann im Eröffnungsbeschluß.

Auf dem Marktplatz erfolgte ihre Festnahme und Zuführung.
Die Kinder wurden zu ihren Großeltern gebracht!
Das Gericht hatte den Haftbefehl gegen die Eheleute Landsweg erlassen.

Natürlich wurde auch in diesem Strafverfahren die Öffentlichkeit in der Verhandlung wegen der Gefährdung der Sicherheit des Staates ausgeschlossen.
Die Anklage und der Eröffnungsbeschluß wurden weder den Angeklagten noch dem Verteidiger zugestellt. Lediglich zur Kenntnis gegeben. Nur durchlesen durften wir die Prozeßunterlagen. Herr Landsweg erklärte dem Haftrichter, daß er auf den Plakaten ja nur Fragen gestellt habe, die er gern beantwortet haben wolle. Außerdem habe er auch bei der Festnahme keinen Widerstand geleistet.
Die von ihm eingelegte Haftbeschwerde wurde vom Bezirksgericht jedoch als unbegründet abgewiesen, da sich auf den Schildern »eindeutig staatsdiskriminierende Äußerungen befunden haben«.
Herr Landsweg sagte aus, daß er sich nicht mit der DDR verbunden fühle. Er sei bereits schon einmal wegen des Versuchs, die DDR illegal zu verlassen, inhaftiert worden. Auch damals hätte er noch im Strafvollzug den Antrag gestellt, aus der DDR nach »drüben« entlassen zu werden. Aber man habe ihn gegen seinen Willen in der DDR festgehalten. Zu den Wahlen sei er nicht gegangen. Auch das sei ein Beweis für sein Desinteresse an der DDR.
Er habe an Herrn Honecker Briefe geschrieben, um aufzuzeigen, daß er sich nicht als DDR-Bürger fühle. Auch an ausländische internationale Organisationen habe er geschrieben.
Er nahm alle »Schuld« auf sich, um seine Frau zu entlasten.

Sie wiederum unterstützte mit aller Kraft seinen Übersiedlungswunsch.

Das Arbeitskollektiv des Herrn Landsweg schätzte diesen als einen »Mitläufer« ein, der sich in den Arbeitsleistungen einfüge, allerdings sei er »einseitig orientiert und verbohrt«. Wegen eines »sogenannten Hungerstreiks« habe er sogar zwei Fehlschichten verursacht und dafür einen Verweis erhalten.

Herr Landsweg hielt sich tapfer. Seine Antworten auf die vielen ideologiebewußten Fragen der Richterin und des Staatsanwalts waren erstaunlich klar und durchdacht. Dabei schützte er immer wieder seine Frau, die schüchtern neben ihm stand:

»Die Idee mit den Plakaten kam von mir, auch die Texte habe ich entworfen. Meine Frau hat sich mir nur angeschlossen und mitgemacht.
Die Worte auf den Plakaten habe ich so gewählt, daß wir den Staat, die DDR, und seine Politik nicht verleumden.
Ich wollte auch nicht mit meinen Fragen hetzen, sondern nur Fragen stellen.
Nachdem ich von der Abteilung Innere Angelegenheiten keine Nachricht auf meinen Antrag erhalten habe, bin ich zwei Tage in einen Hungerstreik getreten. Ich habe weder gegessen noch getrunken.
Mit meiner Frau habe ich darüber gesprochen, daß wir mit unserer Festnahme rechnen müßten. Wir haben meine Angehörigen informiert, daß ich oder wir möglicherweise inhaftiert werden könnten. Sie wollten sich dann um unsere Kinder kümmern.
Ich wollte die Bevölkerung auf mich aufmerksam machen und auch darauf, daß ich in der DDR festgehalten werde.
Ich fühle mich hier unfrei.

Etwa 5 bis 10 Personen haben etwas notiert, als wir mit den Plakaten durch die Straßen gelaufen sind. Sogar fotografiert worden sind wir. Da stand ein Volkspolizist in unserer Nähe, der hat uns weiterlaufen lassen.
Wir selbst haben keinen Menschen aufgefordert, uns zu fotografieren.
Dann kam die Volkspolizei und forderte uns auf, die Plakate abzunehmen. Etwa 100 Personen haben uns mit den Plakaten gesehen.«

Frau Landsweg blickte bewundernd zu ihrem Mann, nickte zustimmend und schaute dann zur Richterin, um deren Reaktion zu beobachten. Die Richterin hörte den Ausführungen des Angeklagten mit unbeweglichem Gesicht zu, trotzdem blieb keinem im Saal verborgen, wie sehr sie die Angeklagten verachtete.
Frau Landsweg hatte nicht viel zu sagen oder zu ergänzen.
»Ich habe mich ganz der Meinung meines Mannes angeschlossen, ich gehöre zu ihm und zu den Kindern.
Ja, es stimmt, ich allein habe den Strick an den Plakaten befestigt.
Und – es ist aber auch nicht human, wenn man uns nicht ausreisen läßt!«
»Das ist ja empörend, was wir uns hier von Ihnen anhören müssen!« schrie der Staatsanwalt nun beide an. »Ich erspare mir hierzu jeden weiteren Kommentar!«

Sein Plädoyer und sein Strafantrag fielen entsprechend hart aus.

Ich habe versucht, die schwierige persönliche Situation der Eheleute Landsweg hervorzuheben. Auf den gestellten Antrag keine Antwort oder eine positive Entscheidung der Staatsorgane zu erhalten, ist nervenaufreibend und zermürbend. Allein aus dieser Situation sei auch die Handlung abzuleiten.

Es waren nur vorsichtige Worte, die ich sagen durfte.

Beide wurden zu Freiheitsstrafen von über einem Jahr – ohne Bewährung – verurteilt. Aber sie durften noch aus der Haft in die Bundesrepublik Deutschland übersiedeln. Ihre Kinder lebten bei den Großeltern.
Gegen Ende des Jahres schrieb mir Herr Landsweg einen Brief, daß die Kinder nachkommen dürften.
Er dankte mir für meine Verteidigung und teilte wörtlich mit:
»Unter diesen Umständen war es wenig, was Sie tun konnten und ich war damit zufrieden, wenigstens von einem Menschen als Mensch behandelt zu werden...«

Anhang

Ablauf des Strafverfahrens in der DDR

1. *Ermittlungsverfahren:*
   a) Anzeigen, Aufträge des Staatsanwalts (§§ 92, 93 StPO/DDR)
   b) Einleitung eines Ermittlungsverfahrens (EMV) durch Staatsanwaltschaft (§ 98 StPO)
   c) Durchführung des EMV:
   - Umfang (§ 101 StPO)
   - Bearbeitungsfristen (Höchstfrist 3 Monate, U-Haft besondere Beschleunigung – Verlängerung der Frist: Genehmigung des zuständigen Staatsanwalts – § 103 StPO)
   - Vernehmung des Beschuldigten (§ 10 StPO)
     - Belehrung über seine Rechte gemäß § 61 StPO, Gelegenheit: Verhalten darzulegen, entlastende Umstände vorzubringen und Anträge zu stellen,
     - Inhalt des Vernehmungsprotokolls (§ 106 StPO)
     - Protokoll ist gemäß § 106 Abs. 2 StPO zur Durchsicht vorzulegen; Veränderungen, Zusätze, Streichungen sind zu unterschreiben; jede Protokollseite hat (nicht zwingend – Ablehnung der Unterschrift möglich) Vernommene zu unterschreiben
     - wichtig: Ort, Zeit und Dauer der Vernehmung, Angabe muß im Protokoll enthalten sein (§ 106 Abs. 1 Ziff. 1 StPO) – psychische Situation des Vernommenen!

- Durchsuchung (§ 108 Abs. 2 – § 113 StPO), Straftatverdacht reicht aus, um zu durchsuchen (vgl. NJ 1983, S. 124)
  also: keine Voraussetzung für D. bei Verfehlung (§ 4 StGB) oder Ordnungswidrigkeiten
- Beschlagnahme (§ 108 Abs. 1 – § 121 StPO)
  Durchsuchung zur Nachtzeit (§ 112 StPO), 21.00 h bis 6.00 Uhr Wohnungen und andere umschlossene Räume nur bei Verfolgung auf frischer Tat oder bei Gefahr im Verzug
- Wohnungsdurchsuchung, Vollziehung der Beschlagnahme ohne Staatsanwaltschaft: zwei unbeteiligte Zeugen sind hinzuzuziehen (§ 113 StPO)
- Arrestbefehl des Staatsanwalts (§ 120 StPO)
- Durchsuchung, Beschlagnahme, Arrestbefehl bedürfen der richterlichen Bestätigung: Frist innerhalb 48 Stunden (§ 121StPO).

Untersuchungshaft

- Verhaftung, vorläufige Festnahme (§§ 122–133 StPO)
- Voraussetzung für Anordnung der U-Haft (§ 122 StPO) und „Unumgänglichkeit“ (§ 123 StPO), zwingende Anwendung des Beschlusses des Präsidiums des Obersten Gerichts der DDR zu Fragen der Untersuchungshaft vom 20. Oktober 1977 – I PrB 1-112-2/1977 (Nur für den Dienstgebrauch)
- Verhaftung (Antrag Staatsanwalt, schriftlicher Haftbefehl § 124 StPO)
- Vorläufige Festnahme (frische Tat, Fluchtverdacht, Personalien können nicht sofort festgestellt werden) möglich durch:
  „jedermann“, U-Organ, Staatsanwalt bei Voraussetzung eines Haftbefehls (§ 125 StPO);

zivile Bewachungskräfte (§ 4 AO über die Befugnisse von zivilen Bewachungskräften vom 21.01. 1983, GBl I 1983 Nr. 4 S. 42) – z. B. Betriebswache, Bürger aufgrund schriftlicher Vereinbarung

- richterliche Vernehmung (Haftbefehl, § 126 StPO) spätestens am 3. Tag nach vorläufiger Festnahme (1. Tag: vorläufige Festnahme, 2. Tag: Vorführung, 3. Tag: Vernehmung nach Vorführung – so § 126 Abs. 4 StPO)
- Haftbeschwerde: § 127 StPO, §§ 305 ff. Beschwerdefrist eine Woche, Beginn mit Verkündung des Haftbefehls, – verspätet eingelegte Beschwerde verpflichtet zur Haftprüfung (§ 131 StPO) – jederzeit sind Staatsanwalt und Gericht zur Haftprüfung verpflichtet.
- Sicherheitsleistung (§ 136 StPO – § 137 StPO), zwingende Anwendung der Gemeinsamen Rundverfügung des Ministers der Justiz, des Präsidenten des OG und des GStA der DDR Nr. 16/68 vom 11.09. 1968 i. d. F. der Gemeinsamen RV Nr. 4/73 vom 02.10. 1973 betr.: Durchführung der Hinterlegung von Vermögenswerten beim Gericht gemäß § 136 StPO (Du I CI-4/73)
- Beschwerde: § 137 StPO

d) Abschluß der Ermittlungen:

- Übergabe der Sache an Staatsanwalt (§ 146 StPO)
- Einstellung des EMV (§ 141 StPO) oder vorläufige Einstellung (§ 143 StPO)

e) Erhebung der Anklage durch Staatsanwalt (§§ 154, 155 StPO)

- oder Einstellung des EMV (§ 148 StPO)

2. *Gerichtliches Verfahren*

a) Eröffnung des Hauptverfahrens (§ 193 StPO) oder u. a. vorläufige bzw. endgültige Einstellung des Verfahrens (§ 189 StPO) bzw. Rückgabe an Staatsanwalt zur Nachermittlung (§ 190 Abs. 1 u. 2 StPO), Ablehnung der Eröffnung des Hauptverfahrens (§ 192 StPO)

b) Vorbereitung der Hauptverhandlung (§ 199 StPO – § 210 StPO) u. a.
   - Einhaltung der Ladungsfrist (§ 204 Abs. 1 StPO – Zustellung der Ladung und Hauptverhandlung mindestens 5 Tage Frist; Ausnahme – Verkürzung auf 24 Stunden gemäß § 204 Abs. 2 StPO) bei Ladung des Angeklagten, Verteidigers (§ 205 StPO)

     = evtl. Bestellung eines Pflichtverteidigers (§§ 63, 72 StPO)
   - Terminanberaumung (Prüfung, ob Ausschluß der Öffentlichkeit – Gefährdung der Sicherheit des Staates, Notwendigkeit der Geheimhaltung – § 211 Abs. 4 StPO)
   - Terminnachrichten (Geschädigte § 202 Abs. 4 StPO oder an „gesellschaftliche Kräfte" § 209 StPO – Aufforderung zur Teilnahme)
   - Fixierung einer Verhandlungskonzeption (Verhandlungsplan)

c) Hauptverhandlung:
   - Beginn (§ 221 StPO) – Aufruf des Angeklagten; Mitteilung – in welcher Sache verhandelt wird; Vorstellung des Gerichts und der Verfahrensbeteiligten; Aufforderung an die Zeugen, den Verhandlungssaal zu verlassen; Feststellung der Personalien des Angeklagten, Prüfung der Einhaltung der Ladungsfrist
   - Bei Verhandlung unter Ausschluß der Öffentlichkeit – zu diesem Zeitpunkt aufgrund Be-

schluß nach §§ 211, 212 StPO wird öffentliche Verhandlung unterbrochen und die Öffentlichkeit von der weiteren Verhandlung ausgeschlossen
- Vortrag des wesentlichen Inhalts der Anklageschrift (§ 221 Abs. 4 StPO)
- Verlesung des Eröffnungsbeschlusses (§ 221 Abs. 5 StPO)

Beweisaufnahme:
In der Regel (§ 61 Abs. 2 StPO) Belehrung Recht auf Verteidigung (Hinweis auf Verteidiger, nicht: Recht zum Schweigen erwähnt!)

1. Vernehmung des Angeklagten zur Sache (Angeklagter ist nicht verpflichtet, sich zur Sache zu äußern, dies ergibt sich aus § 15 Abs. 1 StPO: „haben das Recht *auf aktive Mitwirkung*") durch das Gericht (Vorsitzender, Schöffen)
2. Vernehmung der Zeugen nach Hinweis auf bereits erfolgte Belehrung oder jetzt erst Belehrung (§ 225 StPO) und auch mögliche Verpflichtung zur Geheimhaltung aller in der Verhandlung zur Sprache kommenden Tatsachen und Umstände (§ 212 Abs. 2 StPO) – Verpflichtung wird in Protokoll der Sitzung aufgenommen
3. Fragerecht der Beteiligten (§ 229 StPO)
4. Erklärungsrecht des Angeklagten (§ 230 StPO)
5. Sachverständigengutachten (§ 228 StPO) abweichend von § 227 StPO (vor Sachverständigengutachten – Vernehmung des Kollektivvertreters)
6. Vorlage von Beweisgegenständen; Anhörung von Tonbandaufzeichnungen usw.
7. Hinweise zur veränderten Rechtslage (§ 236 StPO Möglichkeit der Unterbrechung der HVH

oder: Neuanberaumung – § 236 Abs. 2 StPO – auf Antrag des Angeklagten, Verteidigers – darüber Belehrung)

8. Erweiterung der Anklage (§ 237 StPO) – § 236 Abs. 2 StPO findet entsprechend Anwendung – Belehrungspflicht
9. Schlußvorträge (Plädoyers) nach § 238 StPO der gesellschaftlichen Kräfte (gesellschaftliche Ankläger oder Verteidiger) Staatsanwaltschaft, Verteidiger, Angeklagter Erwiderungen Staatsanwaltschaft, Verteidiger möglich
10. Letztes Wort des Angeklagten (§ 239 StPO)

Abschluß der Hauptverhandlung:

- Beratung des Gerichts (§ 240 Abs. 1 StPO),
- Abstimmung des Gerichts (§§ 178-181 StPO),
- schriftliches Absetzen der gerichtlichen Entscheidung (§ 245 StPO),
- Verkündung eines Urteils (§§ 240 Abs. 2 Ziff. 1, 241-246 StPO), Urteilsspruch (Tenor) – Urteilsformel muß in der Öffentlichkeit (§ 246 Abs. 1 StPO) verkündet werden,
  Urteilsbegründung bei nicht öffentlicher Verhandlung (§ 246 Abs. 5 StPO) wird unter Ausschluß der Öffentlichkeit verlesen,
- Rechsmittelbelehrung (§ 246 Abs. 4 StPO) – Berufung (§§ 283 ff StPO; § 288 StPO – Frist 1 Woche ab Verkündung bzw. mit Zustellung des Urteils bei Verkündung in Abwesenheit des Angeklagten (§ 288 Abs. 4 StPO)
- Einsichtnahme in das Verhandlungsprotokoll mit mgl. Antrag auf dessen Berichtigung bzw. Ergänzung (§ 246 Abs. 4 StPO)

oder: Vorläufige Einstellung des Verfahrens (§ 247 StPO)
endgültige Einstellung (§ 248 StPO) so z. B.: wenn der Generalstaatsanwalt der DDR die Anklage zurückgenommen hat

- Urteil muß nicht ausgehändigt werden, § 184 Abs. 4 StPO „zur Kenntnis zu bringen“

d) Hauptverhandlung gegen Flüchtige und Abwesende: (§§ 262-269 StPO)
- Hauptverhandlung kann durchgeführt werden (§ 262 Abs. 1 StPO) gegen Angeklagte, die sich dem Gerichtsverfahren entziehen, die sich außerhalb der DDR aufhalten;
- nur auf Antrag des Staatsanwalts (§ 263 StPO);
- öffentliche Ladung zur Hauptverhandlung – ohne Zustellung der Anklageschrift und EöB (§ 264 StPO), Aufenthalt des Angeklagten bekannt, dann soll ihm Ladung und zur Last gelegte Tat mitgeteilt werden (§ 265 StPO),
- Bestellung eines Pflichtverteidigers (§ 266 StPO)
- Verurteilung oder vorläufige Einstellung (Schuldfeststellung oder wenn Unschuld nicht festgestellt werden kann – §§ 267, 268 StPO)
- öffentliche Zustellung der Urteilsformel (§ 268 StPO)
- neue Hauptverhandlung, wenn Verurteilter sich selbst stellt oder ergriffen wird, ihm Urteil erneut zugestellt wird und er nach Belehrung binnen Wochenfrist eine erneute Hauptverhandlung beantragt hat (§ 269 StPO), Gründe für Durchführung:

  Rechtfertigen seines Ausbleibens durch triftige Gründe oder Vorliegen von Umständen, die erneute Hauptverhandlung notwendig erscheinen lassen

- Auslagenpflicht des Flüchtigen (§ 368 StPO)

3. *Rechtsmittelverfahren:*
   - Berufung des Angeklagten (§ 283 StPO)
   - Protest des Staatsanwalts

   Grundsatz:
   - Verbot der Straferhöhung bei Berufung bzw. Protest zugunsten des Angeklagten (§ 285 StPO u. OG-Urteil v. 08. 10. 1980 in: NJ 1981, S. 47)
   - gegen Urteile der Kreisgerichte und erstinstanzliche Urteile der Bezirksgerichte und der Senate des Obersten Gerichts (§ 287 StPO)
   - schriftliche Einlegung der Berufung in Frist von einer Woche ab Verkündung oder erfolgter Zustellung (§ 288 StPO)
   - Begründung nicht zwingend (§ 288 Abs. 2 StPO, Berufung eingereicht, durch Verteidiger eingelegt, zu Protokoll der Rechtsantragstelle erklärt, soll schriftlich begründet werden – § 288 Abs. 5 StPO)
   - Einlegung des Rechtsmittels = Hemmung der Rechtskraft des angefochtenen Urteils (§ 289 Abs. 1 StPO)
   - Nachprüfung des angefochtenen Urteils (§ 291 StPO)
   - Entscheidung:

     aufgrund einer Hauptverhandlung (§ 293 Abs. 1 StPO) oder Beschluß – Verwerfung der Berufung als offensichtlich unbegründet (nach eingeholter Stellungnahme des Bezirksstaatsanwalts, wenn BG – RM-Gericht ist – § 293 Abs. 3 StPO
   - Hauptverhandlung: 4 Wochen nach Akteneingang der Strafakte beim RM-Gericht,
   - Terminnachricht an Angeklagten und Verteidiger

- persönliches Erscheinen des Angeklagten kann angeordnet werden (inhaftierter Angeklagter hat keinen Anspruch auf Anwesenheit – § 295 Abs. 2 StPO)
- Bestellung eines Verteidigers
- Durchführung der Hauptverhandlung:
  Berichterstattung
  Begründung des Rechtsmittels
  Anträge evtl. eigene Beweisaufnahme des Senats (§ 298 Abs. 2 StPO)
- Urteil (§ 299 StPO) oder Einstellungsbeschluß.

Recht auf Verteidigung

– § 15 Abs. 1 StPO	= Recht des Angeklagten zur Selbstverteidigung, Hilfe in jeder Lage des Verfahrens durch Verteidiger
– § 16 StPO	= Stellung des Verteidigers
– § 61 StPO	= Recht auf Verteidigung
– § 62 StPO	= Wahl des Verteidigers
– § 63 StPO	= Bestellung eines Verteidigers
– § 64 StPO	= Rechte des Verteidigers und „Beschränkungen“ (Abs. 4)
– § 65 StPO	= Ausbleiben des Verteidigers
– § 66 StPO	= Gemeinschaftliche Verteidigung und mehrere Verteidiger
– § 72 StPO	= Recht auf Verteidigung in Strafverfahren gegen Jugendliche
– § 91 StPO	= Beschwerde gegen Maßnahmen der Untersuchungsorgane und des Staatsanwalts
– § 205 StPO	= Ladung des Verteidigers zur Hauptverhandlung
– § 216 Abs. 2 StPO	= Anwesenheitspflicht des Verteidigers in Fällen notwendiger Verteidigung

– § 217 StPO	= Verhinderung des Verteidigers – Recht des Angeklagten: Anberaumung einer neuen Hauptverhandlung
– § 221 Abs. 2 StPO	= Bekanntgabe des Namens des Verteidigers
– § 223 StPO	= Stellung von Beweisanträgen
– § 225 Abs. 1 Ziff. 3 StPO	= Zustimmungsrecht des Verteidigers bei Verlesung eines Protokolls über Vernehmung eines Zeugen, der nicht anwesend ist (Ablehnung der Verlesung einer früheren Vernehmung möglich)
– § 229 Abs. 2 StPO	= Fragerecht
– § 236 Abs. 2 StPO	= Antragsrecht zur Unterbrechung der Hauptverhandlung bzw. Neuterminierung
– § 238 StPO	= Recht zum Plädoyer und Erwiderung
– § 245 StPO	= Nennung des Verteidigers im Urteil
– § 253 Abs. 1 Ziff. 4 StPO	= Nennung des Namens im Protokoll über die Hauptverhandlung
– § 254 Abs. 3 StPO	= Einsicht in das Protokoll und Antragsrecht zur Berichtigung bzw. Ergänzung
– § 261 StPO	= Stellung des Verteidigers im beschleunigten Verfahren
– § 266 StPO	= notwendige Verteidigung eines Flüchtigen durch Rechtsanwalt

– § 284 StPO	= Einlegung von Rechtsmitteln, selbständiges Rechtsmittelrecht für Verteidiger eines jugendlichen Angeklagten
– § 286 Abs. 4 StPO	= Zurücknahmerecht eines eingelegten Rechtsmittels – bestimmte Voraussetzungen
– § 288 Abs. 1, 2, 5, 7 StPO	= Einlegung der Berufung durch Verteidiger und Begründung, Anspruch auf Übersendung einer Abschrift des Protestes des Staatsanwalts
– § 295 Abs. 1 StPO	= Benachrichtigung vom Hauptverhandlungstermin bzw. Abs. 3 – Bestellung eines Verteidigers
– § 297 StPO	= Recht zu Ausführungen und Antrag
– § 300 Ziff. 5 StPO	= Verletzung des Rechts auf Verteidigung – notwendige Zurückverweisung nach Aufhebung des erstinstanzlichen Urteils
– § 305 Abs. 2 StPO	= eigenes Beschwerderecht des Verteidigers
– § 309 Abs. 2 StPO	= Ladung des Rechtsanwalts zur mdl. Verhandlung über Beschwerde, wenn § 309 Abs. 1 StPO gegeben ist

– § 318 Abs. 1 StPO	= auf Verlangen des Angeklagten – Terminnachricht an Verteidiger im Kassationsverfahren, Vertretungsrecht des Verteidigers (neue schriftl. Vollmacht)
– § 330 Abs. 2 Ziff. 1 StPO	= Gesuch auf Einleitung des Wiederaufnahmeverfahrens (§§ 328–333 StPO) durch Verteidiger
– § 366 StPO	= Auslagenerstattung bei Freispruch und endgültige Einstellung; Abs. 2 – Verteidigerkosten sind dem Staatshaushalt aufzuerlegen